難忘的往事

蔡維屏　著

三民書局印行

© 難忘的往事

著者　蔡維屏
發行人　劉振强
著作財產權人　三民書局股份有限公司
印刷所　三民書局股份有限公司
復興店／臺北市復興北路三八六號五樓
重慶店／臺北市重慶南路一段六十一號
郵撥／○○○九九九八－五號
初版　中華民國七十四年三月
修訂初版　中華民國七十六年十二月
修訂再版　中華民國八十三年二月
編號　S 78064
基本定價　陸元貳角貳分
行政院新聞局登記證局版臺業字第○二○○號

難忘的往事
編號S78064
三民書局

ISBN 957-14-0818-2（平裝）

蔡維屏筆記

難忘的往事

中華民國七十四年

先總統　蔣公召見時攝

民國五十五年出使紐西蘭

民國四十四年在台北寓所攝

大學生時代

與叔純郊遊

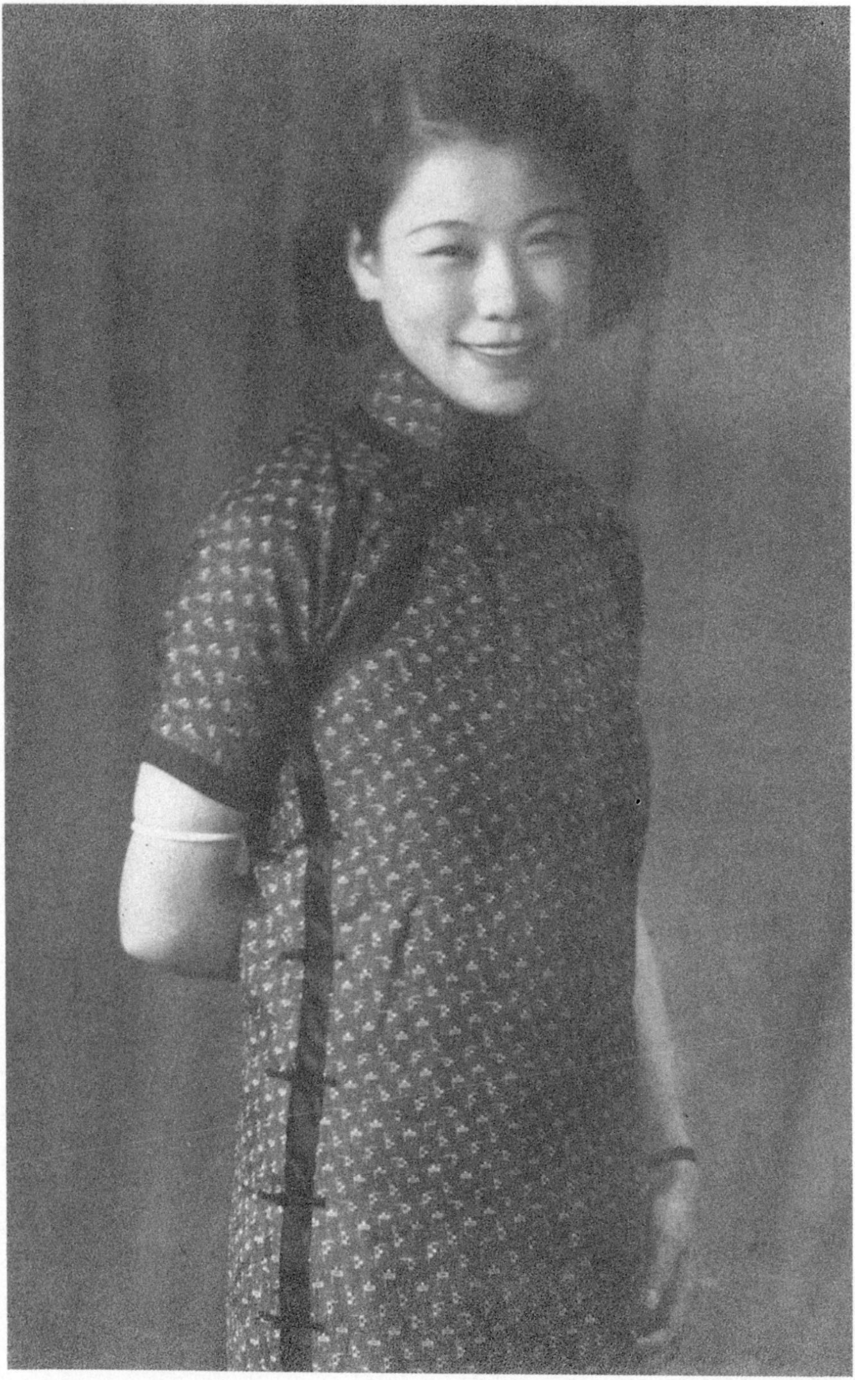

留學美國期間經常置在案頭的叔純照片

週末散步

在伊立諾大學校園

民國廿四年文訂
攝影留念

民國廿八年新婚後攝影留念

出任駐印度加爾各答總領事館領事

在加爾各答任職時我的家庭

參加加爾各答各界歡迎尼赫魯茶會

民國三十六年

印度聖雄甘地追悼會中代表各國駐加爾各答領團致辭

我國駐印度第一任大使羅家倫呈遞國書後率同全團人員與
當時印度總督蒙巴頓爵士暨印度外交部官員攝影留念

梧高鳳掛月輪邊臥對蒼天懶

不乃惟此高視来空若多愧移氣

漢唐前作賦元世 家倫 三七年 元旦

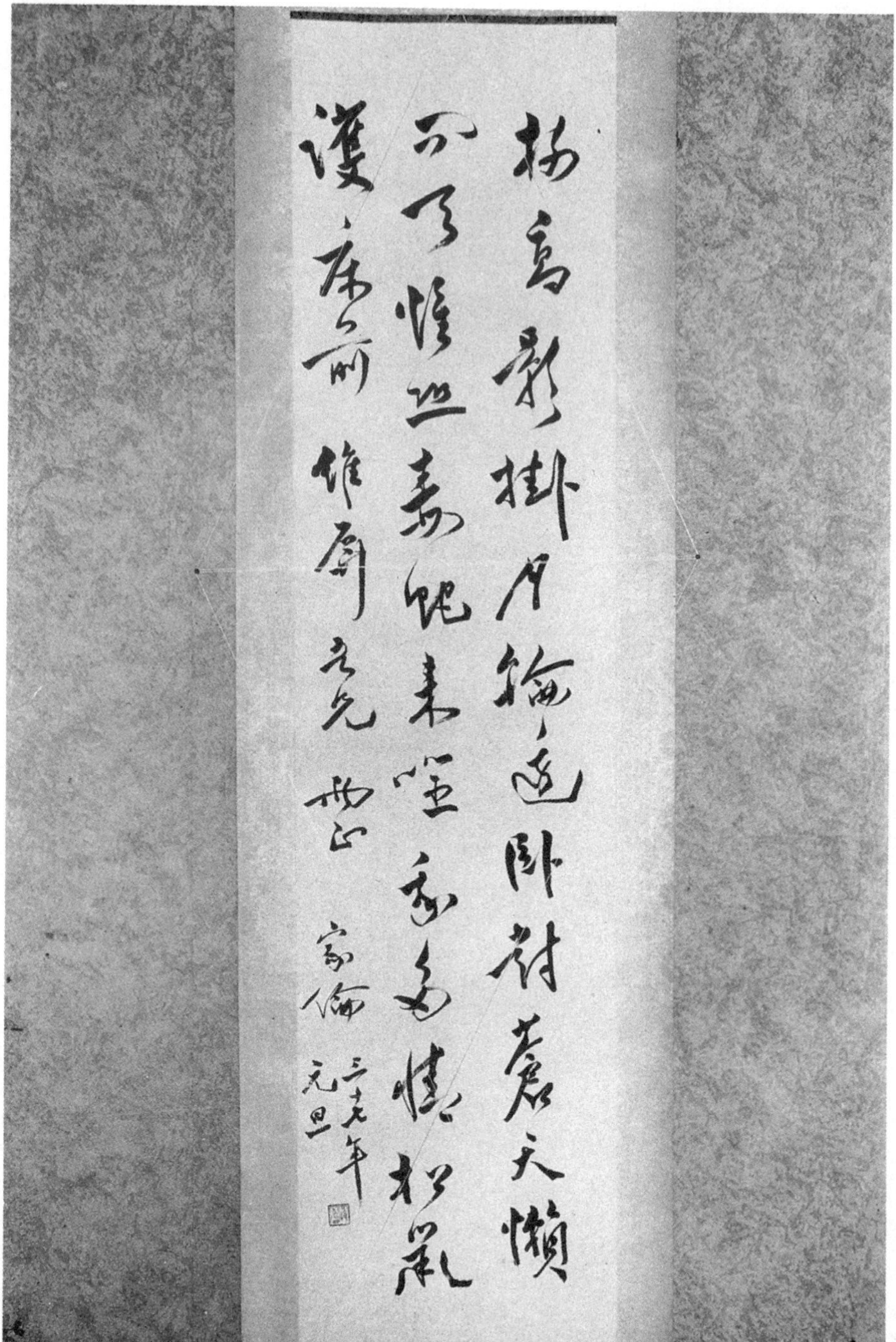

何總長敬之訪印

印度首任總統歡宴家羅倫大使

民國三十六年

抵達夏威夷時的全家福

民國四十七年

叔純在舊官舍攝影留念

革命元老鍾宇先生率同僑領參加總領事館新館舍置基典禮

新館舍落成後全體籌建委員在館舍前留影

民國五十年

自路旁看新館舍

景内堂山中翼右舍館新

陳誠副總統訪夏威夷僑界歡宴

最左為沈部長昌煥及夫人　第二列為州長奎恩及夫人

董大使顯光訪檀

民國四十七年

蔣大使廷黻訪檀

民國四十九年

胡適與吳經熊博士等我國學人出席東西哲學會議
民國四十八年

蔣緯國司令訪檀

民國四十八年

參謀總長彭孟緝將軍訪檀與美駐太平洋陸軍總司令懷特上將合影

民國四十七年

與美國駐太平洋陸軍總司令懷特上將晤談
民國四十七年

與美國駐太平洋艦隊司令霍浦渥海軍上將伉儷合影

與夏威夷州長奎恩伉儷合影

與火奴魯魯市市長布烈斯多及夫人合影

民國四十七年

（布烈斯多於民國七十三年再度當選為火奴魯魯市市長）

歡宴黎總司令玉璽席間攝影留念

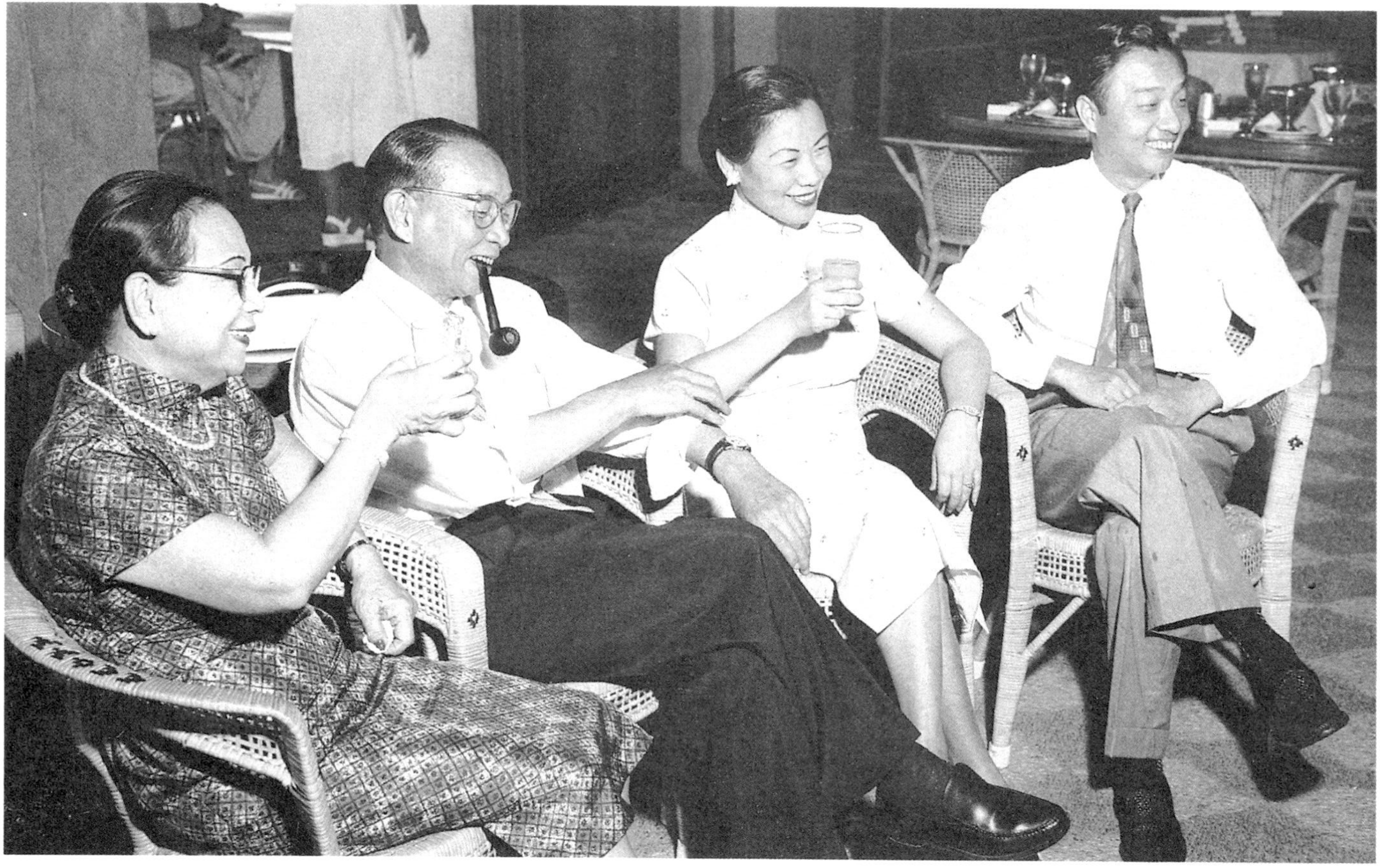

林語堂伉儷訪檀

蔣夫人蒞檀島時美國駐太平洋總司令費爾特上將在機場歡迎
（中立者為夏威夷州奎恩州長夫人）

蔣夫人蒞檀島時火奴魯魯市市長在機場歡迎

蔣夫人接受夏威夷大學榮譽博士學位

歡宴蔣夫人席間致歡迎詞

蔣夫人在歡宴席上致詞

周委員長書楷率友好訪問團訪檀
團員：金陽鎬、梁大鵬、吳浼慧小姐

影后林黛訪夏威夷

胡德華艦長駕艦來檀作敦睦訪問

離別夏威夷時攝影

民國五十年訪華盛頓參觀白宮時攝

室公辦翼左舍館新看前樓牌內門大在

在夏威夷任職時我的家庭

民國五十年

在月門前與叔純合影

民國五十年

家人在荷花池畔攝影留念

出任北美司司長

民國五十年

在機場迎接美國韓福瑞副總統

民國五十五年

沈部長接見美國國務院主管遠東事務助理國務卿格林
美駐華大使馬康衛在座

在機場歡迎美國參議員塞蒙德伉儷

中美文教合作會議會後留影

呈遞國書後與紐西蘭總督及總理合影

民國五十五年

與紐西蘭財政部部長穆爾棟晤談

（穆爾棟隨後當選紐西蘭總理並數屆連任）

呈遞國書後與叔純合影

民國五十五年

三位前後任外交部部長參觀新建外交部大樓五樓會客室

Old South Gate and the new Foreign Office Building
Taipei, Taiwan 1971
A happy Christmas and New Year
to you and yours
Walter and Dorothy McConaughy

馬康衛大使與夫人以外交部大樓為背影之賀年片

在台北賓館接待雷根州長及夫人

接見史瓦濟蘭副總理蘇卡地

隨同嚴前總統於副總統任內赴美參加杜魯門總統追思禮拜
歸途中參觀美國飛機製造工業

外交部外交領事人員訓練所開學典禮攝影紀念 中華民國五八年一月十八日

歡迎越南總統阮文紹訪華
中立者姜獻祥將軍及夫人

歡宴日本前首相岸信介時與菲駐華大使及夫人晤談

美國總統代表洛克菲勒來華參加　先總統蔣公追思禮拜

出任駐沙烏地阿拉伯王國大使

民國七十二年

民國七十三年在吉達舉行國慶酒會

再版說明

本著作初版一千六百册，早經贈送完畢。嗣續有友好索閱，但以無法預估需要數量，增印為難。兹與三民書局協議：將著作權無酬讓與，今後由讓受人承印發行。原版中若干錯字，業已予以改正。

蔡維屏

民國七十六年五月

有言在先

一、在初中時，曾一度試寫日記，不多時，便覺每日所記，乏善足陳，就此輟筆。現在回想起來，幾十年的經歷中，也有不少難忘的往事，值得記下來，讓家人閱後存念，供親友們作消遣讀物。

二、編寫這部筆記時，全憑記憶，可能有些年代、數字和地名有錯，但事實部分都經過細心的回憶，不致有誤。

三、除非萬不得已，我儘量避免提名道姓，以免為人譏笑我藉記事褒貶他人。

四、在華盛頓和沙烏地阿拉伯服務時期的所見所聞，祇不過是二、三年前事，現時不便提，祇好留待將來編續集時再說。

五、初稿是分段交排的，以便隨時增刪，可是這樣做法使好多頁留下空白，為此，我又蒐輯一些「笑談」、「遇驚」、「遭遇」、「說笑」和「片斷」來補白，其中「笑談」只是聽來的故事，原想註明來源，但朋友們都說，他們也是聽來的，要追查原作者，恐將徒勞無功。除「笑談」外，其餘全是真事。

六、承鄒公使雲亭兄校閱初稿，蔡富美小姐辦理交繕交印事宜，敬誌謝忱。

七、在八十段紀事裡，最難忘的是慈母的愛心，我虛渡七十時，紀下『這「沙」「沙」的聲音』

一段，其餘各段都由此而起，可是在母親晚年時，我却未能盡人子之道，侍奉左右，每念及此，傷感無已。謹以此筆記，紀念我最敬愛的母親。

維屏　民國七十四年三月

目次

一、這「沙」「沙」的聲音

在一個嚴冬的清晨，南京是相當寒冷的。我纔三歲，習慣於把頭矇在被窩裡睡覺，但是仍然被一陣又一陣的「沙」「沙」的聲音驚醒了。我立刻用手和脚在棉被裡摸索，發現母親已起床了。於是我鼓足勇氣，把頭伸出被面，看到母親正在抹窗前的桌椅，這「沙」「沙」的聲音是隨着母親的動作而發出來的；也就是說，是母親手中的抹布，摩擦桌面而產生的。

我立卽昂起頭來問母親這是什麼聲音。母親很驚訝的看到我的頭部和肩部都露在被外，匆忙的對我說：『天剛亮，還早，快回到被裡再睡一會兒』。我堅持要知道這是什麼聲音，母親說，昨晚抹布是濕的，經過寒冷的一夜，部份已結成氷，所以會在桌面上擦出聲音來。

我不禁大聲喊起來：『媽！這麼冷的天氣，你還把凍抹布握在手裡去抹桌椅，不是要冷死了麼？』母親沒有直接回答我的話，祇是催促我快回到被窩裡去，她說：『我很快就會收拾好的，你再不把肩頭蓋緊，會要着涼的。』

我說：『不行，媽，你趕快停止，來床邊把手放在被窩裡暖一暖，不然，我就起來帮你做。』

母親怕我真的爬起來，快步來到床邊。

我伸出兩隻小手，緊抱着母親的右手，『啊！』我大聲叫起來，母親的手，像氷一樣，紅紅腫腫的，我接着喊起來：『媽！你這樣不是要冷死了麼？何苦呢？』我說着便把母親的手拖到棉被裡面，隨即大聲哭起來。

這時，母親突然間，眼淚奪眶而出。這是我第一次見到母親哭泣，也是第一次看到『淚如雨下』的情景。母親祇在哭，沒有說話。幾分鐘後，才含糊叫了一聲『老三！』因為我在男孩當中排行第三。

如此，母子二人，相對而泣，着實哭了好一會兒。

這以後，每逢我聽到近似這『沙』『沙』的聲音時，母親的慈容，便在我腦海中顯現，而每次我向家人談到這件事，便會傷感起來，直到數十年後，還是如此，這是我畢生難忘的一件事。

母親在娘家也是排行第三。我外祖家是南京北城有點名氣的儒醫世家，外祖父程德和老先生開館講學兼行中醫，很受地方人士尊敬，母親在家裡人人稱她三小姐，出嫁後，因父親家貧，一應家務，都由她一人承擔，從不訴苦，也不接受娘家的接濟。

父親是典型的儒家門生，儒學的崇拜者，他常引朱子治家格言，告誡家人：黎明卽起，洒掃門庭。因此，我們全家都是黎明卽起，可是這打掃門庭的工作，大部分落在母親的肩上。

我後來問過母親，為什麼在冬令時節，不用暖水來操作呢？母親告訴我：在清末民初，南京的綢緞業一落千丈（受日本人造絲在國際市場的打擊），所有數以千計的機房停業，失業者衆，市面蕭條。同時南京不產煤，唯有靠柴草做燃料，由鄉民採伐，分為樹枝與茅草兩種，挑進城後沿街叫賣，前者價昂，故一般居民衹能買茅草為一日三餐炊爨之用，約三數日一擔，節儉之家，殊無可能用木柴備熱水以為洗滌之用也。

記得我自十三歲起，便把這『打掃門庭』的任務，自兄姊手中接過來，心裏最大的安慰是：我終於能做到為我們辛勞半生的慈母分勞了。

片斷

童年時代我的家庭

父親：蔡壽昌（字與九）
母親：程氏

大哥：維藩
大姐：良玉
二姐：采玉
二哥：維垣
我：維屏
四弟：維翰

在我四歲的時候，有一天，我剛起身，聽到父親對母親說：『今天鄉下來人，要準備午餐招待。』

二、『鄉下來人』

我覺得這名詞很新奇，這『鄉下來人』是何等人物？為什麼無名無姓的，還要留他午餐呢？為着好奇心所趨使，一整個上午，我跳前跳後的在母親身旁探聽這『鄉下來人』的底細。

母親很忙，始終沒有給我一個答覆，後來被我纏不過，便叫我隨她到厨房，一面做菜，一面詳細的講給我聽。

母親說，我祖父原籍龍潭，距南京城數十里，是城外京滬路上的第一站。原先祖父在官塩機構任記帳員，工作地點在南京對岸浦口的附近，每月例假回家一次，往返至為辛勞，因此遷居南京。把家鄉的二畝地，讓給鄰居耕種。不久，祖父辭世，就安葬在這二畝地上。父親從未向這鄰舍人家收租，祇要求他們經常打掃整理祖父的墳墓，這位鄰居便是那一天要來我家的『鄉下來人』。

我聽了以後便靜靜的等待他的來臨，但是中午開飯了，我們全家用膳，并沒有看見『鄉下來人』的蹤影，我心想他一定是黃牛了。後來才知道他從龍潭起早（步行）到南京城內，通常要攜帶一些農產，沿途叫賣，然後以所得採購日用品帶回去，總要到午後三時左右才能到我家，因此，為他準備的菜飯，始終放在鍋上溫着。

果然，約在三時左右，突聞敲門聲甚急，父親出迎，我隨在父親身後窺視。啓門處，見一老漢，燻褐色面孔，頭圍布巾，滿面皺紋，下頷略有鬍鬚，看起來比父親蒼老；身着已退色藍布袍，繫一灰色圍腰，赤脚草鞋，混身泥土氣味頗重，扁擔兩頭挑着籮筐。他大聲對父親說：『少爺，家裡都好麼？啊喲，城裡比鄉間暖得多啊！』

父親趕忙讓他進屋裡歇歇，并送上一杯茶。

這位鄉下人把扁擔放在天井裏，順手解開腰圍，渾身上下，拍拍打打，頓時天井裡灰塵飛滿天。

他就坐後，一面飲茶，一面從腰間取出旱烟竿，點燃後，深深的吸了幾口，顯出十分過癮的樣子。然後一面走近面盆洗面，一面話家常。

突然間，他揚起聲音對父親說：『要恭喜您哪！老太爺墳地上那棵大樹（墓木），長得枝葉茂盛，團團圓的，這是子孫滿堂、富貴雙全的好兆頭啊！』父親連聲說：『好說，好說，這以後還仰仗你代勞，不時的除草整修呢！』

接着開飯，母親和姐姐們忙個不停。『鄉下來人』很自在的入座，他的飯量真驚人，轉瞬間吃完三大碗。母親準備的相當豐富的菜肴，他也風捲殘葉般的吃掉了九成。并且連聲讚美的說：『好菜，少奶奶辛苦了。』

在他用膳的時候，父親恭敬的坐在一旁，問長問短，至少有四五次問起祖墳的情形，似乎墳上的一草一木，父親都記得清清楚楚。後來母親告訴我說，每年父親跟『鄉下來人』談話以後，總是把祖墳上的樹木——原有幾株，後來又添種了幾株，全部記在心裡。她說：『這是你父親日夜思親孝心的表現。』

鄉下人飯後飲茶時，父親不經心的問了一句鄉下收成的情形。鄉下人說：『收成不算太好啊！今年還過得去。』說着他便起身走到籮筐前，把鋪在籮筐上的衣服揭開，原來一筐是兩隻母鷄，一筐是一些鷄蛋，都是送給我們的。父親連聲說：『不敢當！』

後來母親告訴我：『那一年一定是好年成，因為唯有在豐年，纔會有鷄有蛋，年成較差時，有蛋無鷄，再差一點，便托詞不來了。』

接着，母親便把預備好的一個包裹取出，由父親送給鄉下人，說是『一點小意思。』父親打開了包裹，我看見裡面是黑色和藍色布各一疊，大小洗面巾若干條，還有一個小包，父親說是針線和緞帶。

後來母親告訴我，這些大約是兩隻鷄和五十個鷄蛋價值的一倍。鄉下人在四時半左右辭去，大約要晚間才能到龍潭。

實際上鄉下人比父親還年輕幾歲，可是看起來蒼老得多。因此我想到：父親遷到南京後，雖然很貧窮，但如果留在鄉間，恐怕更是辛苦。

三、雞鵝巷故居

祖父祖母和父親初到南京時，便住在城北雞鵝巷，在那裡一共住了十幾年。在南京城內，城南比較富庶。商業區和高尚的住宅區在城南，著名的秦淮河、夫子廟，也都在城南。城北大部分是農田和菜園，我們住的雞鵝巷，顧名思義，原是養鴨人家住的低窪地區，我們住的並非自有的產業，而是租的房子，由此可知我家當時是如何的拮据了。

城北的商業區在北門橋，雞鵝巷距離那裡有二十分鐘的徒步路程。和北門橋相銜接的一條較寬大的馬路，叫估衣廊，是城北比較好的住宅區，我外祖家就在那兒，外祖父的程氏私塾和診所，在北城是頗有聲望的。

父親初抵南京時，年約十二歲，便入程氏私塾，不幸十四歲祖父辭世。祖母與父親——母子二人，相依為命。家中靠典當渡日，過了一年，已無可典質，連給老師的束修都無法籌措，父親不得已申請輟學。程老師知道這種情況，十分同情，慨然表示，不收學費，義務教導。因為在童年時，父親是循規蹈矩，學而不倦，而且功課也相當的好。

這樣又過了一年，祖母實在撐持不下去，父親祇好決計退學，自己在家中開館。這時父親才十五歲，毫無功名——既不是秀才，更非舉人，自然難以招徠學生。開館之初，一共收了十一二人，都是啓蒙的兒童，等於幼稚班，全是鄰近人家四五歲的孩子不便遠出就學的，其中還有二三人因家境貧困申請免費的。

雞鵝巷的居民，大都比我家的景況好不了多少。所以父親每節的收入連維持最低的生活都有困難。因此，我家貧困已是鄰里週知。

但是外祖父程德和老先生，知道了這種情形，對我父親更加賞識。父親教課時，遇到了不懂的地方，常在放學以後來外祖父處請教；外祖父詳加指點，有時教到深夜。外祖父的家人則竊竊私語，說外祖父如此喜歡這窮學生，難到還想要他做女婿不成？後來這笑話果然成真了。我外祖父托人作媒，替三小姐向蔡家說親。

父親十分感激，祖母也非常贊成，因為這門親事，不但是高攀，而且，父親成了程老師的女婿，那麼，父親的私塾的聲望也可以大大的提高。

親事說成後，外祖父家人人都為母親擔憂。他們說：『三姑娘連厨房都少去，這以後要服侍婆婆，伺候丈夫，還要照應十幾個幼稚的兒童，如果自己再有生育，那麼她一人如何撐得下去？』

母親過門時，大概外祖父曾經給她比較豐富的嫁粧，但是從那一天起，母親就沒有向娘家取過分文，更不曾回娘家訴苦過。

母親過門後，夫婦感情彌篤，祇是祖母原本和父親相依為命，見到兒媳間情意綿綿，便有不愉快的表示，而父親又是讀聖賢書，事事以孝為先的，不得不遷就祖母，把空閒時間陪伴祖母。

這些，母親祇有忍受了。

果如預料，母親於奉侍婆婆，伺候丈夫之餘，還要照應學童，辛勞異常。加上婚後不久，我大哥維藩出世，約在相同期間，祖母得臌脹疾，呻吟床第者年餘，隨後去世。在那兩年期間，母親受盡了難以形容的痛苦，但是她一直撐持着，直到撫養我們兄弟姐妹六人成人。

片斷

南京城地勢雄偉

金陵大學校歌歌詞曾經把它襯托出來：

『大江滔滔東入海，我居江東；
石城虎踞山蟠龍，我當其中；
三院嵯峨藝術之宮，文理與林農；
思如潮，氣如虹，永為南國雄！』

四、我的朋友何石庭

我在五歲的時候，結識了一位好友——何石庭。他是鄰居何瓦匠的兒子，比我大四歲。何瓦匠不是殷實的營造商，祇是專門補修牆垣、塞漏加瓦的零工。可是他有一份公差：雞鵝巷的路燈，每天黃昏時候，由他點燃，次晨由他熄滅。起初，他工忙的時候，要何石庭代辦，後來，漸漸的由何石庭接替過來。

全巷共有十幾盞燈，都掛在約合成人高度兩倍的木桿上，外有方形玻罩。何石庭的操作是：肩着竹梯，手持煤油瓶，每至一燈杆，登梯而上，打開玻罩的一面，檢查存油量，酌情加油，隨後點燃燈心，關上玻門，下梯，再移至第二燈杆。我是經常伴着他做這份工作的，很感興趣，而且有羨慕之意。

有一天，是農曆七月十五日，我隨他燃了兩盞燈之後，忽覺腹痛難忍，要立卽如厠。何石庭指示我在前面一二十步之處，便有公共厠所。我急步趕到，但又却步不前，因為從外面往裡看。厠所內幾乎是黑漆一團，何石庭便跨步而入，看察一番，出來告訴我，裡面空無一人，叫我就在厠所進門處大解，他在門口相候，不必恐懼。

早年城市裡的公共厠所，大都是一入門便是照壁，有些是磚製短牆，有些是竹籬一片，目的是使路人不能在街旁看到厠所以內，故如厠者入門後由左側而入。厠所內左右兩排蹲坑，最裡面豎立一排橫板，通稱琴板，面對入門處，板高約二呎，專為年事較高者坐厠之用。

通常厠所屋頂上有玻窗，約一尺半見方。白天日光由此進入，晚間如無月光，便點油盞，如有月光，則免。是日為七月十五日，月正圓，所以無燈。當我進入厠所立定後，藉月光照耀，能看清厠所內情況，於是我便佔了近照壁靠門的蹲坑，說得更清楚一點，我是面對照壁的側面，也就是進出厠所必經之地。在這個位置上，可以看見何石庭。

當我蹲下的時候，我看到在裡面的橫板上，已坐了一人（距離我最多四公尺），着黑色馬褂，淺灰色長衫；而且他的長衫下部——在膝下兩吋處，正映着自屋頂玻窗射進來的月光，使我放心不少。

說時遲，那時快，我很快的瀉了一陣，正待起身時，忽然發現在橫板上坐厠的人不見了！他決不可能經過我面前而我毫無所知的，我便立刻大聲問何石庭，他說，他絕對沒有見人出去，而且他也未曾離開一步。我當時嚇得提着褲子向外奔。何石庭雙手抱着我，問我何以驚惶至此，我便把我看見的情景告訴他。何石庭堅持着說，一定是我看花了眼，我辯駁說，我看得很清楚，而且我也知道他沒有出門，因為他要先我而出，他那長衫幾乎會抹過我的前額。那麼，他如果是人不是鬼，他會到那裡去呢？（厠所幷無其他出口）

何石庭替我擦汗，發現我發了高燒，便立刻送我回去。我到家，便告訴母親我腹瀉了一次，人不舒服。母親立刻引我上床，用熱毛巾替我揩汗。

她在床沿，一面為我揩汗，一面說道：『今天七月十五，是鬼節，在黃昏時候，更是孤魂野鬼出沒的時候，你根本就不該出去的。』

她轉身去厨房取了一個大碗，盛滿了水，放在餐桌當中，又取了三隻竹筷，似乎在禱告，兩三分鐘後，左手將筷子豎立在碗的中央，用右手掐些水向筷子澆，自頂而下，她問道：『是否小兒老三頂撞了過路神仙或土地公？』問完後將左手鬆開，筷子立卽傾倒。母親隨卽照樣再做一次，又問道：『是否列祖列宗前來探望，被小兒老三頂撞了。』筷子依然倒下。第三次，母親又問：『是否小兒老三頂撞了四方的孤魂野鬼？』這次那三隻筷子竟然屹立不倒！

當時，我在床上仰起頭來偷看，看到第三幕，大驚失色，汗流不止，暗自的說：『我果然在公共厠所裡撞到了鬼！』

這時，母親走近了床邊，問我有沒有遇到什麼鬼怪，我便把在厠所裡所看到的情景說了一遍。母親便抽身回到厨房，取出香燭紙錢在院子裡跪拜焚燒。隨後我便覺得安靜多了，睡了一覺，次日不藥而癒。

在當時，我確信有鬼作祟無疑。在厠所見到的，歷歷在目，決非花了眼。確如後來聽到的一些鬼故事一般無二。因為說鬼故事的人都說，見到了鬼，不會看清楚他的面貌，也看不到他的雙足。回想起來，我也的確沒有看到那鬼的五官和他的鞋襪。

但是我始終想不通這豎立筷子的事。在讀初中的時候，我想起了這件事，我便到厨房取了碗和筷子，照母親的做法，重做了幾遍，最初幾次，筷子都傾倒，愈到後來，豎立的機會便愈多。後來我率性把筷子泡在水缸裡幾個小時，然後來操作，筷子濕透了，豎立的機會更多，有時第一次試驗便成功。當時我雖然不了解這是因為水的黏着力的關係，但自那時起，我已決定入大學後，要主修物理。

片斷

在我童年時代，有一天，兩位和尚上門化緣，一老一少，口稱要見施主，小和尚告訴我，老和尚要見我們家大人。小和尚順便問我有兄弟姊妹幾人，我說：弟兄四人，沒有妹妹，祗有姐姐二人。小和尚很討人喜，他還說了好幾個故事給我聽。

不一回兒，老和尚笑容滿面的向母親告別。

晚餐時，母親告訴父親關於兩位和尚來化緣的事，并說，她施與他們銀洋二元。父親楞了一下，帶着告誡的語氣說：『他們說不定會三天兩天便來一趟，要是每次都施捨這麼多，便吃不消了。』（註：那時女工每月工資就是二元）

母親說：『老和尚道貌岸然，他進入堂屋後，便看出我們家必定是多福多壽多男子，至少是四男二女，你看：他確是道行很高的！』

我聽了以後，心想：這全是我漏了風，那裡是老和尚道行高？一言未發，便溜了出去。過了好久以後，才把實情偷偷的向母親稟報。

五、隨父上任

與何氏匠的兒子浪蕩街頭的玩童，時來運轉，突然被人稱為『三少爺』了。

父親原本在雞鵝巷開館教學，但學生少，收入不足以糊口。忽然間，南京盛傳，清廷要改進各省警政，招考學員，參加警官訓練班。那一次的訓練，不是要培養正統的警官或警察，而在招考警政人員，施予刑法條例的訓練，將來輔佐警務當局處理盜竊、賭博、娼妓、和鴉片等刑事案件，所以這些受訓的人員，仍屬文官系統。考試的科目，仍然是以四書，策論為主，所以父親很容易的考取了。

受訓期間，雖然側重法律方面的訓練，有時也要出操。父親結業以後，把帶回來他的制服和所佩掛的軍刀，給家人開眼界。談到受訓期間的生活；更是津津樂道，很像現今大學生服完兵役後，談成功嶺的故事一般。

最初，父親被任命為南京警務署巡弁，比巡官低一級。工作相當苦，定期和不定期巡視各崗位的警員有無偷懶、缺崗、遲到早退，也要暗查巡邏隊有無按時出發，有無取巧抄近路情事。特別是在嚴冬的夜間，或舊曆年期間，父親都是深夜出巡，黎明而歸。遍走巡區，從不採捷徑。歸來後，略事休息，便勤習刑法講義，幾乎比教館時期還要忙。父親嘗說，他對警務，一竅不通；

也從未接觸過竊盜案件，倘不加緊補習，便難以勝任他的職務。他經常用『勤能補拙』四字，教訓我們。

父親一年的勤勞，深受長官的賞識，次年便升任巡官。雖然待遇好多了，我家的生活，卻清苦依舊。有一天，隨從父親的警士對我大哥說：『大少爺，你爸又何必如此節省？你到我家去看看，比巡官的公館强多啦！』由此可以看出他瞧不起我家窮，對我父親還不夠尊敬。

不久，警務署傳開了父親的『勤能補拙』的家訓，加上他巡區內犯罪率最低，不出兩年，便提升為分署署長。

當時，南京城內分四個警區，每區設一分署，父親被升任其中一分署的長官，可是我記不清楚東南西北四署中的那一署。

父親任分署署長時，已是宣統年間，不久辛亥革命，父親的職務被解除，賦閒了好幾年。民國初期，南京警務當局發覺新進人員缺乏經驗，警務推動困難，因此又起用一些原有警務署成績優良的幕僚，其中包括父親原先的直屬長官。他上任不久，便約父親去談話，他說，在南京已無缺額，但在江蘇省六合縣有一警佐出缺，可以立卽派充，父親同意，卽刻成行。這警佐等於縣警察所副所長。父親到任不久，所長去職。可以說是鴻運當頭，父親便在次年升任所長，接眷屬赴任，我亦隨往，時年約六歲，警員們都叫我『三少爺』。

其實，在南京時期，我並沒有真正的浪蕩街頭，我和維垣二兄都在姨表兄許家私塾讀四書，到六合以後，在富商徐家延聘的一位家庭教師處補習。除徐家二位公子，我和二兄以外，還有一位學生，那便是現在的國大代表孫亞夫先生，六合別後，還是抗戰後在台灣才再度和亞夫兄見面。

值得一提的是，民國初年，各地興辦學校，有如雨後春筍。我們到六合的第二年，便進入六合縣縣立小學。小學裡的校長和教務主任，確是品德兼優足以為人師表的。我對國文史地等課程，深感興趣，獲益良多，尤以對每週週會上周校長的訓話為然。他講到世界局勢，使我們大開眼界；他描述官吏貪污無能，使我們痛心疾首。他警告我們說，日本人謀我日亟，令人髮指。他講的一切，小學生都聽得懂，在他領導下，學生們的愛國心，油然而生，他要學生們立志做大事，將來要肩負起救國的重任。這一類的精神教育，使我們感奮，使我們對他產生無比崇敬。在那以後，我所上過的小學、中學、大學的校長，在我腦海中，沒有一個比得上他的。

在父親任所長任內，我嘗偷聽他審問犯人，不厭其詳，他側重教育人犯，不重處罰。有時，我覺得他對犯人講話，好像教學生讀書一樣。警局裡的拘留所，經常是空空的。偶有犯人，不數日便被保釋。

有一件事，給我印象最深：農曆除夕的當天下午，父親的隨身侍從——毛四——從外面嚷着進來，問所長在後院否？父親匆匆走出，以為出了重大案件。那時毛四很興奮的說，六合縣城內各紳士聯合送春節禮品來了。他後面跟着進來兩人，一人手中高持紅帖，一人挑了兩個小盒，都是用紅綢包着的。還有四五個警士跟在他們的後面進來。手擧紅帖的一位管事模樣的人，上前一鞠躬說，他奉派替縣內各紳士送禮前來，請父親取下，並說了一些賀新年的話。父親謙虛了一番後，看看帖子，知道禮品是大洋二千元，送禮的紳士大都與賭場烟館有關聯。父親靜靜的沉思了好一會兒，笑着向管事的人說：『我和警察所的同仁，維持治安，是應盡的義務，不能接受縣紳們的給與，請把禮品帶回去，代向各縣紳致謝，并賀新年。』說完揮手請送禮人速回。當時在旁的警員們和毛四面面相覷目瞪口呆，帶着一副失望的面孔而退。

稍後，毛四求見母親，試謀挽回，理由是：如此退還禮品，紳士們失面子，以後地方上事難辦。而且弟兄們責力，都希望獲得額外賞賜，歡渡新年；如果靠薪水，養家都不夠。母親對他說，她是一向不干涉公事的，況且縣紳此舉，形同賄賂，照父親平日為人處事，他不可能更改這一個決定。

晚飯時，父親向母親解釋：往年歲末，縣紳們也準備有相同的舉動，可是父親在事先便向他們闡明大義，得到了部分縣紳的諒解，而獲打消。年來警察所禁烟禁賭，雷厲風行，紳士們不敢暢欲所為，今年有幾位新進紳士是暴發戶，大手筆，在地方上儼然是老大，所以不聽勸告，先發制人，先送『人情』再說，他們還在衆人前面揚言：『看他能見兩仟「大頭」而不動心麼？』父親接着說：『如果收下這份人情，除個人名譽外，以後警局如何再抓賭徒和煙鬼呢？』

當時我雖然祇七歲，也覺得父親這一決定，不簡單，每月薪水四十五元，居然對送上門的兩千元不收。自己不貪是對的，但對警士們，今後如何能叫他們做事責力呢？反過來，如果父親收了這筆禮金，那他不就成為周校長天天責罵的貪官汚吏了麼？

從那時起，我們家人，特別是大哥，便促請父親適時而退，因為父親畢竟是一個讀書人，是不適於作地方官的。

片斷

我上中學時，還兼一份家務：每日清晨上菜場買肉和魚蝦。第一次出發時，母親叮囑：買肉要買腱子肉或者排骨，買魚蝦要大小合適，特別是魚，如果小了一點，每餐一條嫌少，兩條嫌多。父親說：要新鮮，「貨買三家不吃虧」。

照父親最後一句的指示，將要化太多時間，說不定第一堂課就要遲到，我心想：肉舖是店舖，較大的衹兩三家，經常要光顧的，磨價不是好辦法，於是我每次去，一口氣說完：『要買新鮮的腱子肉半斤（或排骨一斤），因為要趕着上課，不還價。』賣肉的覺得我還爽快，微笑的照辦。

賣魚蝦的有些是攤位，有些用蘿筐，水桶舖在地面，流動性較大，通常都有討價還價的習俗，我每次選好了以後，照樣說明，沒時間磨價，照他們開價的七成或八成給價，如不賣，踏上單車便走。大多數賣主會叫我回頭的。

以後常去，他們更不和我嘮叨，每次，一二十分鐘便買妥，母親常稱贊我會辦事。女傭在旁插嘴說：『少爺買的可是貴了些呀！』（那時家中人多，母親一人忙不過來，請了女傭協助。）

六、土匪上門來

六合縣警察所的職掌，是維持縣城以內、和城外二三鄰近村鎮的治安。至於距城較遠的鄉村，則由縣政府會同駐軍負責。在父親任內幾年中，城內漸趨繁榮，偷竊案件減少。但隨繁榮而來的問題也多。第一，「烟」和「娼」愈來愈難禁絕。第二，鄉間富農相率遷入城內，鄉間日窮，土匪也漸漸轉入城內活動。

父親擔任所長的第三年，有一個著名的匪首（忘其姓名），竟然大膽的來縣城內活動，住在最大的旅館裡，每天聚集匪夥吃喝，還邀請縣紳參加。紳士們不敢去，又不敢不去，紛紛來警所求助。父親聞悉後，自然要籌思對策，設法應付。不久，有一天晚間他獨自一人，微服前往旅舍，走訪匪首。事實上他隨身帶了一名身體魁偉且精通武功的警士，在樓下等待，以防萬一。這次父親親身探匪，家人不知，警所內亦無人知曉。

當晚，父親回到警所後，聽他說這匪首并非彪形大漢，身材略小，但顯得精悍。見父親突然來訪而不驚，與父親娓娓而談。父親勸他離開六合縣城，并且告訴他：他在六合縣城內并無案件，如其離去，自不會加以阻撓。匪首表示，他的兄弟們在鄉間已難以謀生，來城裡做買賣，并無非法企圖。父親臨行時說明，警局作事，一切以法為準，匪首亦佯做了解狀。

越二三日，匪首派人來通報，他要回拜，同樣獨自一人前來。父親懷疑他來意不善，招了駐守警察所的第一排排長商議。（按：六合縣共有警員八排，每排十二人，連同巡官等共約一百人。東南西北四城門每處一排。鄰近南門外二三村鎮兩排。警所所內一排。另一排駐城中鬧區。父親為免驚動起見，祇就所內一排警員來做安排。

警所大門有門崗，入大門後，右側一排房屋是全排警員宿舍，也是槍械存放處，左側是一排樹木，中間是十餘丈長的石板甬道，直通大堂，通常大堂審案的機會很少，大堂門常閉，所以要從右側繞過大堂進入二堂，二堂也不常用。二堂後有一道大門，跨過大門門檻，先到天井，穿過天井，便是會客室和所長辦公室。

父親認為進大門後的警員宿舍是重點，怕匪衆來搶槍械，配置五人持槍埋伏在內。大堂二堂之間埋伏二人。天井內埋伏二人，隨身侍從毛四也配帶手槍在會客室行走。最重要的是派幹員李警士，在門首恭候，隨同入內。李員便是那位身體魁偉且手脚敏捷的警士，配帶手槍并暗攜手銬。

匪首準時前來，李員陪同進入，尾隨其後，匪首略有遲疑，要李員先行引導，李員稱，大門以後，便無崗位，直行可也。匪首進入大堂，并無異樣，進入二堂後，在轉入天井前跨過門檻時，左手撩起長袍，右手突在腰間取出手槍，李員立即以右手將其持槍之右手緊握高擧，左手抱其腰，高呼「有匪」。此時天井內的兩位警士和毛四應聲而出，以槍口對匪，吼其放下手槍，匪首一時性急，胡亂鳴槍數響，旋由警士們將其槍奪下，并加手銬。其時在大門外守候的匪衆三四人，原擬衝門而入，但見預先埋伏之五員警士持槍而出，祇得四散奔逃。

匪首被擒後，在審訊時，態度從容，辯稱：父親未曾給他公平待遇，父親至旅館訪談後，平安離去，他的回拜，也是獨自一人，何以未經謀面，先行扣人。父親問其何以攜械而來，并且鳴槍？他笑着說：『這祇是示威而已。』他在供詞裡稱：在未來警所之前，已調查清楚：所長是一個老學者，連槍都不會放（這是事實），平時對警員少賞賜，不獲人望，如彼鳴槍，警士們必將作鳥獸散。但後來，群警擁上，將其擒獲，實出意外也。

匪首因屬股匪，依法移送縣府，因其在鄉間曾犯搶刼案累累，致判無期徒刑。縣城内外，隨卽謠言紛紛，認為匪首部下百餘人，定將謀求報復，一時風聲鶴唳，大哥再度勸請父親退休（時父親年約五十）。當時父親頗不以為然，認為這樣做法，必被人譏為懼匪衆之報復而喪膽，最後決定先將眷屬送回南京，父親獨自留在六合一年多之後，因多數南京老友相勸，終於辭職。父親這些朋友多數是研究書畫的，其後父親精研書法，臨魏碑頗有成就，晚年為人寫對聯題字以自娛。

七、攀城牆，爬火鈎

我在六合縣立小學一年多，成績平平。不過和同學相處很好，放學後六七人結夥漫遊，天黑以前回家。

有一次同學們邀我去爬城牆，我很興奮，因為南京城大，平時都沒有見到過城牆。還是在全家由南京來六合途經儀鳳門出城時第一次看到的。我當時的印象是，城牆又高又壯，好像我從課本上所讀過的「萬里長城」一般。

在六合縣見到的城牆要矮得多，且呈殘破狀。我們從學校出發，不出廿分鐘，便已到東門門樓。登上門樓，擧目望去，一片荒廢的景像，城牆垜什九傾塌，距門樓較遠處已是野草遍地了。

雖然縣城城牆已陳舊殘破，但砌城牆用的青磚却很完整，這些青磚比通常建房屋的磚要大些，堆砌方式是千篇一律的，每一層磚都是交錯排列的，城牆開裂的地方什九是磚與磚的接縫處，正因為這個原故，開裂處自下至上，呈交齒狀，對幼童而言，恰好拾級而登。我也凑興，和其他同學同到城牆下魚貫而上，似乎幷不費力，很快就爬到城牆的頂部邊緣，可是最上面的一層，照樣是平滑的青磚，沒有可以用手扣定的地方，在我上面的同學，很熟練的以玩單槓的方式，雙手在頂端用力一撐，半截身子就露出城牆頂部水平，再用右腿跨在頂部青磚上，翻身一滾，便已臥倒城牆頂上了。其實這也是十分危險的，倘若在那一刹那間，身軀向後一閃，便會栽下來。城牆的高度大約和現今舖面建築的二層樓樓頂相等。

我沒有膽量去一試，事實上兩膀有無那股力量都成問題，城頭上的同學在喊：『快翻上來呀！』我可是實在無能為力。想退下去，下面幾位同學都接着我的脚向上攀登，我變成上下不得。當我轉首向下張望時，看到地面行人變小了好多，愈覺我所停留的地方已高在半空中，不由得渾身出汗，兩腿發抖，如此撐持着四五分鐘，好像面臨生死邊緣，萬念俱灰，那種恐懼，畢生難忘。

後來，一位年齡略大的同學看到這種情形，便向其他同學說：『恐怕小蔡不行了！』叫大家帮忙。他倒是具有領導能力的，立刻指揮兩位同學平伏地面（城牆上的地平面），每人拉牢了我的一隻手膊，然後又叫兩個同學坐在他們的後面拖着他們的雙腿，這樣可以使救我的同學不致被我拖落下來，一切部署妥當，他下令叫我鬆手，他自己也協同拉我的右手，就這樣把我拖上去，我的兩膊，在牆頭邊摩擦流血，兩腿無力起立，足足躺了十幾分鐘之久。後來起身，慢慢走向牆邊，想再向城牆下張望一下，陡然間腿軟頭暈，立刻又蹲了下來。從那時起，我登高時不想朝下望，這也許就是懼高症吧！

提到爬火鈎，好像我在幼年時也曾經有過英勇的一幕，其實不然。當時在六合，警察也負擔消防的任務，設備簡陋，主要的工具是火鈎。用相當長的竹竿製成，在竿的根部，也就是最粗的部分，裝鐵鈎，竿長三丈餘，可以鈎到普通房屋屋頂大樑。遇有火警，警員們分兩組馳救，一半的人持火鈎，一半人攜水桶和繩索，抵達現場後，便將火鈎掛上屋簷，部分警員攀登屋頂，吊取水桶，澆水滅火，萬一火勢過大，失火的房屋已無法施救，便用火鈎及時把它拉倒，減少漫延的可能性。現在看起來，實在落後，不過在民國六七年，外縣很少有自來水的。同時，平房的高度有限，建築物也不似今日之密集，縣城幷不大，以警員們純熟的技巧，也頗有功效。

在警察所內，火鈎經常掛在警所大門內甬道旁的大樹上。接近地面的部分是竹竿最細處，愈高愈粗，到了接近火鈎處，已不是六七歲兒童的手可以握得很牢的了。有時火鈎掛得高，警士們上火鈎，先要縱身一躍，緊握着竹竿的下垂尖端，然後全憑雙手攀升數尺，接着手脚幷用，不到二三分鐘，已到了火鈎盡頭。

天下無難事，我每天練習，幾個月後，也身手敏捷，差不多可以爬到頂端。通常以手觸及火鈎便算及格。可是在開始爬的時候，總要一位警士將我擧起，我才能握着竹竿的起點。

有一天，我正爬到頂端，卽將用手觸火鈎時，忽聞父親談笑聲，旋見父親送客從大堂後側轉出來。我大吃一驚，警士們作手勢叫我不要開腔，不要動。

父親和客人邊走邊談的走過了甬道，送至大門口與客人道別後，回身進來。這是最危險的時刻，因為已無客人使他分神，可能擧目四望，如果他看到我爬在火鈎上，會怒不可遏的！皇天保佑，父親從容地走進大堂。

幾位警員立卽跑到火鈎下垂處，雙方作接棒狀，連聲叫『快』，意思是叫我滑竿而下。那一次我好像祇用幾秒鐘滑了下來，打破記錄。

後來，我很得意的告訴我同學這段事，並且說：愈緊張時愈要沉住氣啊！

笑談

民國初年，某縣長平時宴客，都要謙虛的說：所備皆粗菜，請賓客見諒。其實廚師技藝，譽滿縣城，對於縣長大人稱他的烹調為粗菜，十分不滿。

某次宴會中，廚師捧「全鴨」傳示賓客（習慣上，在上主菜時，如係烤鴨，應將已烤之全鴨傳示賓客，然後送回廚房削鴨皮盛上）時，衆人皆見所傳示之鴨缺一腿，頗以為異，座上有人向鄰座耳語：『何人大膽，敢在廚房偷食？』鄰座客人也低聲答稱：『也許原本就是一個跛子鴨。』在座賓客忍不住發笑，主人窘甚。

筵席散後，縣長大人立卽傳廚師問話，廚師說：『這是府裡自己飼養的鴨子，都是一條腿！』縣長未發一言，牽着廚師到後院查證。及至鴨棚，群鴨入睡，均倚一腿立臥（鴨入睡時，均捲一腿，作金鷄獨立式）。廚師說：『大人，它們不都是一隻腿麼？』縣長怒甚，猛烈擊掌，群鴨驚醒，原先捲起之腿，緩緩舒伸出來。於是大聲問：『是一隻腿還是兩隻？』廚師說：『祇要大人如此熱烈鼓掌獎勵，自然就是兩隻腿了！』

八、五台山遇驚無險

離開六合縣，回到南京，進入東南大學（中央大學前身）附小，一年混過去，畢業了。東大附小學生多，我是新生，朋友少，是一個默默無聞的學生，旣沒有犯規受罰，也沒有什麼出人頭地之處。

畢業後入南京青年會中學，那時大哥在青年會中學敎英文。周校長和大哥同是金陵大學畢業生，是多年好友。我在青年會中學讀了一年，成績平平，數學成績不錯，祇是英文趕不上，大哥督促我加緊練習，他說，他敎英文，如果我的英文不及格，他沒面子。但是大哥忙得很，沒時間替我補習，祇是偶爾指導我發音，於是我早也高聲朗誦，晚也吱吱呀呀的練習發音。

有一天，大哥回來說，已替我報名參加初級班的英文演說比賽，（舊制中學，四年畢業，一二年級為初級班，三四年級為高級班）；這把我嚇住了。大哥不等我有任何表示，便鄭重的說：『我知道，這對你是很難的，但凡事都有難處，一個青年，便要有克難的精神。不下苦工，是不會有進步的。我替你預備講稿。祇要你能背誦就行，比賽的結果是不關重要的，就是得了末名，也值得的。』

我無話可說了。過了幾天，他把演說稿交給我。我看了一下，全篇都是生字，我用了兩天兩晚的時間查字典，才了解文意的五成。可是這次大哥化了不少時間，先解說講稿內容的大意，然後教我發音。他叫我每天上學以前和放學以後，都要誦讀二至三遍。

我的家人，是不懂英文的，對我不斷的怪聲怪氣的朗誦，實在難以忍受。他們不說，我也知道。這時，我們已遷出雞鵝巷，住的地方距離五台山不遠。這五台山便是隨園遺址，並不是一座高山，衹是一處丘陵，斜坡處，盡是墳地。有些墳墓已年久失修，呈深坑狀，但高處則相當空曠而寧靜。我每天去那邊，大聲誦讀講稿，倒也不覺得懼怕。兩個星期以後，大致已可背誦了。說也奇怪，能背誦時，便覺得演說稿內容幷不深奧，意義頗為淺顯。大哥說，那就好了。這時已可開始練習一些簡單的動作了（手式）。

沒有想到，一加上手式，便忘了演詞。反覆的練習，便把時間躭誤了。有一天，太陽已開始西垂，我匆匆的走下山，沒料到，剛到半山便已天黑，遠望山脚，已是萬家燈火了。正在這時，我經過一個深坑的側面，突然間從坑裡冒出來一個「人不像人鬼不像鬼」的叫化子，身上纏着一條破氈子，看上去泥土遍身，他向我叫了一聲：『站着！』

這一下可把我嚇壞了。天無絕人之路，不知怎的，我突然間鎮定了下來，不理會他，照樣慢步向前走，同時佯裝着我是結伴同行的，大聲回頭叫道：『大哥，天黑了，不快走，晚飯吃不到了！』

叫化子聽說後面有人，便立刻矮了半截，連聲說：『小少爺，給我一個銅板吧，三天沒有吃飯呢！』我說：『好，等一候兒大哥會給你的。』我邊說邊走，大約離開他二三十步時，拔腿便跑，一口氣跑到山脚小食店，買涼水喝。

我後來也聽到人說過有人也曾經有過相同的遭遇，用類似的技巧，渡過難關。幷且這和我有相同的遭遇的人，後來成了閙人。因此，我很少將這件事對人說，怕人家說我照這故事自己編造的。

演講比賽的當天，我抽籤是最後登台。在我前面的幾位，有的稿子未背熟，呑呑吐吐，有的要停半分鐘去想，有的乾脆把稿子掏出來讀。輪到我的時候，膽子很壯，覺得沒有什麼可怕，愈講勇氣愈足。在我演講時，我還看見聽衆中有人指手劃脚，也聽到前排有人低聲說：『這小鬼倒是挺不錯的。』這些似乎都不曾使我分神。

結果：第一名。

這是始料未及的，從這次的經驗，我知道查字典的重要，查遍了每一個生字，才能了解全篇的文意。其次，要有充分的準備，才不致於怯場。最後：熟讀一篇講稿、論文或文藝作品，不僅可以帮助自己多知道一些字彙、詞藻的用途，還可以欣賞它們的美。

九、無辜受罰

我和二哥維垣在青年會中學讀了一年整，成績平平，可是我弟兄二人循規蹈矩，從未犯過。忽然有一天，正值暑假期間，我在家中練習書法，收到學校寄來的一件公文，是送給大哥親啟的。大哥在書房，正與金陵中學教務主任劉先生談話，當我把這公文送進去時，大哥說：『我在這邊和客人商談，為什麼要跑進來？』劉主任說：『沒有什麼？你先看信。』大哥把信拆開，略略的看了之後，面色大變。原來信裡面祇有十幾個字：『蔡維垣蔡維屏二生着卽開除學籍。』大哥隨卽請劉主任過目，劉主任閱後莞爾笑曰：『瑞章兄也未免氣量太小了點吧！』（周校長名瑞章）

原來，在兩天前，劉主任有意延聘大哥去金陵中學教書，當時在南京，金陵中學是第一流的中學，青年會中學排名要低得多。劉主任和周校長、大哥都是同學，且係好友，未料到當大哥向周校長請辭時，周校長把臉一沉，說：『金陵中學是在挖角，在拉人，這樣豈不要把青年會中學拉垮了麼？』大哥說，能在母校附中任教，是一個難得的機會，老朋友都應該為我高興才是。』大哥的語氣是去意已定。

周校長一氣之下，便與青年會中學教務主任商議，說明要開除我和二哥洩憤，教務主任勸他不必如此，幷且說：『蔡家的小弟兄也沒犯過，如此做法，師出無名。』結果，周校長採折衷辦法，在校內不公佈，但開除的公函必須發出。

在民國初年，國內有不少聞人，或因參加學運，或因投身革命，與學校當局衝突而遭除名。我和二哥沒有這類轟轟烈烈的事跡，開除後似乎也無人知曉。

塞翁失馬，焉知非福，當天劉主任對家兄說：『既如此，瑞章兄自絕於人，你離開青年會中學已成定局，二位令弟下學年就來金陵中學吧！』後來，二哥和我就考入金陵中學二年級插班。在當時，進入金陵中學不容易，因為要考入金陵中學的人多，中途退學的少，平時很少收插班生的。事後好多青年會中學的同學都表示羨慕，他們作夢也想不到我們是被周校長開除的。

笑談

某中尉訓練新兵，以嚴格見稱。最後一日的訓練科目是全付武裝，跑步五哩，中尉教官帶頭。跑完後，人人疲乏不堪，倚槍而立，等待總教官訓話後解散。

總教官蒞臨後，中尉報告：『五哩跑完，全隊而歸。』總教官說：『好成績。』

此時，中尉要炫耀他的體力和他一貫的嚴格要求，要再跑一哩，接着發口令：『再跑一哩，能跑者停在原位，不能跑者上前一步，我要看看有幾人不能跑！』說完後，竟無一人上前一步。總教官翹起大姆指，誇奬這中尉教官：『了不起。』正當此時，為首的一位新兵舉手說：『報告長官，不是我們還能夠再跑一哩，而是無力再上前一步啊！』

十、『祭神如神在』

每年除夕，祭祖是件大事，全家出動。

當天下午，先將祖父母畫像掛起（那時尚無攝影）。香燭、紙錢齊備。約六時左右，父親率領全家大小，肅立前廳，燃燭點香。父親教導我們，程序是先燃燭，然後藉燭焰點一束香，把全束香的頂端遍燃，避免一邊燃透，另一邊半燃。其次燃香時，倘香柱頂部有火焰，不得用口吹熄，而應將香柱擺平，前後擺動，這些都是『敬神』的細微末節。

在第一次跪拜時，父母立前排，我們弟兄們立第二排，姐姐們立第三排，父親將已燃之香束分三柱，上香後，肅立，俯首靜思，猶如默禱，時間相當長，似乎有四五分鐘之久，我們有時不能忍耐，便竊竊私語。父親靜思後便領導我們行三叩首禮，隨後便休息約一小時。

有一次，父親在這休息時間把我們小弟兄們叫到書房，責問我們為何在靜思時不能屏息默禱，而有一種不安的情緒，如此態度，何以對祖先？我們吞吞吐吐的回答說：是因為靜思的時間太長，而且事實上誰也沒有見祖先果真到來。

父親聽了後，並沒有生氣，靜靜的看着我們，然後引述聖人所云：『祭神如神在』的道理，他說：『如果我們認為神是絕對的不與我們同在的話，那麼，點香燃燭，供奉菜肴，全是多餘的他接着說：『我們對於祖先的養育之恩，幷沒有日夜禱念感恩。每年才祇一次拜祭，我在靜默中，回憶過去祖先撫養之恩，然後呈述一年來家人情況，最後請祖先保佑我們闔家平安。這許多，四五分鐘算長麼？自古聖賢從沒有斷言神靈之有或無，祇是告誡吾人：在祭神的時候，要肅靜，就像他們確與吾人同在一樣。剛才第一次跪拜，是迎接祖先。一會兒供奉酒菜，第二次跪拜是請祖先歡宴。最後焚化紙錢時的第三次跪拜，是送神，叩別祖先，大家都要莊重嚴肅。』

稍後，酒菜擺齊，我們又肅立靈前，這次沒有靜默，立定後，父親擧酒杯，有節奏的洒酒在地面，先後自左而右洒三滴，然後將餘酒自左而右洒成一條，接着行跪拜禮。行禮完畢後，父親告訴我們，三滴之下，加曲線式的一橫，是個「心」字，表示全心全意。

嗣後約半小時，父親又率同家人立於靈前，作第三次跪拜，旋卽囑我們弟兄到天井裡焚燒紙錢。

後來，我每屆除夕，也率同家人祭祖，完全依照上述的程序，因為回想父親所說的，的確入情入理。我們幷不需要時時禱念，一年一次，也不為多。按我國傳統，每年在祖先忌辰之日，也應該祭拜，祇是每每不能記憶，或則家人分散在各地，不能夠齊集，這每年除夕的祭祖，便是愼終追遠最重要的紀念了。

十一、斬蛇記

在金陵中學，功課比較緊，而且同學們素質高，競爭烈。所以二哥和我經常開夜車，有一年初夏，天氣相當熱，我在燈下做功課。

那時，我家住的是老式的四合院。大哥大嫂住第一進，父母親和姐姐們住第二進，兩進之間有天井，天井左側是廚房，右側是廂房，也就是我的臥室，讀書睡眠都在這斗室之內。天井中間部分比較低窪，較四週磚砌的屋基低約兩尺。由正面進入第二進的堂屋（就是左右正房中間的過道），要登石階三四級。如遇暴雨，天井可能淹水，正屋便不致波及。

我的斗室，貼牆正好放床鋪，睡臥時，頭頂臨天井的木壁，足部則觸及隔鄰的磚牆。一張書桌對窗而立，坐在書桌旁，可以展望天井。坐椅後面有一個籐製書架，放滿了課本和參考書，頂層堆了好多捲圖畫紙。書架靠牆，這牆下端有一排半截的琴板，約一寸厚，目的在防濕，入冬也可以禦寒。

大約在夜晚十一時左右，我正在聚精會神的做習題，忽聞身後有「索、索」的聲音，起初我并未加以理會，後來這聲音愈來愈大，我便起立轉身查看，忽見書架的右側，琴板邊緣露出半尺長的蛇尾，左右擺動，我忽然想起人家常說的：「打蛇打七寸，捉蛇捉蛇尾」，七寸是指蛇頭部以下七寸處是蛇的要害。我就鼓足勇氣，赤手捉蛇尾，拖出來用全力抖動。也是聽人說過，這樣可以使蛇的脊骨酸軟無力。詎知，當我把蛇自書架後拖出時，才發現蛇的長度和我的身高相若，因此我唯有將手高舉，蛇的頭部才不致觸及地面。我不停的抖動，蛇果然軟下來，當我用力抖動時，母親在隔室驚醒，連聲問道：『老三！是不是發生了什麼事？』我不知不覺的應聲說：『沒有事，沒有事呀。』在這個當兒，我的抖動稍有緩慢，蛇便翹起頭來向我伸舌，我嚇得祇好無休止的抖動，但我當時心想，我是無法長期支持下去的。而且房間太小，手脚無法施展，於是我決定開門到天井去。當我轉身用左手去拔門閂時，蛇的頭便昂起來，我不得不一邊痛抖一邊拔門，分三階段拔了左右兩閂，然後開門，走至天井中央，繼續高舉蛇尾抖動，此時全家人都因母親的叫喚，跑出圍觀，驚駭異常。

此時，我心生一計：將蛇身當作馬鞭，在空中甩了數圈，然後以蛇頭擊石階，發出「拍」，「拍」的聲音，如是者有十餘次，蛇已死去，這時我將蛇放在石階上，順手搬了一塊石頭壓住，家人仍不放心，把菜刀遞給我，我便在它七寸處斬斷。

這時我既興奮又疲倦，坐在石階旁向家人細說經過。稍後父母已回房，房門還未掩上，我從石階上看到父親在燈光下向母親說：『將來老三會有出息的』幷且面帶笑容。這是我懂事以後第一次聽到父親的稱讚。因為平時，我家中的確是父嚴母慈，母親一向護着我們，可是父親經常是以嚴肅的態度，告誡我們：多讀書，少貪玩。

但是父親這一次的稱讚是有特殊原因的：

大約在半年以前，大哥在家裡替四五個中學生補習英文，圍在一張大方桌上，有一天下午，大哥正在講解功課，忽然一條蛇自屋樑跌落在方桌中央，師生一時嚇得東逃西竄，轉瞬間，蛇已無影無蹤。晚間，全家提心吊膽，不敢入睡，人人備有刀斧和木棒，門雖閉而照明不滅，是一種全面戒備的景象。

午夜時分，蛇果然在大哥屋內出現，大嫂原是和衣而臥的，首先翻身起床，與大哥用刀斧木棒追擊。結果仍被蛇逃脫，但地板上留下血跡，可見蛇已受傷。

不出兩個月，大哥的長子，是五個月的嬰兒，患肺炎，在當時可以說是不治之症，一週間便夭折。

家人便以為這是「蛇神」的報復。父親為消災計，還在堂屋內立一蛇神牌位，不時焚香祝禱。但是家人仍然先後病倒。我這次「斬蛇」的表演，大家都認為「不安寧」的根源已除，恢復了安全感。說也奇怪，從那天起，閤家的確是無病無災，「太平」了好些時日。

十二、中學學生生活回憶

我十三歲到十七歲的幾年中，黎明卽起，接替了母親早年打掃門庭的工作。打掃完畢後通常是上市場買一點魚蝦和肉類，至於素菜之類，是有沿街吽賣的人送來的，買回魚肉後，便匆匆用完早餐去學校。

放學後，除老師規定的功課要作以外，還要依父親的指示：熟讀論語左傳，習毛筆字。

在金陵中學三年，成績平平，沒有不及格，也沒有名列前茅。金中學生體育成績好，在南京市各中學比賽中，一向獲足球冠軍，華東足球隊健將陳鎮和是我的同班同學。我也曾學踢小皮球，表演得很差，雖然是因為興趣不濃厚，也是因為抽不出時間來。我除了自修功課外，還有一件差事。

父親平時的積蓄，都用以購置一些不動產。父親嘗說：『錢不可虛置』，『人賺錢有限』，『錢賺錢無窮』，他的意思是，有積蓄就應該投資、生息，但父親從未在一個時期，有過大量的收入，全靠點滴聚集而來，稍有積蓄便購買一間小鋪面，因為鋪面收租比較高。回想起來，父親當年在南京所購置的，都是大街上的破舊房子，猶如台北市街邊大厦與大厦之間的担担麵館。

父親退休後，常常自己去收租，房客推三阻四的不肯付租，頗多拖欠，父親頗不愉快。我心想父親當年是南京警察分署署長，六合縣警察所所長，如今要親自跑到担担麵館老板娘處收房租，實在太委屈了。於是我毛遂自荐的把這份差事接了過來。

我了解，向人要錢，總得有耐性，要好話多說；房客說沒有錢，我并不拔脚就走。如果店裡有空着的椅凳，我就坐下來看功課，如果一個空位都沒有，我就站着看，眼見來光顧的客人川流不息，我便向他道賀。人緣好，有時很容易見效。一個下午，三四家房租收齊了。

這份工作，是相當耗時間的，週末差不多都賠上去了。回憶我在中學生時代，看電影，大概是暑假一次，寒假一次。廿年後，當子女們上中學時，好像一週看一次電影還嫌少呢。

我在金陵中學三年中，雖然成績平平，倒也曾被老師誇獎過。有一天，生理衛生老師講到人體內臟的功能，他用了好多儀器，用手操作，心臟便作有規律的跳動，肺部也隨呼吸而脹縮，同學們看得很感興趣。我忽然想到一件事，隨卽舉手發問。我說：適才在實驗過程中，老師以自己的操作為原動力，請問：人體內臟的功能，是那兒來的原動力呢？老師連聲稱讚這問題問得好，他說：『這是靠着一種看不見的生命的力量。人們進飲食，便可維持這生命力，在宗教方面當然還另有解釋，這一點稍後你們會慢慢明瞭的。』

我接着又問，旣然有生命力來推動，那麼像心臟、肺，祇不過是血液循環和呼吸的工具，就好像一個機器上的一小部分，那麼，萬一發生故障，應該可以修理，也可以換一個來替代的了。老師又連聲誇獎，他說：『這個問題問得好，問得好。理論上說這是可以辦得到的，不過現在科學的進步還沒有到達那種境地。』

我對這兩次發問後老師的誇獎，覺得是一件難以忘懷的事，原因是我在中學時代，很少得到老師的誇獎。

笑談

據說，教育廳一位督學到各中學去視察，第一站到了某初級中學，抽調一個初中三年級同學來談話。首先問他對那一門功課最感興趣，學生答稱：「中國歷史」。督學便問：『你知道阿房宮是何人縱火燒毀的？』學生想了很久，答道：『報告督學先生，不是我放火燒的。』

督學聽了哭笑不得，便到校長室，把這問答情形，向校長說了一遍。校長沉思良久，慎重的向督學報告：『本校訓導原則，一向重「誠實」，這同學既然說不是他縱火的，想必不是他鬧出來的亂子。』

督學聽了以後，搖頭不已，回到辦公室便函告教育局局長這一段視察經過，函尾不勝感嘆的說：『如此教學，如何得了！』局長看了這信，知道督學是極為不滿，總得要設法「了」案。於是找了局中公文老手來擬稿呈復，督學收到復信立卽拆閱，復文要點是：『對於阿房宮的火災，該校師生既堅定表示未曾插手，自難加予處罰，本局為息事寧人計，決在下年度寬列預算予以重建，以資結案。』

十三、先修數理，繼而改習政治學的經過（上）

在舊制四年中學畢業後，我便升入金陵大學預科。當時金陵大學是預科一年，正科四年，共需修讀五年方授予學士學位。在預科中，全部是必修科目，入正科後，分文、理、農三個學院。我在預科時，大代數和解析幾何成績很好，物理也在中等以上，其餘科目，成績平平。於是我對數理興趣大增。物理系主任，便是稍後的理學院院長魏學仁博士，是大哥的好友，自幼好學不倦，赴美留學，獲芝加哥大學物理學博士，當時在金大學生的心目中，是了不起的青年科學家，前途未可限量。也是由於他的鼓勵，我便進了理學院，主修數學，輔修物理。

到了正科以後，同班的同學們，個個用功，人人都是江南一帶各中學的佼佼者，我雖全力以赴，仍然回到成績平平、不好不壞的境地。

忽然有一天，在佈告欄上看到大字號外：日本侵華開始『九、一八』事變！我看了毛骨悚然，雖然當時還沒有棄學從軍的念頭，但確有救國的決心，如果有助於抗日救國的任務，雖犧牲性命也在所不辭。腦海裡忽然想到六合縣立小學周校長訓話時的沉痛態度，他說過：『如果我們全國青年，不能發奮圖强，阻止日本的侵略，那麼，終有一天，大家都會做亡國奴！』

我看了佈告之後，立刻去看數學系主任，向他請教：『我們每天讀的高等微積分，方程式論，如何可以用所學報効國家。』老師勸我不要激動。他說：『報效國家，人人有責，數學和其他自然科學，密切相關，要直接有助於國防，要有許多配合的條件，這是一時急不來的。』

我承認他所說的是很誠懇的，但對我不是一個滿意的答覆，我回到家中以後，便請示父親，說我有轉讀政治學系的念頭。父親說他幷不反對，但他不贊成我攻讀數理，半途而廢。他說，我可以再讀兩年數理，畢業後，如果我決心再入文學院，修政治學，他支持我。

我覺得父親說的合情合理，但我始終感到困擾，認為對於佈告欄裡的號外，毫無反應，毫無做為，實在過不去。

不久，同學冉孝瑞來告，國民黨方面有意派人來校爭取優秀青年、愛國青年，問我意向如何，我立刻表示願意，第二天便接上頭，才知道國民黨中樞鑒於國難日亟，必須廣泛的吸收青年，要求全體中央委員，親自出馬，和青年接觸。

和我接觸的人是由林森、李文範兩位長者派來的。我在中學時期，曾經讀過三民主義，對於國父幾十年奔走革命，終於推翻滿清，是十分景仰的。眼見未來抗日救國大業是要靠國民黨來領導的，所以我絲毫沒有猶豫，在一九三一年年底，加入了中國國民黨，介紹人是林森和李文範兩位黨國元老。

十四、先修數理、繼而習政治學的經過(下)

我加入國民黨以後不久，又加入了當時尚未公開的青年團。目的是要滿足我强烈的要求，以行動支援政府，抗日建國！

那時，團部的提示：要求團員以優良的成績，强健的體魄，贏得同學的擁護而取得學生運動的領導。我便約集了那時僅有的五六位同志，倡導『兩館主義』——圖書館和體育館。我以身作則，每日下午到體育館鍛鍊身體，晚間上圖書館勤奮讀書。平生第一次加入大學裡的一個籃球隊，記得那一隊隊名是「東瓜隊」，當年全校一共有十八隊。校內比賽結果，東瓜隊排名第十八。可是責任不在我，因為我是預備隊員，還沒有出場與賽，東瓜隊已經被淘汰了。

一九三二年學生會改選，我們幾個同志，全力奔走，事先就對大會開會時應如何進行，作了詳細的安排，結果，我們都當選。隨後，由學生會出面組織華東八大學演說辯論會，我曾經在南京，上海向各校學生會負責人接洽，相當順利。一個月後，便在南京金陵大學舉行籌備大會，到有金陵大學，中央大學，金陵女子文理學院，東吳大學，暨南大學，滬江大學，光華大學，交通大學等校學生會代表。

當時決定，每年舉行演說及辯論一次，輪流在上海和南京舉行。如果第一年是中文演說英語辯論，次年卽擧辦英語演說和中文辯論。但一九三三年祇能擧行中文和英語演說比賽，因為籌辦辯論，需要分初賽複賽和決賽三個階段，時間上來不及。同時，上海的代表們認為這次籌備會議已在南京召開，因而要求一九三三年的中英文演說比賽在上海擧行。

在正式比賽前，各大學都要擧辦校內的選拔賽，緊鑼密鼓，在當時華東各大學學生心目中，這是一項大規模的學術性的競賽活動，頗受各方重視。

一九三三年在上海擧行中英文演說比賽時，上海各校學生會決定邀請評判員五人，幷說明其中的一位——林語堂——是總評判，這很特殊，因為這樣安排就使林語堂的地位，凌駕其他評判員之上了。

那一次每校中文演說代表二人，英語演說代表也是二人。我是英語演說代表之一，同時也是金大學生會會長，因此無形便成了領隊。那次，上海和南京的代表，各有千秋。但是，林語堂以總評判的身份宣告比賽結果時，曾經代表全體評判員致辭。當時，我印象最深的是他所說的以下幾句話：『這次南京來的代表們，都是替南京政府說話（這時林語堂對政府是採批評的態度的），成績自然受影響，實在可惜！』

宣佈比賽的結果：南京各校代表名落孫山，上海各校囊括了所有的獎品。

英語演說第一名，是前外交部長沈昌煥，代表光華大學，題目是：「職業教育的重要」，內容和表達能力都是一流，獲第一名是衆望所歸。我的題目是：「擁護政府收復東北國土」，未獲選。

回到南京後，同學們竊竊私議，說我和其他幾位學生會幹事們好高騖遠，要辦校際比賽，結果大敗而歸。這種批評是很容易為大家接受的，因為在國民政府建都南京以前，金陵大學在華東四大教會學校（金陵大學，滬江大學，東吳大學和之江大學）英語辯論會中，經常和滬江大學并駕齊驅，聲譽相當不錯。一九三三年，金大校隊顧問之一——魏學仁院長便是早年金大辯論隊主辯人而獲得那一屆冠軍的。

其他兩位顧問，一位是政治系主任馬文煥博士，一位是英文系主任（William Fenn）博士。

我當時倒是有一種「敗勿餒」的想法，衹要比賽辦成，金大代表們沒有名次，也不必沮喪，因為以後年年有機會。但是，魏院長和馬教授對我說：『明年你畢業哪，要組織一個强的英語辯論隊恐怕不容易。』這一點倒是事實，因為那時我在校內，對於舉辦演說比賽，是十分熱心的。為推動和組織這一類的活動，我曾經化費不少精力和時間。後來，我有好幾晚不能入睡，有一天，我毅然決然的到魏院長和馬教授的辦公室向他們二位說：『我已決定下年度繼續留校。』他們當時聽了，對我的話，有點莫測高深。我隨卽補充了一句：『我今年畢業後，轉入文學院，修政治學！』他們才恍然大悟，深表贊許。

一九三三年秋，我已獲理學士學位，又在母校註冊為文學院政治學系插班生。很多同學都說我是與叔純在熱戀中，叔純主修經濟系，一九三五年畢業，我轉到文學院後，便可和她更接近而且可以同年帶方帽子。誠然，在隨後的兩年中，我和叔純相識更深，友情更篤。但是，我之轉文學院，早在「九一八」事變後便已有所決定，而為一九三三年參加八大學演辯會失敗後的情況所促成，這一段往事，在當時是金大同學們所不知道的。

笑談

在一次台北外交團宴會裡，茶餘飯後時間，賓主漫談珍聞奇事，我應邀說故事助興，我說：近年在台北，青年們以登山郊遊為時尚。一日，大學生張喬治與女同學王南茜攀登陽明山某高峰，樂而忘返。及至日落西山，始盡興而歸，未料行至中途，已黑漆一團，兩人計議：山勢陡峻，隨時有失足跌落山谷之虞，不如尋覓棲身之處，停留一宵。於是喬治藉手電筒摸索，終於發現一破屋，進入後，空無一物，顯係一農家已廢棄之倉房，有木板門傾倒在地面，旁有竹竿一根，似曾用以撐頂木門者，南茜抹去板門上灰塵，墊了些報紙，將竹竿置於中央，對喬治說：『就在板門上，各佔一半，和衣而臥吧』。一夕無事。

次日清晨，鳥語花香，春風拂面，二人攜手下山，合唱流行歌曲。途中，南茜看到在一道竹籬以外，有一朵野玫瑰，鮮艷無比，長嘆一聲說：『它長於荒郊，那兒會有人來欣賞呢?』言下不勝婉惜。喬治說：『我去跳過竹籬，摘來獻給你。』南茜立刻制止他說：『你何能躍過這籬笆?昨晚你不是連一根竹竿，都爬不過來麼?』

越一週，在淡水球場，泰國駐華大使對我說：『你一舉成名了喇，這幾天曼谷外交團裡都在轉述你那「爬不過一根竹竿」的故事啦!』

十五、有志竟成

在轉入文學院政治學系為插班生的第一天，我便向魏院長馬教授報告：關於籌備參加一九三四年華東八大學演辯會一事，學生會要繼續聘請他們二位為顧問，第三位顧問要改請當時金陵神學院教授邁克思博士擔任。理由是原先的Dr. William Fenn是英文系主任，課務忙，又是教會的駐校代表，行政事務亦多，無暇認真指導。一九三三年的英文演說比賽，他的貢獻祇限於改正了演辭中幾項文法的錯誤。而邁克思博士雖年事略高，但他長於訓練，若干年前魏學仁院長所率領的金大英語辯論隊獲得冠軍的那一次，便是由他出任顧問苦心指導的。他們兩位聽了都支持我。

後來邁克思教授欣然同意出任顧問，並且十分負責，幾乎把全部訓練工作接了下來。他第一步是要我們選出六位同學為候選人，就辯論題研提意見，用英語陳述。（他自己從不提出意見）隨後由各人自行歸納，分正反兩組，自行論辯。他指導我們用卡片，每項意見，寫在一張卡片上，如是，各人易於計算時間，控制時間。

經過數次實習以後，由他選定四人，三人為正取，一人為候補。從此時起，進入第二階段，要各人揣度對方論點，並就每一論點，作簡短駁復。他提示一項極寶貴的意見，就是在複辯中提到對方論點時，不可引述對方所用詞句，對其論點也不能轉述得太多。他說：複辯過程中，每人只有五分鐘時間。要辯駁五點，每點祇有一分鐘；基此，在提揭對方論點錯誤時，祇能述其大意，也祇能佔用十秒鐘左右的時間。否則，用這寶貴的時間替對方說話，太不合算。也不要引述對方原文，因為對方所用詞彙、語氣，都是對對方有利的。這真是至理名言，近年有一些匪情專家，嘗把匪所說的話，（一字不改）長篇引述，實在令人難解。

邁克思博士所選的三位正取，包括：何昌慶、王邦傑兩位同學和我。我們三人，日夜一邊讀所擬的講稿，一面揣測對方可能採用的論點，隨時補充，隨時修改，隨時濃縮，務求辭簡意顯，並且時間要完全合乎要求，那就是說：辯論稿正文十分鐘，複辯稿五分鐘，上下相差不得超過五秒鐘。

邁克思從不替我們改稿，他祇在我們所準備的稿子上，用紅色筆作記號，何處用錯了字，何處辭不達意，何處應濃縮，何處應補充。到後來，每人都覺得這演講稿是自己的，講出來也順口，很有一種「如數家珍」的感覺。

我當時曾把「如數家珍」這句話，分析給何、王兩同學聽：

「家」者是家常，談自家事，自必比其他任何人更熟悉，應該可以侃侃而談。

「數」者表示有條理，有層次，說起來有邏輯。

「珍」者是有情節，有高潮，有值得發揮的地方。

如此，當吾人向聽衆陳述時容易吸引他們的注意，獲得他們的同情。到時自然有重點，有手勢，而不需預先排演。

就這樣，我們在初賽中勝了暨南大學，複賽中勝了中央大學。決賽恰巧輪在金陵大學舉行，對手又是滬江大學，當晚校門前車水馬龍，大禮堂樓上下座無虛席，場內之七百人，竟然鴉雀無聲。結果：五比〇，（五位評判員）金陵隊全勝。

在同一屆的中文演講比賽中，金陵大學的竺培農皮宗敢獲第二名和第三名，金大也獲團體冠軍、個人冠軍是金陵女子文理學院的代表。

這不能說是「畫雪前恥」。我認為演說辯論的競賽，在學生時代是一種訓練，名落孫山並不算是恥辱。不過，金大同學認為是爭了一口氣。

回想起來，一件事的成功，要靠「決心」，「勤練」和「方法」，三者齊備，有志竟成。

十六、多采多姿的大學生生活

一九二八年上金陵大學預科，一九二九～三三年入金大正科，讀數學物理，一九三四～三五年轉入金大文學院修政治學，我度過了比任何人都長的七年大學生生活。

在理學院讀書時，我曾在青年會中學教代數和地理，在滙文女中教高中物理。在文學院的兩年中，在金陵中學教初中生物學。

在擔任金大學生會主席期間，我曾當選南京市學聯會主席，華東八大學演辯會籌備會主席，和南京市新生活運動促進會的幹事。這期間也曾加入中國國民黨和青年團，忙得要靠夜晚來閱讀參考書，撰寫論文和核閱學生的考卷。在一九三四年暑，我忽然奉到青年團總部命令，要我去兼任組織處學運科工作。每晚七至九時到團部辦公，真是忙上加忙，但也有一種「滿足」的感覺。在那裡的同事們都具有高度愛國熱忱。我祇是每晚工作二小時，他們工作都是不分晝夜的。

總部發給我們密閱的文件，都是日本駐華機構向我們發動的永無止境的侵略計劃，破壞和擾的暴行，以及共匪奪權的陰謀，有姓名地址和時間，讀之令人髮指。

總部的要求是：把眼睛睜大，雙耳翹起，有聞必報。區域是校園內，和每日必經的路線，和經常要到的餐館，及其他公共場所。我們曾經反應上去，這地區的範圍太小，所能接觸到的對象太少，希望能夠把它擴大一些，也可以讓我們試試。團部的指復是，其他地區有其他同志分工合作，如人人盡職，南京市全市都已經在團部密切注意之中。如果把我們派到其他地區佈建，容易暴露，不容易發揮力量。同時，團部仍然希望我們能專心學業。

有一次，我在校園中散步，聽到隔鄰日本大使館內有「吼」「嚎」的聲音，持續一二小時之久。我判斷一定是他們在拷打人犯，立卽呈報。不出兩天，總部便批覆下來說：經有關同志調查是日本大使館職員在練習劈刺。我深覺汗顏，也十分敬佩團部辦事認真而且迅捷。

使我印象最深的一項活動，是全南京市青年支部的緊急集合，恭聆蔣委員長訓話。時間是在晚間十時至十二時，地點是中央軍校大禮堂。規定在距離軍校半里路時，必須下車步行，同時指定路線和抵達時間，因為各單位同志的路線分開，抵達時間也先後有三四分鐘的間隔，所以沒有擁擠的現象。當我走進校門後，看見從四面八方來的團員們，猶如海上浪潮，一批緊接一批急步向大禮堂前進。入校門時，有各單位負責人親自逐一點對，不必憑識別證。一經進入禮堂，不出五分鐘，便已排列完畢，有條不紊，這樣有組織有訓練的場面，確實使我驚羨不已。

在禮堂內約有千餘人，個個士氣高昂，挺胸肅立，沒有人隨意交談或移動，看上去人人都立定了報國的決心。我的感覺是：如果當晚將委員長下令全部開往前線的話，決不會有人開溜的。十時正，遠聞門警高聲叫「立正」，接着便聽到蔣委員長一行脚步聲由遠而近。當他們步入禮堂時，又是一聲「立正」的口令。委員長走上講台時，精神飽滿，舉目巡視一週後，叫大家「稍息」；接着便用緩慢清晰的詞句，剖析我國當前的處境，要青年們鎮定，隨時警惕，照常讀書或工作，幫助政府，維持社會秩序，安定人心。但是，一旦必須與敵人決戰的時刻來臨，保證給予同學們報國的機會。字字扣人心弦。然後他親自點名，他要與每一位到場的青年相識。（除了他已在其他場合相識者外，仍有七百餘人）全部程序在十二時整結束。散會時，也依然規定時間和路線離去，秩序井然。

另一個場合是學生團部舉辦的緊急集合的訓練，時間是清晨六時，地點是五台山。團員們也是從不同的方向進入山區。當我登達高峯處，看見數以千計的參加人員，從四面八方的十條羊腸小徑魚貫登山。經過最高處所搭臨時司令台時，由團部負責人分別向參加人員點頭示意，並指示我們穿過司令台向對面之羊腸小徑下山。沒有儀式，也無人訓話，衹是訓練大家時間準確和行動有秩序，能夠做到一呼百應。當時，我的印象極為深刻，對國家前途，充滿信心。

平時，團員們每年舉行體格檢查一次。每週學習射擊、騎馬、駕駛、和無線通訊之操作。這些，在當時是保密的。

十七、學生時代的教書生活

我在大學二年級時，理學院魏院長學仁找我去他的辦公室，告訴我：『青年會中學——你的母校——周校長要請你去做兼任教師，教初中代數。這是我推薦的，希望你把過去的事忘掉；而且這次周校長要延聘你，也有彌補那一次不愉快事件的意思。如果令兄在國內（此時大哥在美國留學），我想他也會同意的。』我當時遲疑了好一會兒，不知道如何作答，因為七年前把我和二哥從青年會中學開除的就是這位周校長。魏院長接着說：『府上和周家可算是世交，聽我的話，明天去看周校長。』老師這樣說，我祇好唯唯而退。

第二天，我終於去了，周校長很客氣，請我教初中代數和高中地理。這門地理可害苦了我，使我每天開夜車時，又加了一門與所學毫無關聯的課目。雖然化了不少的時間，我自覺教的成績平平，不過我在黑板上繪的地圖和寫的粉筆字，頗為同學們欣賞。

我教的代數，成績相當好。那時各校流行測驗。金陵大學理學院在一九三二年舉行一項南京九所中學數理化課程測驗。在所有測驗課程中，青年會中學名次都很低，祇有初中代數一課，獲第一名。因此，周校長對我另眼相看。魏院長也感愉快，因為這證實了他介紹的人還稱職。班上一位很優秀的同學，便是後來在政治大學任教的李其泰博士。

次年，一九三二年，將委員長下野，南京市學聯會決議各大學學生赴杭州請願。我是主席，不能不去，但手中缺錢，又不願向父親啓齒，不得已向青年會中學教務主任商借半個月薪水——「大洋十八元。」徐主任說大概沒有問題，但須向周校長請示。次日，我在教員休息室飲水，徐主任走過來用道歉語氣說，對借薪事校長不同意。我一氣之下便將手中的玻璃杯砸在磨石子地板上，砸得粉碎。周校長聞訊後，便決定下學年不續聘我，其實我的辭呈已在數小時前送給教務主任，所以我在青年會中學的教書生涯，一年便結束了。

當我在盛怒之下回家時，看一位滙文女中的中文老師來訪，據告滙文女中劉師母（校長）下學年要請我去教高中物理，說明聘期祇有一年，問我願去與否，我一口便答應了，但說明有一個條件，就是馬上要借薪十八元，這位老師是金陵大學早期畢業生，是我的學長，他問明了原委後，笑着說：『老弟，這件事包在我身上。』其實，後來這十八元是他自己借給我的，我在次月便歸還了。

在滙文女中教書時，我祇廿一歲，班上好幾位女生都已芳齡十八十九。所以我特別小心。一年快過去了，似乎成績不好不壞，有一天課畢回家，已是晚飯時間，看見家中有一位客人在等我，寒喧後，才知道他是金陵中學張坊校長派來的，要延聘我下年度到金陵中學任專任教員，教初中生物學。他也知道我要在暑期後轉入文學院讀政治學，所以全部課程都排在下午。我認為回到母校教書，也是一種光榮，便立刻應承了。但是我還不知道如何向滙文校長劉師母婉轉請辭。不料次日到滙文上課時，那位國文老師已在等我，笑嬉嬉的向我先表歉意，然後說：『老弟：真抱歉，下學年學校當局不能續聘您了，原因是上年不能如約來校的老師今年來了。沒有想到上年致邀，是因為臨時缺人。其實，老弟教得挺不錯……』這時，我打斷他的話，把昨晚金陵中學相聘的事告訴了他，經過這一解釋，雙方怡然。

其實，我在讀書時期，有沒有兼課教書的機會，無所謂。但是這麼巧的銜接，算是好運道，沒有空檔，就免去一些煩惱和不安，真是天保佑。

笑談

在美國服務期間，電視上映出一段笑話，那是在雷根總統當選後好萊塢演藝人員舉辦的一次晚會中，一位詼諧影星登台說，他要替總統解決美國的能源問題，一勞永逸，辦法是以美國龐大資源，和美國傑出工程師，設計製造一個巨大無比的太空隧道，從地球直達太陽，讓「太陽能」能舒暢的運送到美國，取之不盡，用之不竭。此時，聽衆笑聲盈耳，他鄭重的向觀衆說：『你們是不是笑我外行？你們一定在想：不論這隧道用什麼材料製造，搭上太陽時，頃刻便被太陽上火焰燒熔到無影無蹤了，是不是？老實說，這些我老早想到了，我的計劃是靜悄悄的在夜晚搭上去的。』

十八、拚拚湊湊出了國

在金陵大學政治系兩年畢業，隨後便出國留學。親友們都稱讚我作事有計劃，樣樣都安排得有板有眼，細密緊湊。其實並非如此。

我在金大讀政治學的同時，也在金陵中學教生物學。到了快畢業時，我的確是相當的徬徨。我在想，我修畢了政治系的課程，獲得文學士學位以後，仍然教生物學混飯吃，豈不令人恥笑？同時，我這兩年的政治學，也無法學以致用。那時還沒有高考，要想學而優則仕，進入衙門工作，連門兒都沒有。

我也考慮到出國留學的可能，考慮的結果，認為也是走不通的。第一江蘇省官費，聽說很難，國內有若干省分，大學畢業的人數少，競爭不十分激烈。可是江蘇省，包括上海、南京和蘇州，人才濟濟，決不是我這既兼課又忙於學生活動，而且祇修業兩年的政治學學士所能取勝的。談到自費留學，家裡無力負擔，除非賣掉一二處舖面房屋。而且父親所購置的舖面房屋好幾處是在街口，一旦街道拓寬即將被拆，所以即令決定出售，一時也不易賣出去。同時，一九三五年正值美國最嚴重的經濟恐慌之餘，外籍學生不能申請獎學金，也不許半工半讀。

有一天，二姐夫在閒談中告訴我，在他家（北城三牌樓）附近有一塊地要出售，地主是六合縣的殷商，年逾古稀，還帶着他的年輕的姨太太，經過南京到上海去，在南京時曾問他（我的二姐夫）有無適當買主。二姐也笑着說，他要價不高，土地靠近鐵道部，買下後可以轉手出售，也許可以補助留學費用。

我說，我已經離六合十幾年了，從來沒有遇見那邊來的人，我倒想見見他。同時，父母辛苦了大半輩子，全家十餘人還是擠在鄧府巷那間小住宅內（在當時財政部對面），實在過意不去。如果買下這塊地，四面臨空，空氣好，蓋一棟二層樓房為父母養老，也算是盡了一點孝心。

二姐和二姐夫也贊成，鼓勵我去上海一趟。於是我匆匆的到了上海，見到那位老先生，這位老人搬到上海後，很少遇到過六合縣來的人，見到我非常親切。他問我要買地作何用途，我老實地告訴他準備建住宅供父母靜養。他連聲稱讚：『很好，很好，這才是孝順的孩子。』我二人商談得很順利，當日成交。

二姐夫到下關（南京城外京滬路起點）車站去接我，他說他已將此事搶先告訴父親和母親。等我到家中稟明我的計劃以後，父母親都不贊成。他們說，住慣了鄧府巷，不想搬到鄉下去（那時北城一帶，都是菜園）。這一來那塊土地祇好待價而沽了。也算是鴻運當頭，不出兩星期，果如二姐所曾預料，鐵道部派人來，出高價買去建宿舍，我買價是一千二百元——是我四年教書儲蓄的全部，賣價是兩千四百元。我算是做了一次不動產的交易，對本對利。

二姐夫不僅不取佣金，還和我家人湊了六百元，替我湊足三千元成行。那時美金一元兌國幣二元，我是以一千五百美元的盤川出國的。

其實，如果沒有這筆交易，或者這塊地要等三五個月方能脫手，我那年出國的事便告吹了。

遭遇

紐西蘭首都威靈頓在北島南端，第一大商埠屋崙位於北島北端，在屋崙以北，人煙稀少，遊客不常到，一九六七年，我和叔純應邀參加紐西蘭國慶慶典，地點在屋崙以北的一個小城鎮，那是毛尼族最後一次抵抗英軍戰役所在地。

慶典儀式很簡單，會後便無事，旅社管事的介紹我們去附近一個海灣遊玩，據說：三面環山，一面是海口，由碼頭駕舟駛出約一哩之遙，便已至海灣的中央，萬籟無聲，是世界上最寧靜的地方。

我們到了碼頭，有四五艘小艇，一艘都沒有租出，船家夫婦二人來迎，并且願為我們駕駛，到了中央區，的確靜得連我們自己的氣息都可以聽得出來。

此際，船家娘坐近我們，問道：『你們是不是從台灣來？』這一問使我們感到有些驚奇，她接着問：『認不認識一位朋友，名叫 Jimmy Wei（魏景蒙先生）？』我們告訴她：『你問對了人了，我們是從台灣來，而且也和Jimmy很熟。』

十幾年後，在華府舉行的魏景蒙先生的追思禮拜裡，我說：『人人都說，景蒙先生富幽默感，擅長說笑，我覺得這是因為他具備幽默說笑的條件，他不僅口才好，學貫中西，而且廣交遊，足跡遍天下。』

十九、留學三年，感慨萬千

一九三五年八月，我從上海出發，乘總統號郵輪西渡，在西雅圖登岸，然後搭火車到芝加哥轉「香濱——爾班納」城——伊利諾大學校園所在地。

那時——民國廿四年，南京市的建設和八十年代的台北市、高雄市，相差不可以道里計，所以那時國內的留學生初到美國的觀感和今天從台北出發的青年，大大的不同。

到了西雅圖和芝加哥，我第一個印象是：道路寬濶平坦，市容整齊壯麗，汽車塞途，秩序井然，人人西服革履，看起來似乎都是盛裝赴宴的氣派。比起來：中國人太窮了，我們比美國，要差上一大截。那時在南京，三層樓以上的建築就很少，卽令是在上海，也祇有在租界裡才能看到像樣的市容。

晚間回到旅舍，輾轉不能入睡，想起 國父說過，「要立志做大事，不要做大官」這兩句話，真是至理名言。如果人人要做大官，自然粥少僧多，由競爭而互相傾軋，許多人在還未能施展抱負以前，便已遭忌妒被排擠而終於垮下來。但是要作大事，機會多得很，門門需人才，行行出狀元，國家需要建築師來舖路修橋，需要工程師來設廠製造，需要各種人才來振興實業，從事社會建設，改善民生。

與我同火車抵達伊利諾大學校園的新生共三人，當日下午由伊大中國學生同學會會長梁君陪找房子，許多房屋門前，都懸了招租牌，可是等我們走近時，屋主便把招租牌取下，意思是不歡迎我們，不歡迎中國人。我們足足跑了三個小時，才安頓下來，我最後在天色漸黑時才勉强找到一間相當破舊的木屋，房東是一對年約八十的老人，看起來行動困難，聽覺亦差，還是我自己登樓找到我要租的房間。因為提着皮箱走了多時，疲乏不堪。洗了面，便和衣躺下，昏然入睡。一覺醒來，已是深夜，飢腸轆轆；但房東已睡，人地生疏，又不辨方向，祇好挨餓下去。此時聽到窗外雨打樹葉的聲音，頓生鄉思，悔不該作留學夢。

從西雅圖來伊大的途中，已聽了不少有關美國人歧視華人的故事，如今親身感受，憤慨無已。心想來到一個看不起華人的國家，華人能夠學到什麼呢？回想在出國前的生活是何等的多彩多姿，到美國後又是何等的悽涼。那一種感受，使我永難忘懷，當時我幾乎決定放棄留學，打道回國。

※　　※　　※　　※　　※

過了一些時日，認識的人多了，也獲得教授們親切的指導，漸漸的適應了這新環境，第一年很快的過去，這是我絲毫沒有外務而能專心讀書的一年，八門課七門甲等，比在國內「不好不壞」的成績要强，很受鼓勵。

不過，在美國幾乎是人人可以上大學的，除了私立學校而外，學費是相當少的，本州的美國公民入州立大學免費。同時由中學升入大學，也不需要經過入學考試，所以，伊大的學生，很多來自鄉村，出身貧戶，也有紈袴子弟，花花公子，程度參差不齊。同時，美國大學生專心致學的精神，趕不上我國大學生，更趕不上從早到晚抱着書本苦修的中國留學生。

我稍後另租一屋，同住有三位美國大學生，他們清晨起身後，便去健身房打球游泳，午後下課，便去做工，晚間經常邀女生出遊，每天讀書的時間是晚間十一時以後，經常抱着書本和衣而臥。

讀碩士學位時，特別是從其他大學畢業後轉來伊大的，通常需要補修數門大學部課程，中國留學生在這些課目中，如果名列前茅，不算稀奇，更不要有一種錯覺，以為自己的能力，比美國大學生强了好多。

在研究院裡，美國學生讀書的風氣便大大的不同，有很多極其用功的，和他們競爭，便感到吃力了。

第二個感觸是：每逢週末、例假，或特別節日，包括每週星期三的晚間——校園裡稱之為半週週末，美國學生郊遊，開舞會，參加化裝遊行，音樂演奏，球類比賽等等。生活的享受，心情之舒暢，使我們羨慕。他們沒有國難家愁，可以盡情歡樂，而我們畢竟是異鄉作客，無法和他們並駕齊驅。至於逢到我們的節日，祇有約幾位中國同學聚餐，談天說地，渡過良宵。那時在伊大的中國同學三十幾人，如今，很多美國大學裡，中國學生人數衆多，可以自行舉辦各項活動，情況已大不相同。

※　※　※　※　※

一九三八年夏，我修畢博士學位。三年中，曾經訪問過東部的幾個大城市和大學園地，也參加過一些中國同學或美國學生舉辦的郊遊、舞會、學術討論會等活動，又對美國產生了一些新的觀感。

首先，美國人對於人與人之間的關係，比我們看得淡薄。很少聽他們提到：「相交數十年」，或是「青梅竹馬」，小同鄉，老同學，同期受訓等等。如果我們對兩位同在紐約州出生的美國人，指稱為同鄉，他們會感到莫名其妙。

但是，美國並非不講人際關係，他們社交的圈子，不以親戚、同鄉、同學、或「同期」為基礎，而側重同行同業，或相同嗜好，或者是學術上事業上可以相互支助的朋友。這其間很自然地形成社會分類或社會階層。那些擁有鉅額資產或是事業上如日東昇的人們，平時祇與和他們旗鼓相當的人交遊而不屑和靠月薪渡日的人來往。他們有自己經常去的俱樂部、球場和教堂。正因如此，美國社會裡，不僅有種族歧視，也有社會歧視。誠然，這種情形，在任何國家任何社會裡都有，不過，和我們相比較，在美國顯着得多了。

其次，美國是講求個人主義的，遇有涉及本身利益或事業前途的，竭力爭取，遇有與他人利益衝突時，祇顧及法律的規範，「人情味」是沒有多大份量的，任何企業需要裁減或更動職員時，概以企業本身盈虧為主要考慮，祇注意「合法」，不考慮是否「合情」「合理」。資方對勞方如此，勞方對資方亦復如此。勞資兩方情感薄弱，有時可以說毫無情感可言。最近幾年中，美國實業界和日本企業組合競爭白熱化時，也慢慢了解西方的勞資關係不如人的地方。日本企業，一般而言，對職工的工作，都給予確切的保障，勞資關係，優於美國。

第三，美國的「强」是否「甲天下」，其答案是隨時代而異的。就今天情況來論，就很難說，但是說它「富甲天下」，則是千真萬確。美國人的「住」，水準高，空間寬大，許多人還擁有別墅。除了都市裡中下級公寓而外，一般的住宅，不僅自用有餘，卽令要增加另一個小家庭同住，也容納得下。在理論上，如果某地區或村鎮遭受天然災害，需要鄰近地區接納難民的話是辦得到的。「行」的方面，人人有交通工具，如果一旦因戰亂威脅嚴重，要疏散被敵人視為摧毀目標地區的居民的話，在理論上，美國也辦得到。美國家庭所擁有的生活必需用具和用品，除食品和燃料等消耗性物資而外，必要時是可以支應三五年的。這些條件是沒有任何其他國家可以相比的。

第四，美國最大的資產是教育普及，專門人才充沛，科技水準高，具有完備的研究機構和龐大的財富，很少國家可以和它相提並論。所以，不論是一般生產事業或國防工業，很多都是組織龐大，資金雄厚，且深具擴大生產的潛力的。如與他國進行軍備競賽的話，美國可以在相當短促的時間裡，超前它的對手。因此，美國最顧慮的是敵人不顧一切的先發制人——突擊，否則，它是不難操勝算的。這使我連想到，為了使我們的國家臻於富强，培植人才，提倡科技的研究，應該列為最高優先。

笑談

一九三六年，在華盛頓，大家在茶餘飯後都在談論一則有關「新政」的故事，幾十年後，重往華府，我提起這故事，沒有人知曉，都說新奇。

故事是四位貴夫人打橋牌，她們是：林伯夫人—林伯是名氣很大的飛行員，是首次單人駕機成功的橫渡大西洋的；辛甫森夫人，她是那「不愛江山愛美人」愛德華八世英王的夫人；墨索里尼夫人，她是意大利獨裁者的夫人；第四位是羅斯福總統夫人。

她們主要是在談天，打牌其次，有一付牌剛拿上手，林伯夫人搖首嘆氣的說：『可惜，一付很好的牌，祇缺了一張。』大家問她缺什麼牌？她說：『缺一張Ace』（註：Ace就是A，但另有個字意，在英文裡，是稱謂一個出類拔萃的頂尖人物，特別是頂尖的飛航員。）

接着辛甫森夫人又嘆氣啦，她說她這手牌就祇缺了一張 King，我國人通常稱「老K」，這也是表示她心上人是英王。

墨索里尼夫人說，她缺一張小二，英文裡叫兩點為duce，這和墨索里尼的榮譽頭銜 Il Duce 一般。

羅斯福夫人心想：「她們都在牌裡找出她們夫君的關聯牌來炫耀，可是牌裡却找不出美國總統的關聯張來，這可把我難倒了。」忽然，急中生智，她說：『我這牌差勁得很，我要重新發一付。』這重新發一付牌，英文稱 New Deal，也就是羅斯福總統用以使美國渡過經濟恐慌舉世欽佩的「新政」New Deal。

二十、重重的難關，意外的幸運㈠

到伊大十個月，修畢了八門課，寫完論文，獲碩士學位，一切順利。沒想到要接着進修博士學位，卻發生了困難。依學校規定，必須在兩門外國語文考試及格後起算，要有不少於兩年的學籍，才能完成博士學位。換句話說，如果我不能在修完碩士學位以後（一九三六年六月）到第二學年開始以前（一九三六年九月底）的三個月期間內，把法文德文考試過關，那麼，無論我成績如何優異，是不能在隨後的兩年之內修畢博士學位的。這樣一來，我就得把全部留美時間延長，這不是我的財力所能負擔的。

我出國前，曾在震旦大學短期補習過法文，德文則一竅不通。當我聞悉這一規定之初，我幾乎要放棄修讀博士學位的計劃，後來同學們勸我說：這項外文考試祇限於筆試，由教師指定課本劃出數頁來，要你譯成英文，以測驗你的閱讀能力而已。

話雖如此，我也不能奢望在三個月之內，兩門都過關呀！

但總得一試啊！自六月初起，便日以繼夜地攻讀一些專為應付這種考試的「速成」小册，幾個星期下來，發現：如果純粹就字面上揣測字意而言，德文比法文更接近英文些。我於是決定先報考德文，八月中旬應試，發下來的是一册德文的有關美國政府組織的大學教科書，我譯述並無困難，但仍然仔細推敲，用完了所容許的時間才交卷，倖獲通過，歡欣異常。在我當時看來，這是一項奇蹟。

膽壯了以後，在九月初報名考法文，應試時，收到了一本法文文藝書籍，我嚇得不知如何下筆。慢說是法文書，卽會是英文文藝書籍，我看起來也吃力，當天繳了卷，我已預知結果，第二天，接到通知，不出所料，不及格！當時我心灰意冷，我想，這樣考法，我再苦修一年，也考不上。同學們安慰我說，九月底還有最後一次機會，要我再闖一闖！我覺得衹剩下三個星期時間，能有多大進步？如果一個月內兩次失敗，不是要給人笑我不自量力麼？

次日，我收拾了行李，到指導老師那裡去辭行，他很驚訝，也一再勸我再試一次。我衹好留下來，再熬了廿天，又去參加一次明知無望的考試。到時，我收到的是一册法文的國際公法課本，我覺得喜從天降。因為國際法是我的主修，我幾乎可以不必看那法文本，就可以將指定的幾段用英文寫出來。但我仍然用足了規定的時間，每一個字，都求其允當。結果：及格。其實，這是老師放我一馬。

我第二次遭遇到困難，是在第二學年將要結束的時候，因為要參加博士預試，預試日期就定在年終大考以後的兩個星期，而考試的科目又多，且採口試方式，由五位教授輪流發問，如果不能流利作答，便顯得目瞪口呆。這一次預試倘不能及格，就得延後一年。如此，老問題又來了，我的財力是無法負擔延長一年的費用的。

於是，我祇好再來一次衝刺，把要考的十二門課，每門選基本參考書一册；作溫習式的閱讀。我把十二册課本的名稱和目錄用十二張紙謄寫好，張貼在臥室的牆壁上，每閱完一册撕去一張。最初數日，幾乎是每日一册，到了閱完第十册時，忽然兩眼發花，視而無睹，我驚慌萬分，立卽到校醫室看醫生。經過半個小時的檢查，醫生說，眼睛並沒有毛病，祇是用眼過度，必須休息一個星期才能完全恢復。我說：『不行，慢說一個星期，卽是一天也不行。』醫師笑着說，瞳孔已放大，幾個小時以內，卽令讓我看書我也看不來的。他鄭重的勸我，在考前的兩天裡，還是不用眼力為宜，唯有如此，我在口試時，會視力略强，精神較為盛旺的。

我照他的話去做，沒有錯，好好的休息兩天後，到考場時，精神爽朗，應對自如，幸運地又過了一關。

預試通過後，我心中徘徊好久的一件事，已到了必須向老師開口而不能再拖了，因為他卽將離校渡假去。

事情是這樣的：按伊大的規定，一個具有碩士學位的研究生，要續修博士學位，必須「在校」肄業兩年。對我而言，我留美三年，實際上是全部時間留在伊大校園，沒有看到美國。所以我大膽要求指導教授准許我去華盛頓國會圖書館和紐約哥侖比亞大學寫論文。這是一件破例的請求，倖獲指導教授貝爾達的同意。我初抵伊大時，我的指導教授是系主任加納教授，是當年美國國際公法權威，在抗戰初期他曾在美東各大報撰文，抨擊日本侵華，頗受重視，也頗具影響力。後來因為他體弱多病，由貝爾達教授擔任我的指導教授，他曾連任系主任四屆之久，一九八二年我出任北美事務協調委員會駐美代表期間，由於他的建議，伊大政治系舉行該系設立七十五週年紀念大會時邀請我前往講演，貝達爾教授已九四高齡，依然健壯。

一九三七年六月，我離開伊大，先到華盛頓，利用國會圖書館，日以繼夜地蒐集資料，着手寫論文，一個暑期，完成六章，是全篇論文一半的篇幅。這幾個月的努力，對於我到紐約後的帮助很大，因為在紐約參加了許多課外活動，無法維持論文寫作的進度，但是我仍然可以每月寄一章給指導老師，給他一個很好的印象。

在哥倫比亞大學，我選了一門國際政治，是名教授普飛佛爾開的課，他還替中國學生會出版的英文「遠東雜誌」撰文，多少替我們說話，指責日軍侵華。另外選的一課是：初級俄文，都是成績平平，尤其是俄文，沒有接着練習，很快就忘了。一九三八年五月底返回伊大，呈遞論文，通過口試，參加畢業典禮。

在典禮中，學士學位和碩士學位的文憑，都是班代表登台領取，獲博士學位者，則隨唱名親自登台領取，當我走近台前時，靠近走道的座位上的一位老太太，輕輕的拉了一下我的博士服，低聲說！『孩子，這是發博士學位的文憑，你可不要弄錯呀！』其實，那時我已二十有八歲，不過在洋人行列中，顯得小些。當我領取文憑後回位途中再度經過這位老太太時，她那副帶着「驚訝的笑容」的面孔，使我久久不能忘記。

畢業典禮結束，我隨着數以千計的畢業生步出禮堂。看見所有帶方帽子的人，都被家人親友團團地圍着，拍照、握手，恭賀之聲，不絕於耳，有些正在接受女友不停的親吻，真是歡樂無窮！我獨自走到草坪上，踱來踱去，好比是「南來雁，失羣飛散」，因為其他中國同學，大都已離開校園渡假去了。最後，遇到了一位曾經同住一處的大學畢業生來招呼我，因他的家人，不及趕來，手持照相機，沒有對象可照，也沒有人替他拍照。正好，我們彼此互拍了好幾張帶着方帽子的照片。後來，他的家人終於到來，我便無精打采地回到寓所，好悽涼！

笑談

有一位外交官，身長六呎餘，每次參加酒會，都有許多女賓圍繞着他。他自信是因為他的人緣特別好。有一次，酒會散後在歸途中，他太太告訴他一則消息，他才恍然大悟。

他太太說，在酒會中，她聽到一位男士向他的女伴說：『親愛的，我去向一位朋友交待幾句話就回，我們要趕赴下一個節目—晚宴，你別走散了，叫我找不到你，最好你站在那長人的身旁就好。』

廿一、重重的困難，意外的幸運(二)

我到華盛頓後，適值蘆溝橋事件暴發，心亂如蔴，一方面為家人逃難和以後的接濟而擔心，一方面更有如在「九一八」事變爆發時同樣的徬徨。在國內掀起全面抗戰的時候，我豈能安心留在美國寫論文？如果一年後，我修得博士學位，已是國破家亡，難道我要帶着文憑回去祭弔麼？這是我在留學期間第二度認真地考慮輟學歸國。

正在這六神無主的當兒，忽然收到我國駐美大使館的通知：王正廷大使要和留學生茶敘，我心想可能是政府要交付什麼任務，或者是號召我們回國從軍。我準時前往。到使館時，發現不是我想像的大規模集會，應邀的僅十一二人，都是主修政治學甫經修畢博士學位、或尚在修讀博士學位的留學生，茶會由王大使主持，他首先解說這次的抗戰將是全國性的，長期的，在蔣委員長領導下，不獲最後勝利決不中止，他接着說，這場戰爭有兩個戰場，一在我國國土上，一在美國，因為美國政府的態度極關重要，如果美國繼續出賣廢鐵和汽油給日本，無異帮助敵人，為虎作倀，而使我國抗戰倍增艱難，所幸美國民意和輿論已在轉變中，這是千載難逢的機會，讓我們擴大宣傳，爭取同情。日本資源困乏，如果沒有美國的源源供應，它的侵略戰爭，是難以持久的，在宣傳方面，留美同學責無旁貸。

聽了王大使致詞之後，在座的同學，都表示願全力以赴，我和另外二三位且表示有意返國從軍。王大使對我們這種報効國家的意願表示讚許，但他說：『諸位試想：在全面抗戰中，政府要動員數百萬人，增加一二百位留學生所能發生的作用不大，可是這一二百位留學生都有能力在校園裡，在美國各城市裡，作文字宣傳，在大都市街頭遊行，所能產生的效果要比回國從軍來得大。』

我聽了之後十分感動，覺得王大使已指出了最適合於留學生的報國之道。

我決定九月初赴紐約，易德明兄替我安排如何與紐約方面的青年團同志配合。

到紐約後，便見到李曼瑰、侯皤、蘇挺、徐君佩、盧孰競各位。我們第一個課題，便是如何應付哥倫比亞中國同學會的改選，時間祇有十天。因為大家有組織的活動，席不暇暖地奔走，開會時所到的同學中，我們的友人佔半數以上，會議進行順利，我方人員均獲選。

接下來便是如何爭取「留美同學會」的領導權。那時，「留美同學會」總部在芝加哥，由少數芝大左傾分子把持。起初，他們標榜不分左右，保持中立，隨後親共色彩，日愈顯露，早為各地留美同學所不滿。於是我們分頭向紐約市及鄰近地區各大學中國同學會接洽，建議由哥大同學會發起，召集全美各地中國同學會代表，在紐約集會，共商國是，而不參加即將在芝加哥大學中國同學會所召開的「留美同學會」年會。各方反應良好，加拿大的多倫多與溫哥華兩地中國學生會也熱心贊助。於是我們便決定召開「北美洲中國同學會」，一週內，獲得美國三十餘所大學的響應，十月間大會開幕時，共到了五十餘個中國同學會的代表。

這一次，我們約集了友好一二十人，在會前的兩週間，日日奔走，夜夜會商，因為自各地前來的代表們，大都彼此不相識，會前也無時間溝通意見，深恐開會時不易掌握，尤恐芝加哥方面來人在會中責難，會場上發生衝突，則成功的機會甚少。

最後，我們作了一項明智的決定：這「彼此不相識」是大家共同的困難，因此我們在各地代表抵達時，人人出動，分頭到機場和車站接待，送至旅舍安頓，入晚全部大會工作人員，前往訪晤，分發議程，引導參觀會場，並對大會任務作詳細的闡釋。

開會時，我籌備人員，業已與各代表大體相識，而芝大方面並無代表與會。因此，會議進行順利，所有議案，均由預先安排之代表提出，發言支持，終獲全場贊成。大會中決定成立「北美洲中國同學會」，選出的負責人多數是哥大同學會的班底。另通過議案！上電政府，効忠國家，支持抗戰到底；出版英文月刊，譴責日本侵略；發動街頭遊行，呼籲美國人民主持正義；勸募捐款，救濟中國難民等。

這是一次全美國和加拿大中國留學生的盛會，一百餘位各地英俊，齊集一堂，慷慨陳詞，力竭聲嘶，掀起了抗日的高潮。會議結束時，大家仍有依依不欲離去之感，這是我參加的學生集會中最值得記憶的一次。

這次會議的成功，固有賴於事先的週密部署，而日軍瘋狂攻佔我國領土所引發海外留學生的同仇敵愾，實有以致之。

在大會中，紐約的代表們承擔了出版英文月刊和發動街頭遊行兩大任務，必須積極籌劃，全面推動，倘無實際表現，將使全美留學生失望。於是在大會閉幕之後，趁大部分代表尚未離去之前，召開「北美洲中國學生會」第一次理事會，我被推選為常務理事並負責籌劃出版英文月刊事宜。接受了這個任務以後，工作愈為繁重，使我恍忽間好比置身於平劇演出前的一剎那間：密鑼緊鼓，更番而來。

在毫無經濟基礎、也沒有班底的情況下，要憑空出版一種定期刊物，談何容易，同志們全憑一股熱忱，大膽地決定要試一下，於是大家便馬不停蹄地幹了起來。

出力最多的首推李曼瑰同志，她是女生，也是廣東人，操潮洲語，赤手空拳，向中國街的中國餐店徵求廣告。店主們也沒看見什麼樣的雜誌，全憑她口頭描述的抗日刊物，便都基於愛國熱忱，慷慨認購，每欄廣告，每月五元，不數日便徵得三十餘家，使人振奮。

會計出納事宜，統由岳尚忠兄承擔。

曼瑰和她的好友俞小姐也擔任一部分的編輯工作。

其餘設計、撰稿、徵文、出版、發行，由我全力以赴。出版物定名為「遠東雜誌」（The Far Eastern Magazine），每月一期，每期六十頁，社評三篇，論著五六篇。前三期的社論和大部分的論著，都是我分別用真名和筆名撰寫發表的。此外，我還徵得胡適之先生、林語堂先生、于焌吉總領事和幾位哥倫比亞大學教授的文章。

我每日上午在哥大圖書館撰稿，下午赴各處奔走洽辦出版事宜，晚間和工作同仁會商，並處理一些文書工作，我的打字機要響到午夜以後。在凌晨一二時我才到咖啡館吃宵夜。

我接洽承印商的經過，倒是挺有趣的。有一天我在圖書館撰稿之餘，順便擬了一個廣告稿，送登紐約時報，因為要省廣告費，祇是一項在分類廣告欄裡不到二方吋的小廣告，徵求承印月刊的印刷商，條件面談，地址就是我的住處。送登以後，忽然想到我的斗室，不能見客，不能使人知道這便是「遠東雜誌」的編輯部，於是臨時租了同樓會客室的一部份，祇租兩天。

第一天全天和第二天上午，無人問津，我暗想這廣告費和租金是白化掉了。十二時半，來了一位應徵者，我立卽告訴他：『你來晚了，有兩家在你之前來過了，大致談得差不多，下午總有一家會訂約。』他笑着說：『旣然未訂約，總還可以談。』我就把我希望的條件當做和其他兩家協議的大概，說了一遍。他說：『這樣的條件，我也能接受，並且可以卽刻訂約。』原來他就是印刷廠的主人，不需請示。我誇奬他爽快，便卽行簽約。

他最大的好處是：每期除廣告可以先行製版外，其餘文稿齊全時，可以在廿四小時內排好，校對完畢，四十八小時後印刷裝訂完成，太棒了。

那一天當晚，我久久不能成寐，原因是：這是我第一次地道的撒謊！

次日，依約前往印刷廠參觀，冒充內行，因為我從未參觀過任何一家美國的印刷廠。參觀時，他還親自操作給我看，原來他是工廠的主人，也兼排字，轉動印刷機。從他的談話中，又知道他是一位大學政治系畢業生。

在第一、二期交印時，他主動的帮忙改正幾個校對上的錯誤，照理這是不可以的，但是我為爭取時間，經常是我一人校對，錯誤是難免的，他能替我義務効勞，我沒話說，還要感謝他呢。可是，在第三期便出了毛病，我的一篇論文裡，提到佛朗哥政權，他卻主動地替我改成法國政權，因為〝Franco〞和〝French〞兩字，祇差兩個字母。同時，那時佛朗哥登台不久，不是人人知道的，他親自用電動打字排字，是無暇看前後文的。為了這個錯字，我請了五位同學用單粒鉛字，在二千册裡，一一改正。

若干年後，我在國際關係研究中心任職，有一期英文「問題與研究」，因為出版組人員更調，校對疏忽，竟然在好多頁內都有數處錯誤，不得已追回已發出的部份，重新排印，重新發行。以當年我獨自一個毫無經驗的留學生，無論事務如何紛繁，都要做到無一字之錯，那麼，一個學術機構，便更應該精益求精了。後來，研究中心出版組由專人負責校對，情況已大加改善。

英文「遠東雜誌」出版初期，北京大學張忠紱教授帮忙不少（張教授曾在南開大學和大哥維藩同時任教，在抗戰後期曾任外交部美洲司司長）。一九三七年冬，他奉派與胡適之錢端升教授一同來美聯絡美國學人，他們都住在紐約的「大使旅舍」。每期社論，我送請張教授核改。他起初有點猶豫，恐怕開罪作者，我說明那些都是「拙作」，他就欣然同意帮忙。是年十二月耶誕之夜，我正在他房間裡，他一面核稿，一面和我閒談，他問我：『今晚是耶誕夜，有無約會？』我說：『我夜夜都有作不完的工作，聖誕夜也不例外，那有約會？』他說：『那就好，今晚就留下，因為胡先生想打牌，牌已借來，搭子還沒有找全，祇請到一位從華盛頓趕來，第四角還沒有找到，這時恐怕人人都已有約，你會不會打牌？』我說：『可以。』其實，我並不太會打，但是我想，這不算錢的麻將，總可以對付。說話間，胡先生推門而入，看見我，劈頭便說：『你們這些年輕人，聖誕夜，還不回去，還要人家改文章？』張教授連忙笑着說：『這是我留下來的第四個牌搭子，可不能把他請走！』胡先生大笑不已，這是我第一次見到胡先生，晚飯後打了四圈，也沒有算錢，我不知道他們有沒有看出我的技術差勁。

「遠東雜誌」出刊後，銷路十分好，很受留學生們歡迎。因為很多同學買了去送老師和美國同學，飯店裡也買了些贈送顧客，定價五角，同學們買，對折。

這二角五分是不夠成本的，所以越賣得多，虧本越多。我便專程去華府一趟，拜會王大使，送上雜誌第一、二期各一冊，希望大使館能補助一點印刷費。王大使正色的說：『你們這些年輕人，做一點事，就請求補助！』我未答一言，立卽退出。大使館同事們約我去他們的辦公室晤談，他們把我誇奬了一番，說：『至少，在美國這許多中國公私機構，都不曾辦得出這麼一種宣傳品呀！』我告訴他們王大使對我說的話以後，他們也都深感詫異。稍後，有一位提醒我：『你們主持的學生會是全國性的，為何在雜誌的創刊號裡沒有請大使撰文或題辭？』，他接着又說：『

你在創刊號裡登了胡先生的文章，你可聽說外間正盛傳胡先生可能接替王大使出使美國？』我聽了之後才恍然大悟。這的確是我的疏忽，因為出刊宣傳品，對我而言，的確是由於王大使的啓示，可是在紐約的幾個月當中，祇顧雜誌的早日刊出，未及其他。

話說回來，王大使畢竟是一位長者，我回到紐約以後，中國銀行紐約分行就買了內封底全頁廣告，當時中國銀行紐約分行經理便是王大使的介弟王正緒先生。

在雜誌的第一二期，我寫了一篇「九國公約的分析」，首先，說明九國公約的締訂，是美國政府在第一次大戰後，高瞻遠矚，與當時的列强，協力約束日本，未用一槍一彈，壓制了日本侵略野心，維持了太平洋及遠東和平廿年之久。如今日本不顧國聯決議，不顧美國忠告，橫行無忌，將九國公約的精神，締約者的苦心，摧毀無遺。然後我接着將九國公約條文原文逐條引述，與日本侵略行為，一一加以對照。最後，呼籲美國朝野，高擧正義旗幟，遏止國際侵略，重整國際秩序，恢復世界和平。這篇文章，分兩期登完，雖是急就篇，似乎有內容，有邏輯，入情入理，我的指導教授貝爾道博士，大為讚賞，並以此一作品，推荐我為斐貝克榮譽學會會員。

在紐約前後十二個月，為學生會會務，為編輯雜誌，忙得不可開交，還在這期間，寫完六章論文。在我離開紐約返國之前，請到了一位遠比我强的編輯——高克毅先生（George Kao）——是我金陵中學的同學——負責「遠東雜誌」的編輯和出版事宜。

廿二、重重的困難，意外的幸運㈢

在紐約的十二個月中，因為擔任學生會常務理事，總不免有許多活動要參加，最重要的是學生會發起的在市區交通要道組隊宣傳，以「反對日軍侵華」，「救助受災難民」標幟，向路人出售胸章勸捐。一共發動了七八隊，我率領一隊。開始時成績不甚顯著，稍後，各方響應，日趨熱烈，有歐洲各國國籍的自由鬥士和西班牙裔反佛朗哥政權的人們，亦操同樣方式在街頭示威，有些是反共的，有些反侵略反法西斯，大多和我們合作，反對日本軍閥侵略。

同時，也有許多民間團體如教會、扶輪社等紛紛舉行集會，邀請講演。我在返校接受博士學位考試前半個月期間，就曾應邀講演達十次之多，不過聽衆人數較少。我在一九三八年暑期再回到紐約時，此類集會，愈來愈多，規模也愈來愈大。但是有些場合，都强調反法西斯反侵略，而不標榜反共或反日。我們不能不有所警惕。

也有廣播電台來邀請作現場廣播。我曾應邀往哥倫比亞廣播公司接受訪問三次以上。記得我好多年以後任國際關係研究中心任主任時期（一九七五～一九八〇），哥倫比亞廣播公司也曾數度派其駐東京人員來台採訪，並經新聞局安排來木柵訪問我。有一次，採訪人員將燈光佈置妥當以後，一位年輕的採訪記者把收音針夾在我領帶上以後，笑着問我，對這玩意兒，會不會緊張。

我回答他：『當你未出生以前，我在貴總公司第一次接受訪問時有那麼一點點，以後便不緊張了。』

在我返國之前，世界青年代表大會第二屆會議在紐約附近波吉普西地方的瓦薩女子大學校園召開。我國代表團由張彭春和張伯瑾先生擔任顧問，率領團員十餘人自漢口遠道前來參加，團員中有袁覲賢、尹葆宇、彭樂善、竇學源、徐君佩、周書楷等人。一行抵達華府後，代表團經由駐美大使館推荐，臨時徵召我和林侔聖博士二人加入。

對於那次的會議，我深感興趣，因為開會時完全仿效國際聯盟，大會和分組討論會都採用國聯的議事規程，正是我在伊大剛剛讀過的國際組織一課中所描述的。我被分配在政治組，自始至終，和日本代表團在會場爭辯，有許多他國代表，對我國同情，與我國代表協力攻擊日本侵略，使日本代表抬不起頭來，他們愈為侵華而辯護，愈遭嚴厲的斥責。

不過，在開會期間，我們也體會到有左翼分子的滲透。有好多出席人員，年齡超出我們多多，而且發言時，不僅反對侵略，指責帝國主義，也反對資本主義。

大會借用女校大禮堂課室開會，借用女子宿舍為代表們的住處。會後，我告訴紐約的同學們，我曾在瓦薩女子大學女生宿舍小住數日，他們說我在說謊。

會後回到紐約，書楷兄西渡大西洋去英倫留學，我卻要橫越美國大陸東渡太平洋返國，分道揚鑣。書楷兄行期在先，我送他登輪，到了碼頭，華人冠蓋雲集，因為張彭春教授和竇學謙女士也是同輪赴歐。

笑談

在美國某小鎮的約翰蔬菜店（John's Grocery）裡，老板約翰和他的精靈鬼幫手，相處甚歡。祇是老板喜歡打賭，每次都輸給精靈鬼。（註：在美國，打賭是很流行的，看拳擊或足球比賽時，很多人在打賭，就是兩人對一樁事看法不同，也可以打賭。）

在十二月卅一日晚間（西曆除夕），約翰結帳完畢，精靈鬼工作兩個月，薪給九十元（月薪四十五元），可是他打賭輸給精靈鬼的，一共也是九十元，很不甘心，他就取出一瓶酒來，兩人對飲，說明是為精靈鬼餞行，下年不準備雇他了。但是，他安慰精靈鬼，他已經向附近一家大衛蔬菜店說妥，予以雇用。不過，大衛從不與人打賭的，所以，這種外快是不會再有了。

精靈鬼很乾脆的說：『好來好散。』分手時，精靈鬼附耳低聲向約翰說了幾句話，老板揚聲說：『這是不可能的。』接着，一面搖頭，一面又說：『荒唐，這是絕不可能的！』精靈鬼說：『那麼，我們再來打一次賭吧！』老板說：『這次你輸定了。』就這樣兩人又打賭一番。

精靈鬼到了大衛那邊去後，絕口不談打賭，約翰幾次來電話，警告大衛不要和精靈鬼打賭，至少一年內不和他打賭，大衛回答說：『老兄放心吧，不用說一年，三年五載也不會。』

光陰荏苒，又是西曆除夕；精靈鬼在大衛處轉瞬屆滿一年了。大衛一手拿着賬簿，一手查點存貨，眼見營利可觀，心花怒放，大衛前面走，精靈鬼後面跟。點貨到了一半，精靈鬼忽然『哎唷』一聲，接着說：『老板，您患了嚴重的痔瘡了，糟糕！』大衛說：『你胡說，我一點感覺都沒有，而且上次體檢說我一切正常啊！』精靈鬼手持十元鈔一張，笑着說：『我們打個小賭，好不好？』大衛順手便把那張十元鈔票放到自己的口袋裡，并且說：『謝謝，你輸了。』精靈鬼說：『這不能由一方片面論斷呀！』大衛說：『難道要在除夕夜去醫院走一趟麼？』積靈鬼觀：『通常患痔瘡者，兩股通紅，嚴重的紅而發紫，為自己健康着想，入厠時，還是看一看好，這不需醫生，自己一望便知。』

大衛没有理會他，點貨完畢如厠時，忽然想起精靈鬼的話來，於是解開褲帶後，把內外褲放低一些，回頭一看，兩股白白淨淨，連一絲紅紋都沒有，大樂之餘，高聲喊精靈鬼，精靈鬼應聲而至，大衛叫他看，有無紅得發紫，精靈鬼連聲認輸，大衛還好好的教訓了他幾句。

正說話間，約翰來電話，大衛說：『我正要和你說話呢，你說你每次打賭，都輸給那小家伙，我祇和他打賭一次，他便低頭認輸。』約翰在電話中「啊唷」一聲，好似暈倒了似的，大衛連聲叫『怎麼哪？』約翰慢慢的問他曾否自動脫褲，讓精靈鬼看他的雙股。大衛問他：『這是幾分鐘前的事，你如何知道？』約翰聽到了之後，把話筒拋在桌上，呼天不已，隔了十分鐘，二人又通上了話，約翰告訴大衛：『當我辭退精靈鬼時曾警告他：新老板是不會和你打賭的。』精靈鬼說：『你在一年內一定會和他打賭，并且打賭時，你還主動脫褲，讓他觀看你的雙股，當時我罵他「一派胡言」，也就和他重重的打賭一百元，現在他輸你十元，却淨賺九十元！』

廿三、重重的困難，意外的幸運(四)

我一向會控制預算，在留學期間，沒有買車子，主要花費，限於學費、生活費、書籍文具費和零用等。如果沒有特殊開銷，我的錢可以維持兩年多，所缺的祇是幾個月的生活費和回國的盤川。不過，一九三七年七月發生蘆溝橋事變，我和其他留學生一樣，都看出中日戰爭將擴大，擔心今後收不到國內的接濟。

在華盛頓時，我曾就近和駐美大使館副武官易德明兄商談。我在青年團組織處工作時，他是組織處副處長，彼此相知甚深，當時他告訴我，他替我申請青年團留學補助金已核准，每學期一百美元，在我留學第三年內，可共領二百元，這一項補助金，幫助甚大。他又說武官處有許多資料需人翻譯，每月可付二三十元。後來他每月寄幾冊美國軍事雜誌來，由他選幾篇，要我譯成中文。我答應義務服務，不受酬，並請他不必逐月開寄支票，到一年期滿後再議，因為我猜想他可能是自己掏腰包。可是，翻譯工作我是認真做的，每次收到雜誌後，一兩天內，我便譯好寄回。

一九三七年冬，意外的收到家中滙來六百美元，作為我的返國川資，原因是我家決定逃難到重慶，怕以後和我失去聯絡。我知道，父親已盡了他最大的努力，因為全家在逃難，手頭是不會寬裕的。

我一共在紐約住了八個多月，生活費用比較高，月月超出預算。其實，我在紐約住的公寓，是在大學校區附近，不是繁華地段，我的斗室是全公寓最小的單位，白天的沙發，是入夜後的床鋪。當老友衣復得來紐約時，我們祇能輪流睡，譬如，單日他睡床，我睡地板，雙日對調。

一九三八年五月底，我返伊大，遞交論文參加口試後，匆匆又要回紐約，以結束經手事項。是時已囊空如洗。德明兄準備滙款來，我在電話中告以火車票已買妥，經華盛頓到紐約，見面再說，當晚我抵達華府，未見德明兄來車站，立即打電話至其寓所，房東說他去美軍俱樂部，留話叫我雇計程車逕往，但我身邊只剩四五角錢，不夠付計程車費，又打電話到美軍俱樂部，對方說易少校確已到來，但無法尋覓，也叫我搭計程車前往，可是俱樂部比易兄寓所更遠，照樣搭乘不起。其後連續打了幾個電話，都沒找到人，我突然發覺我祇剩下兩個鎳幣了——兩個五分錢硬幣，趕快終止打電話，因為我彷彿記得到了紐約以後，乘地下車到岳尚忠兄處，要轉車一次，需要兩個鎳幣才行。看錶，時已十一時，僅有最後一班車去紐約，列車入站後，我立即登車，否則就要在車站過夜了。

抵紐約車站，改換地下車，果然需要換車，到站後，提了皮箱——是我返國時全部行李——步行到尚忠兄處，時已深夜，敲開他的房門，借了廿元，臨時租了一間房，立即跑到對面的小咖啡館用晚餐，回到公寓入睡時，已是凌晨三時了，好險！

我奉命出席世界青年代表大會以後，很快地結束了紐約的事務，啓程回國，身邊的錢，祇夠搭車至金山，和買藍烟囪貨輪經濟艙前往香港。當時的想法，香港與廣州，近在咫尺，進了國境，盤川的問題總好解決。沒想到，這貨輪航行了廿幾天才到香港，廣州已在數日前陷落。因此我必須繞道河內，搭單軌火車到昆明，但我沒有這一段路程的旅費。在香港，我是擧目無親，身邊又無貴重物品，可資典質，這如何得了！那種焦急的情形，真是難以形容。

天無絕人之路，忽然自藍烟囪輪船公司轉來一封掛號信，內附美金二十元滙票乙紙，是老友傅安民兄自華盛頓寄來的。安民兄在駐美大使館任三等秘書，月薪甚微。我回國前，安民兄在他的寓所為我餞別。我倆曾經談天說地，傾談了數小時，他約略知道我手頭比較緊，他在信中說：「我們分手後，我覺得你川資不太充裕，抵達香港後，可能已無分文，特滙上廿元，區區小數，或可救急。」

這廿美元，真的救了急，兌成港幣百餘元，足夠買票乘小火輪到海防，轉河內後搭火車到昆明。

在昆明時，曾與重慶通電報，家人要我搭乘飛機，警告我西南公路車禍多，太危險，我回電說，這是看大後方建設的好機會，所以仍然訂購車票搭西南長途汽車赴重慶。其實，我是因為身邊的錢，已不夠買機票了。

廿四、翻山越嶺，驚險中回到重慶

離開香港時，看到同船的中國乘客，手提大小包裹，顯然在啓程以前，大肆採購，可是到了海防的海關，遇到那一批關務人員，法國人也好，越南人也好，人人貪污，公然掠奪，是世界上任何地方沒有看過的。首先，乘客到了海關提出自己的行李以後，幾乎每人都要給稽查員賄賂，而且是公開的，我當時以為是政府規定徵收的費用，因為稽查員收到賄款後，從不言謝。

檢查時，如果賄金夠份量，祇把箱子打開，檢幾樣他們所喜歡的留下，其餘放行，如果賄金不夠份量，就把整個行李箱倒過來，箱底朝天。然後由稽查員任意選擇，凡他看中的，一一收下，有些旅客向他懇求發還，有些和他討價還價，有些不怕事的，便大吵大鬧。行李檢查室內，人聲嘈雜，亂作一團，稽查員們，一手收賄，一手掠奪，看了實在倒胃口。

說也奇怪，一個法籍檢查員，見我全無行賄的意思，還會說英語，他那副凶狠的神態立刻收斂起來，查閱我的護照和文件之後，知道我是個留學生，想來沒有什麼油水可揩，很快的放過我，等下筆交易去了。

從海防到河內，搭車到昆明，一路無事，因為是夜車，也沒有看到沿途景色，昆明的氣候宜人，在十二月裡，還是日暖風和，使人感到輕爽。我到西南公路局車站去買票，遠處看到四五輛巴士，排列得倒還整齊，可是近看，車廂是木製的，相當陳舊，如遇翻車，乘客是很難生還的。

西南公路，新闢不久，全程是碎石子路面，沒有鋪柏油。沿途坍方不少，有些地方，大石擋路，司機要下車移去後，方能繼續前進。路面的寬度，不足雙線道。如果迎面有車來，均需靠邊緩行，「錯車」而過。「錯車」的平穩，全賴靠邊適度，是考驗司機本領的地方。有時路過窄，必須一車停駛，讓對面車緩緩通過。最困難的是：為了不使路面有積水，通常公路中央略高，兩肩略低，但是山路經常是一面削壁，一面懸崖。在錯車時，靠山的行車，要緊貼山脚，但如靠得過近，車輪壓到路肩外低窪處，車身傾斜，易與石壁摩擦，把車廂擦得斑痕累累。如果車行速度沒有減至最低，那麼車廂便與石壁相撞，破損更加厲害。

貴陽境內，山地特多。例如著名的九道灣，車經此山時，就要先向上爬行，經過九個迂迴彎道，登到山巔後，差不多也要迂迴九道彎路才下得山來。向上爬行時，馬力不足，有時熄火，一熄火，車将倒退，倘煞車不靈，便滑下山崗了。下坡時，不需加油，車行甚速，必需靠煞車控制，萬一煞車不靈，便衝下山坡，兩種情況，任一發生，必車覆人亡，決無倖免。所以行經九道灣時，人人提心吊膽。曾經在西南公路上來往過的乘客，便指出某某深谷下翻落的車身，並表示：說不定這些車身下，還躺着不少屍骸呢！聞之令人觸目驚心。

有一天下午，我們已過了九道灣，大家比較放心。車行速度亦略有增加，猛然間迎面來了另一輛巴士，我們的司機立即減緩靠邊，未料微有偏差，右方車輪已進入路肩外的低窪處——（就是排水的明溝），車身右傾，車廂撞在峭壁上，「坪」然一聲，全車皆驚，司機乃急速將輪盤向左，又誰知頃刻間，車頭左前方已衝至懸崖。左前方的乘客大叫，不自覺的一律起立向右猛撲。幸好，車停得快，真是懸崖勒馬，全部乘客，紛紛下車，檢查一下，原來左前方的車輪已越過路基，懸在半空了。

起初，乘客們沉痛地指責司機，說他不小心，說他差一點把全車卅餘人的性命送掉，司機也面如土色，汗如雨下，坐在路旁，搖着雙手說，他已手脚發軟，不能開車了，叫大家設法改搭其他車輛。但是日已西垂，在當時西南公路上車輛並不多，而且多是滿載，想要攔車搭乘，成功的希望微乎其微。更何況在公路兩旁，不見人煙，停在那裡，決不是辦法，大家無不憂心忡忡。

有些聰明的乘客，立刻向司機好言相商，請他休息一會兒，定定神，有的敬烟，有的遞茶水，還有人揚聲說上車後大家不得大聲，以免擾亂司機先生的全神貫注。這樣，停了半小時後，司機先生才慢吞吞地站起來，在公路上來回散步十分鐘，鬆鬆全身筋脈，然後登車駕駛，那天晚間八時才抵達目的地的車站。照公路局規定，天黑以後，不准行駛，以策安全。

入了四川境內，景色大為改變，兩面可以看見青山綠水。但在貴州境內，確是不毛之地，差不多全是山地，而山上無草木，其貧可知，我們在初入貴州的第二站，應該留宿，約在下午五時許，天已漸黑，巴士進站（就在路邊），乘客們魚貫下車，舉目一看，不像是市鎮或村莊。荒涼異常，於是大家爭着問站長，何處是旅社，站長說，一眼看去的幾間茅屋，都是可以寄宿的。以外，再沒有住戶了。

我仔細一看，祇有三間茅屋，我走進第一家，看到這茅屋四週是竹籬笆牆，沒有隔間，是一個大統艙，沒有床和桌椅，地上是空無一物，祇有乾草數堆。管事的對我說，另外兩間茅屋，和他的完全一樣，沒有什麼可以挑選的。門前的小擔子，可以供應一點飲食，後門外可隨意如厠。這比「雞鳴早看天」要簡陋十百倍。

我離開香港時，什麼都沒有買，因為缺錢，皮箱裡也缺空間，但是例外地破費了十幾元港幣，買了一個軍用的旅行睡袋，這會兒大大的派上了用場。我先到，在角落裡佔了一席地，把乾草掃開，鋪上廢報紙，打開睡袋，在街邊買了一碗開水泡燒餅，吃完了，便用一條浴巾包着大衣和手提包做枕頭，鑽進睡袋後，用另一條浴巾包着頭臉睡覺。把頭臉包起來是防蚊虫和跳蚤。臘月間在貴州山地，夜晚有點涼，在睡袋裡倒是挺舒服的。我一覺醒來，打開浴巾，看到四圍的人們，大都是靠牆坐着打盹，到處抓癢，因為蚊子不多，跳蚤卻不少。

入四川境，情況好轉，有一晚宿在「雞鳴早看天」小店內，我照樣用睡袋。

這一路，雖然最驚險的祇有一幕，可是有驚無險的局面可多着，好不容易挨到了重慶對岸的海棠溪——終點，大哥和叔純都來相接。三年多不見，在大難中初次相聚，悲喜交集，那一刻的情景，難忘！

廿五、「南京人」

我到了重慶以後，有一種特殊的感受。到處聽到人們談論「四川人」，而不是評論「南京人」，他們說四川人口齒伶俐，人人會擺龍門陣，抑揚頓挫，喋喋不休，好比打花鼓、說書一般，有時還學上幾句，引得哄堂大笑。

也有描述抬滑竿的轎夫，上坡下坡，前呼後應，均符節奏，雖然骨瘦如柴，却能翻山越嶺，路經小村莊時，還可以停在屋簷下，站着吸兩口煙，打打氣。

少不了有人批評四川老媽子和房東，這和抗戰前批評南京人一模一樣。可是四川人不像南京人那麼純，他們反譏外省人是「脚底下」的人。

我所說的特殊感受是：到了重慶以後，我恍惚中覺得我如同是一個被開釋的嫌疑犯一樣。因為自南京建都到我出國的八年中（一九二七〜一九三五），我身為南京人，到處聽到人家譏笑南京人，責罵南京人。我有時走進一間公務機關辦公室，大家正在高談闊論，我一露面，便立刻靜下來，原來他們是在談南京人，見了我，不方便，衹好停了下來。

※　　※　　※　　※　　※

最普遍的是批評「南京人」「小氣」，「貪」。在他們看來，南京老媽子和厨師，人人貪錢，南京人房東，月月加租。在建都初期，外省人任公職的大都是單身，一切家務，全由老媽子和厨師料理，自己做老爺，對物價一竅不通，經常手中拿着大把鈔票，聽老媽子和厨師報帳，而老爺事忙，總要三五天或十天半個月才結算一次。厨師和老媽子恐怕早已記憶模糊，報帳不清總是有的，說不定也確實賺了幾文，可是老爺找不到癢處，亂罵一通。在這種情形下，半個月換人一次，而換來的新人，似乎比舊人賺得更凶。老爺要出氣，從家裡罵到辦公室，遇有聚會，在茶餘飯後，對南京人群起而攻，也算是一種發洩。

說到南京的房租，的確是提高了不少，建都以前可以用三塊大洋租到的一進（三間）房屋，建都後房東索價十元，聽起來好像有點敲竹槓。事實上，建都以前，出租房屋的情形不很普遍，南京不像上海，也比不上北平，老百姓住的都是平房，也都是小康之家，建都初期，四面八方來的官員，人人要租房屋，而且要大型的住宅，自然就粥少僧多，而房東也就抬高租金了。平均而言，在南京一戶人家的住宅。有三進房屋，匀出一進出租。原先他的家人各有臥室一間，如今祇好將臥室隔一為二，看在每月可以增加幾塊大洋收入的份上，大家忍耐着擠一擠。可是建都後，物價高漲，如果把這通貨膨脹的因素考慮在內，房東的生活並未見改善好多。

說南京人小氣，有點道理。在江南一帶，工商業集中在上海，南京城內從未見到具有規模的工廠，祇有在城外下關，有英商怡和洋行工廠一所。南京市和近郊也沒有什麼天然資源，比較普遍的手工業首推織緞業，可是自清末年間，我國絲綢出口，一落千丈，於是成千的機房相繼停工，數以萬計的工人失業，市面蕭條，由來已久。南京居民眼見「開源」無望，祇求「節流」。所以南京人「節儉」的風尚，已非一日。

建都以後，一般公務員月薪二百元左右，高官待遇在三百元以上，可是南京居民全家每月生活費祇在十元上下。外省人出手便是銀元或鈔票，而南京人還是以銅板為支付單位（註：十個銅錢為一角，十角為一元）。南京人常為幾個銅板計較，外省人看來：「十分吝嗇」。

南京成為京都是幾百年前事，在建築方面，不能和北平上海相比，無論是道路、房舍、公共場所，都顯得「小」。經過洪楊之亂以後，更飽受摧毀，迄未完全恢復。因此，市容簡陋，房舍也顯得小而又小了。

以文化教育而論，情況也差，宋明兩代的南京文風之盛況，已是歷史陳跡。試看滿清後期，在蘇杭一帶，中榜及第、學而優則仕的人物輩出，而南京則屈指可數。記得南京有沈舉人巷，想來是紀念一位舉人的，由此可以推想，狀元翰林更少見矣！所謂秦淮畫舫的風流韻事，在文藝作品中常常提到，其實在民國十七八年間，已經衰落，不復為文人雅士所嚮往了。

※　※　※　※

南京建都後，冠蓋雲集，差不多全是外地人，且以軍官居多，看起來南京人參軍的或參加革命的特別少。主要的原因是在清末民初，在河北、湖北、湖南等各省，和後來在廣東，都有新軍訓練處或軍官學堂的設置，培養了不少的革命鬥士和軍事人才，而對革命大業貢獻至大。南京祇有陸軍小學一所，有一位傑出的畢業生——何應欽將軍，他每年一次，到黃老師家拜壽，南京人傳為佳話。

在國民政府各部會的官員裡面，是很難找出南京人的。他們多為車夫、工友，比較好的是錄事，民國十八年，有一位南京人在交通部升任科長，南京人奔走相告，好比出號外一般，但是南京人忍耐苦幹，熬了三十幾年，也出了一位部長——李國鼎先生。

南京人雖不富有，但大都守本分，好讀書，講禮貌，尚文雅，如果當時有統計的話，南京城內刑事案件一定比較少，南京人的犯案率一定很低。街頭上很少看見南京人摩拳擦掌，即令在責罵人時，也很少用刻毒的詞兒。罵人最重的要推「大蘿蔔」一詞。意是罵對方在腦袋上，無眼，不知所視；無耳，不知所聞；無口，不善於言；無鼻，不能辨味；好比大蘿蔔一棵。這與西方人稱蠢才為果核（NUTS），頗為相似。外省人不知輕重，見了南京人，便稱大蘿蔔，出口傷人，莫此為甚。在四川時，常聽四川人有時罵人「龜兒子」，如果外地人遇到四川人或在談話中提到四川人，便來一句「龜兒子」，那還了得！其實，四川人中之有修養者，並不常用此辭。

※　※　※　※　※

一般說來，在任何一地，突然有大量外地人移入，與當地居民，不易相處，是常有的事，而且相處日久以後，隔閡減少，情況會逐漸改善的，譬如以上所述外省人對南京人的歧視，以民國十八九年為最，至民國廿年以後，逐漸消逝。

但在那幾年當中，確使南京人難堪，使南京人抬不起頭來，以致有許多原本就是南京人的人，也設法依其曾祖的出生地，依學歷，依經歷，來證明他不是南京人。江寧縣原是江蘇省會，但從方言系統上看，它和蘇州無錫以東的地區，關係不密切，而和安徽江西接近，是以南京人除當地居民而外，來自安徽江西和蘇北的很多，宋明時代，自中原移來者亦必不少，是以自若干南京顯要藉此紛紛改籍後，名人錄中幾乎已找不到南京人了。

說笑

在台北的金大校友會，是金陵大學和金陵女子文理學院的校友聯合組織的，每年在新年前後，舉辦一次聯誼會，大家見見面。每年的節目是：聚餐、開會，及餘興如歌唱、平劇和摸彩，很少變化。

某年，我任總幹事，增加「說笑」和趣劇，都要取材於金陵往事，趣劇是由秦舜英、馮美玉、郭俊鉌和我演出。我另外擔任「說笑」一段。

我首先說：『金大農學院校友，因為所學適合於戰後台灣省的經建需要，在土地改革，農業發展方面貢獻頗多，個個出人頭地，官高爵顯，我當年在金大，先修理科，在理學院畢業後，又轉入文學院，也領到文學士學位，偏偏漏了農學院，三門押兩門，還是沒押對。

我又說：『在古樓和東瓜市（女大校址）時代，金陵校友，都愛郊遊，譬如，棲霞山遠足、玄武湖泛舟，到中山陵憑弔，或登燕子磯觀賞：「大江滔滔東入海」（金陵大學校歌第一行）。說到玄武湖泛舟，還有一段佳話，郭俊鉌同學約光珣同學去玄武湖，駕扁舟，湖面蕩漾，盡興而歸，登岸前，光珣失足落水，郭同學身着潔白夏布長衫，一躍而入湖底，雙手捧着光珣浮出水面，果然出水芙蓉，從此有情人終成眷屬。

『到台北後，我和叔純、鄭美瑛、光珣，偶到兒童樂園散步。每當夕陽西下，閒坐淡水河畔，談廿年前往事，看萬家燈火，一樂也。

『同學們漸漸的要走遠一點，某次，光珣、金陽鎬夫人、陳隆馨夫人、沈家銘夫人、蔡哲傳夫人、羅英德夫人幾位太座，相約去遊合歡山，因山路迂迴，中途羅大嫂要嘔吐，立卽停車休息。晚間歸來，我的判斷是：「有喜了」，人人說我在尋開心。一週過後，果然羅府有喜事了——羅府大少奶奶在美國分娩了。同學們說：『那可不是羅大嫂有喜啊！』我說：『這一點你們就不懂了，這叫做婆媳連心，媳婦懷孕，婆婆害喜啊！』

廿六、『學而優則仕』

回到重慶後，由張忠紱教授介紹去拜會中央政治學校教務主任周炳麟先生。周主任平易近人，和我談了一個多小時，他說，『政校』外交系課程中如：國際公法、國際關係、國際政治、外交史等都是以歐洲國家為主體，而我國是亞洲國家，不能忽略亞洲國家間關係的背景及其演進。同時，他說：在寒假期間，不是學年的開始，而是一個學年的中途，所有課程，都已有人擔任，一時勻不出來，他想新開一門『遠東國際政治』，請我擔任。

周主任接着說，從他在北京大學的經驗來看，政校外交系課程完備，同學們也用功，但是似乎都注重讀課本，看講義，做筆記，缺乏研究的氣氛。所以他主張增設的『遠東國際政治』這門課，專供外交系畢業班學生修讀，希望我同時指導他們如何精選參考資料，選擇研究題目，撰寫報告或論文，換句話說，就是要我把在美國撰寫博士論文所受的訓練，傳授給畢業班同學。

當時，我欣然接受，並表謝意而退。

次日，又蒙周主任召見。他說，昨天晤談後，想到一個問題：如果學校聘我教一門課，那祇是兼任的性質，按鐘點計酬，不足以維持生活，因此，他考慮請我再教一班一年級英文，我立卽表示為難，因為我不曾修過英文文學課程，也不擅長英文文法，恐難勝任，周主任旋卽解釋他的構想：外交系同學所需要學的是實用英文，並非英文文學，後者另有正規英文班來教。他想像中要我教的是『實用英文選讀』，就「國際政治」、「國際組織」、「國際貿易」等科目，各選現代論著一至二篇，使同學們熟習其詞彙與用語，便利他們將來閱讀英文課本和參考書。

我聽了以後，認為周主任看法深入，而對我的待遇，考慮週到，感激無已，就這樣勉強接受，可是在歸途中，感到忐忑不安，想到我在求學期間，對英文並沒有受過嚴格的訓練，又何能擔任英文老師呢？

隨後又接到通知，教務處劉副主任約談。據告，政校的編制衹有教授和講師兩種，還沒有副教授的名義，主任的條諭裡，未說明以何名義致聘，願先徵詢我個人意見。我立即表示願以「講師」名義應聘，劉副主任聞悉之餘，如釋重負，此一問題，迅獲解決。

當時，沿海各省的大學，多數還在搬遷中或在籌備復校中，其已遷定校址正式開學者不多，政校是其中之一。同時政校是公立，免繳學費膳宿費，畢業後工作也有相當保障，所以每屆招考，有許多其他大學已修讀過一二年的同學也參加投考。因此，同學的年齡，有些要比一般大學學生平均年齡略高，比我相差不遠，當我初到校時，同學們都帶了驚訝的神情看我，『啊！這麼年輕的老師呀！』

在『遠東國際政治』班上，有同學十二人，是外交系三四年級的合班，人人勤奮好學，都有超水準的表現，我對這門課，很下功夫地去準備，講課時也深感興趣。後來，這一班的同學們，在外交崗位上，也都有良好的表現。

一年級的英文班，不算很成功。班上有一年級外交系和新聞系同學四十餘人，同學們的英文基礎，頗有參差。我依照周主任的提示，精選了十幾篇論著，都是當年美英有名學者、政論家、和名記者的作品。起初，約一週至二週講完一篇，隨卽測驗同學們的發音，要每人在課堂朗誦一段文字，另外擧行一項筆試，選一二段由同學譯成中文，不久，便發現有若干同學英文基礎太差，跟不上。

教務處職員告訴我，英文班上的同學們，幾乎每晚在圖書館習英文，清晨則在操場上朗誦。大家說：這樣下去，別的課程便無暇顧及了。於是我便把講課的速度減緩，每篇講授的時間延長，但是測驗和筆試沒有停止，因為如果停止的話，則同學們勤奮閱讀的情緒，便難以維持了。

可是，班上也有少數同學，英文基礎略好的，便認我教得太慢了。他們說，他們三天便可讀完的一篇論著，如今有時要拖上三週之久，浪費時間。我於是將已選就的十幾篇，提前分發，以便英文程度稍好的同學可以提前閱讀，但是在課堂上的作業，仍按多數同學的進度而定。

第一學期很快的過去了。教務處再度約談。原來當時政校的老師們，絕大多應聘為教授，祇有我和另一位教國文的陶老師是講師。校方已收到國文系的推荐，下年度將陶老師改以教授名義致聘。如校方核可，全校祇有我是獨一無二的講師。基於這種情形，我便隨着陶老師一併改聘為教授。

在第二學年裡，我仍舊教原來的兩門課。

同想當時的政校，設在重慶近郊的南溫泉。教室和宿舍都是竹籬笆牆、茅草頂的克難房屋，但大家都認真教學，教授們當中，很多都是深得人望的學者，如陳之邁、張彝鼎、張金鑑、左舜生、張道行等。下課後，大家在教員休息室都很談得來，精神頗感愉快。記得有一次，大家談到抗戰文學，尤其是當時流傳的一些好對聯，大家都提供一些傑作，其中有一聯是我最欣賞的，那便是：『四川成都，重慶新中國，河北保定，北平舊河山。』

到第二學年快結束時，我體會到，外交系裡很多課程，都有資深而且有名望的教授擔任，一時無可能輪到我來教；而這『遠東國際政治』一課，三四年級同學都已讀過，下一年度，沒有開的可能，更不巧的是周主任炳麟先生已離開政校，展望未來，不無惆悵。

恰於此時，外交系代理主任徐養秋教授（系主任名義上是外交部徐謨次長，但他事實上祇是名譽系主任而已）約談，告訴我財政部貿易委員會擬物色一位英文編輯人選，負責在籌議中的英文貿易月刊的編譯工作，待遇比政校教授略高，問我有無興趣。我考慮後，欣然接受。原因是當時叔純也在貿易委員會工作，我們是一九三九年四月結婚，一個月後，「五三」大轟炸便把我們在臨江門的新房炸得住不下去，不得已我住南溫泉政校宿舍，叔純住貿易委員會女職員宿舍，我在貿易委員工作以後，便可申請眷屬宿舍，而結束這「分居」的生活了。

我到任貿易委員會不久，會方取消出版英文貿易月刊案，於是我便被調任技術處科長。

當我到外交部晉見徐謨次長，禮貌上向系主任辭別時，他說，好多留學生回國在政府機關工作了四五年，謀求科長職而不可得，我此番轉入仕途，起步順利，可謂「學而優則仕」了。

笑談

李家大少爺，善飲，也常醉。某次，飲酒過量，失足倒地，傷一眼，隨後請名醫代配假眼球一隻。使用時猶如帶假牙一般，入睡前需取下置於涼水中，次晨再行裝上。一夕，少爺大醉而歸，和衣而臥，眞是濃睡不消殘酒。夜半醒來，因口渴，順手將床邊灯櫃上玻璃杯中水一飲而盡，連眼球一齊呑下。清晨三時，忽覺肛門陣痛難當，大聲呼救。家人不知情由，祇好送醫院急診，因見其手撫肛門，乃掛號痔瘡科。老爺聞訊趕到，利用人際關係，把有名痔瘡大夫從睡夢中接來。

大夫到後，但聞病人呼痛不已，深以為怪，從未聞患痔瘡者疼痛如此，於是着護士送病人至手術室，脫去內衣，側臥曲腿。大夫戴上觀察鏡，打起灯光，揭開罩單，正對病者肛門看去，突然間大叫一聲，抽身倒退，幸有護士在側，扶坐椅上，大夫驚恐的說：『我看了卅年痔瘡，今天却是痔瘡在看我！』

廿七、火車「橫行」！

貿易委員會技術處，實際上是一個研究單位。處長是楊開道教授，是一位學者，文筆流暢，著作多，平易近人，我在兩年科長任期內，深獲指導。

貿易委員會主管大後方特產物資的收購和運銷，所謂特產物資是指：羊毛、桐油、茶葉、生絲、豬鬃等。這些也就是戰時我國僅有可以換取外滙的農產品、實際採購和運銷由貿委會所屬的復興公司和中國茶葉公司承辦，會本部主管計劃的釐訂和一般的行政工作。

我是擔任技術處推廣科科長，主要業務有二，一是對這些特產物資，調查其生產技術及數量，運輸系統和運價以及各產品的國際市場等，因此，平時要督促所屬公司駐各地辦事處提送報告，檢送樣品。要向有關機關洽詢核對，然後整理分析，提供意見。另一項任務是舉辦展覽。第一步是設立陳列室，對每一特產物資各年產量，要製統計圖表；對特產品質，要有樣品陳列；對生產技術，除作說明外，要配備照片；對於它的運銷，要製運輸路綫圖，和各種運輸工具的運價表；對於各產品的國際市場情形，要按期編製報告幷作分析。

這許多工作，在戰時推行不易，因為會本部距離各產品出產地遙遠。調查既費時，核對更是不易。

不久，貿委會又設立外銷物資增產推銷委員會。顧名思義，這機構的工作性質與技術處很接近，於是我又奉派兼該會的秘書。我收到的第一個指示，便是要編纂『外銷特產物資叢書』，就茶葉、生絲、羊毛、桐油、豬鬃等各出專書一册，重點在敘述生產過程實況。因為在戰前以及抗戰時期，日人處心積慮，在國際間打擊我們，中傷我們，以奪取我國生絲茶葉的市場。譬如在茶葉方面，日人在我淪陷區拍攝照片，來指證我國農民係用極不衞生的方法製茶，使人望而生畏，所以我們要用許多資料和照片，來揭穿日人的謊言，維護我國產品的信譽。

同時，也要將大後方交通困難情形，運輸費用之浩繁，作一些統計，詳加說明，以便我方與盟邦政府議價時，有所依據，我自己擔任「茶葉」的產製運銷專輯，至於桐油、羊毛、生絲等，則另行聘人擔任。

「茶葉」一書，費時一年完成，其間所化精力，遠甚於寫一篇博士論文，主因是這種專書並不是關在圖書室裡就寫得出來的。

若干年來，我在報章雜誌上所發表的專論不少，可是正式著作，祇有這一册廿萬言的作品。它也是我辦理銓敘時的專門著作，所以我在各機構工作時，人事資料上都有它的記載。因此之故，我的履歷中最使人驚異的便是我這哲學博士、外交官唯一著作——竟然是「茶葉」！

稍後，由專家建議，要把這些特產物資的產製運銷過程，拍製紀錄影片，送經國外放映，這議案奉准後便交推廣科辦理。

我覓聘了一位電影教育專科畢業生來協助，他精於拍攝、剪接和放映，在當時，也算是一種新的技術，能夠擔任這種工作的並不多。

我和他一同設計，所幸資料齊全，攝製一部三四十分鐘的紀錄片，也並不太難，其間他偶爾要去產地和茶廠去拍外景，我也邀請了若干位專家指點。

雖然拍攝和剪接的工作，已授權由他去辦，我還是不太放心。每隔二三日要去他的工作室看看。有一天，他正拍攝茶葉運輸路線圖，牆壁上懸掛了一幅我國東南地區的地圖，桌上放了許多黑色紙製火車、卡車、和騾馬的模型。他解釋給我聽，如果在某一段公路上用卡車裝運時，便將卡車剪製模型，在路線圖上沿線移動，他說衹要速度配得適當，放映出來效果就好。後來，當他用一個火車頭剪紙模型在地圖上沿鐵路線移動時，他沒有把火車頭的剪紙模型順鐵道線平行地放，而是橫放在鐵路線上移動，我立刻制止他，並且告誡他：「千萬不能橫着放！」

當時，他似乎是半接受半辯駁地說：『這些都是象徵性的，說實話，火車頭是紙做的，鐵路綫是筆劃的。』我聽了以後十分詫異。我再度和他說：『儘管如此，火車頭應循行駛的方向放，不得橫放。』他答應：『好麼，好麼。』我仍然不放心，又諄諄地告訴他，一個作公務員的，對上級的指導，要虛心接受。

兩星期後，「茶葉」一片，全部攝製完成。這位青年技術員準備試映，請示可否邀請技術處同仁一同觀賞。我說，就請處長一人先來看一遍便可，不必驚動太多的人。

沒料到處長報告了當時的主任委員鄒琳，恰巧他當晚無事，興緻甚高，他向他的秘書說：『

叫大家都去看看麼。』（主任委員操四川音調。）當年，在重慶南岸向家坡鄉間，入晚後，人人閒得無聊，聽說試映電影，都踴躍前來。

開始十幾分鐘，大體過得去，主任委員表示還滿意。生產製造部分過去以後，接着就是運輸部分，裝運火車的外景也拍得很清楚。到了路線圖出現，我呆住了。象徵性的火車頭橫放在車站（起點）上並且橫着移動！全場譁然，主任委員叫停。傳令蔡科長來問話。他操着川音問我：『蔡科長，聽說你是在美國留學的，是不是美國火車是在軌道上橫行的麼？』

我無言以對，恨不能鑽地洞。當晚回家一夜不能合眼。從那時以後，就養成事事要追踪查核的習慣，人家笑我「事必躬親」，其實，我是受過教訓的啊！

笑談

打麻將的故事挺多，我選了一則，很有趣。

四位老先生打麻將，進度緩慢，正值張老手順，一付牌才摸到三個輪轉，他已四付落地，筒子清一色，手中單調一筒。舉目一看，外面一張未見，他想有三張機會，等着自摸吧！

因為四付落地，其他三家都緊張起來，進度更慢，張老以手把額，靜待佳音，可是牌摸黃了，別的筒子滿天飛，祇不見一筒，正在出神之時，三家各人出示一張一筒，全被扣着，張老不服，問他們何以知道他單調一筒？大家笑着指他前額，清清楚楚的刻上了正字標記——一筒。

廿八、和老毛子打交道

民國卅二年，行政院設置「對外易貨委員會」，辦理對蘇俄易貨業務。在抗戰前期，我國曾向蘇俄價購一批軍品，議定用物資償還。蘇方所需要的物資包括：桐油、羊毛、茶葉、生絲、和豬鬃。為便利與財政部貿委會聯繫起見，易貨委員會的辦公處，就設在貿委會的會址內。編製很小，一共不到十個人。

當易貨委員會成立之初，我便被調為該會秘書兼組長。那時，蘇俄售予我國軍品，早經結束，所以易貨委員會的中心工作，祇是與蘇方協商物資的種類、數量、價格。和裝運限期等，以償還軍品購價。

以前，這些物資的採購裝運，是由貿易委員會暨所屬機構辦理，易貨委員會成立後，照舊。以前和蘇方會商、議價，有時院方派員出面，有時歸財政部或貿易委員會負責，嗣後，改由易貨委員會專司其事。

孔院長是易貨委員會的主任委員，會員中則包括有關部會首長，但事實上委員會是很少召開的，實際對蘇交涉和會商，都由秘書處辦理，秘書長是我國前駐古巴公使凌冰。

我到會工作以後，查閱卷宗，發現以往各次會議紀錄，在開始時篇幅很長，愈到後來愈簡單。原因是在每次會議之初，蘇方人民糧食委員會駐華代表發言冗長，千篇一律地指責我方交貨遲緩，索價太高，品質不齊一等等。到最後才開出所需下一批物資的種類和數量。

其後，便由我方出席人員說明：若干物資的產區處於戰時狀態，尤其是日軍之瘋狂轟炸，運輸隨時受阻等等。

後來，我方發現，蘇俄出席人員每次提出之指責，千篇一律，壓低貨價的理由，也是永遠一成不變；對於我方前此所提解釋，好像全無所聞。於是愈到後來，紀錄就愈形簡短了。

易貨委員會組成後，第一次和蘇方代表會談，循蘇方之要求，訂在某日下午五時開始。我的觀感是：當蘇方代表抵達時，人人體魄粗壯，精神飽滿，好像睡足了一全天，飽食一餐後才來的；而我方人員雖然已辦公八小時，仍然打起精神來因應。

一開始，正如以往會議紀錄中所顯示，由蘇方代表發言，多方指責，我方亦作詳細解釋，第二回合便是對蘇方所開物資種類及數量，作初步答覆，根據現時儲存量和收購進度，說明我方大致可以供應的數重與交貨時期。

循往例，開會時不備餐，祇供飲料茶點充饑。

到了最後一個回合，就是議價，我方索價一貫是按國際市場價格開列。蘇方常駁稱：我國產品，因產區受日軍封鎖，根本到達不了國際市場。因此，不能依國際市場議價。換句話說，就我國產品而言，蘇俄是唯一買主，這種交易就應依買主給價為準。他們反覆陳述，佔用時間頗多，最後才翻出底牌——給價。通常，蘇方開價後，便是會議的尾聲。我方自須提經有關機關研議後報院核定，再向蘇方作復。散會時間，大都是晚間九時或十時。

我方出席人員中，多數是初次和老毛子打交道，原先是相當興奮的，到後來，興緻大減。顯然的，蘇方的發言，都是奉指示行事，一字不漏。對我方解釋，從不直接作答，如有所答復，大部分是重複已說過的話。總之，在他們沒有獲進一步指示以前，決不還價。所以我們有一個感覺：「說之以理，動之以情」，是全無用處的。所幸，其時正值蘇德戰爭緊張階段，桐油豬鬃，是軍事工業所必需，而羊毛茶磚，又是軍需部門所急需，有時，對方很快獲得指示，將給價略予提高，以便迅速達成協議。

整個對蘇易貨，是一場痛苦的經驗。試以羊毛為例。通常我們送交的羊毛，都是經過一番處理的，在蘭州集合，運送到中蘇邊境，可是蘇方堅持在交貨地點，必需由蘇方洗毛廠再度處理後，才能過磅。經過這次處理後，所有脂肪塵土洗得一乾二淨，重量自然打了一個大折扣，同時，在戰時我國缺乏汽油，所有載運羊毛的卡車，回程時又要向俄方以高價購足油料，以為下一輪運送羊毛之用，這油款也在羊毛貨價內扣除。

總之，在易貨委員會工作期間，心情上並不愉快，幸而經過一年多，應償的價款也還得差不多了，而我國所盼蘇方繼續提供的軍品又全無下文，所以易貨委員會不久便撤銷了。

廿九、初度嚐試撰寫報章社論

民國卅二年，易貨委員會即將結束，我無意重回貿易委會擔任推廣科科長，想另謀出路，承陶希聖先生介紹走訪外交部政務次長吳國楨。適逢外交部正籌設「抗戰史料整理委員會」，配合盟國蒐集納粹暴行資料的計劃，以為戰後懲罰戰犯的依據，於是應聘為該會的秘書。委員會秘書長是當時亞洲司司長楊雲竹兼任，會中僅有職員七八人，多數是外交部各單位調來的。所蒐集的資料，以中文與日文者居多。英文部份較少。我工作了四個多月，就告一段落。此時，承美洲司張司長忠紱向部次長推荐，將我調任美洲司專員，這是我正式成為外交人員的開始。

美洲司當時分美國與中南美兩科，我奉派在美國科工作。有一天，張司長召見。他因工作忙，又兼任時事新報社論委員，每週負責社論兩篇，他回想到一九三八年在紐約時期，我主編英文遠東雜誌，有寫社論的經驗，所以他有意把這每週兩篇的社論，交給我來寫。我當時有點惶恐，但不便拒絕。

我最初為報社寫文稿是在大學時代。一九三一年，任覺五先生擔任南京中華日報社社長時，我曾負責編『科學副刊』，一九三八年在紐約主編英文遠東雜誌。到重慶後，曾為英文『中華論壇週刊』（China Forum）、外交季刊、新世界月刊和中央日報撰文，可是寫日報社論還是第一次。

最初撰稿時，最感困難的是時間的迫促，要在當天選題目，選定後，查閱資料，提出論點，撰寫時要切合篇幅的限度，而且，當晚要限時交稿。

如果在中午以前，題目沒有選定，或是到了下午，還沒有完成構思，那便急得像熱鍋上的螞蟻一般。及至撰寫完成，要一再推敲修飾，斟酌用字，煞費苦心。

一年間，差不多寫了五十篇，的確是一種好的練歷：查閱資料要快，構思要有邏輯，撰寫時必須一氣呵成；而且在二千字左右的篇幅裡，有論據，有觀點，這些都是一篇好文章、好的公文稿、好的演講稿必須具備的條件。

另一個困難是，要對當時發生的重要新聞，審慎選題，及時評論，不能把一週前的國際大事搬出來補敘，因為這樣做，會被人譏為馬後炮的。

我所負責的是歐美中東地區的國際時事評論。國內部分和亞洲地區，另有社論委員撰寫。可是在歐美中東地區範圍以內每天所發生的重大事件，五花八門，必須要選擇那些與我國國家利益有關連，而為國內讀者所關切的事件，不能依個人興趣或專長來選題目。所以，有時要臨時抱佛脚，邊學邊寫。

目前——經過了四十年——手邊幸而還保存了一部分寫作的剪報，非常難得，因為戰時在重慶各報社所用紙張，品質很差，保存不易也。我曾寫過的題目有：『論我國對外貿易政策』，『我國戰後工業化的中心工作』，『讀赫爾國務卿的聲明』，『論戰後國際經濟合作』，『祝捷克更生』，『論建立國際貨幣基金計劃』，『中加經濟合作展望』，『策應遠東戰場的重要性』，『吾人所見於杜威的演說』，『國際勞工大會閉幕感言』，『蘇芬和議說』，『懲治日寇暴行』，『再論懲治日寇暴行』，『現階段巴爾幹戰爭』，『對近日友邦輿論感想』，『現階段歐洲戰局』，『敬告美國工商界人士』等等。

特選幾篇較短的，附錄如後：

廿九、(附錄)

再論懲治日寇暴行

去年十二月，當中外記者盟邦武官前往常德戰區考察時，吾人曾就該次戰役裏的敵軍罪行評論日寇行為，不如禽獸，幷主張戰後應澈底的嚴厲的予以懲罰。近數日報章上又續載日軍在桃源退却時各種罪行的消息，慘不忍聞，閱讀之餘，悲憤無限。

過去日軍在東北，在南京，以及在攻佔或退却各城市鄉鎮的種種罪行，真是罄竹難書。南京大屠殺傳出之後，曾激起國際輿論的抨擊，震動世界的視聽，這是因為敵人在攻佔南京的前後，各國僑民曾親眼目睹，幷身受其害，所以報道詳盡，描寫逼真。實際上日軍在淪陷區和曾經淪陷的城鎮，是一貫的燒殺淫掠，無惡不作。近一二年來，日軍素質日劣，軍紀全無，一般官將士卒，無不有鑒於對華作戰之無前途，乃愈形狂暴，而對我國人民之蹂躪，亦日愈殘酷。據中央社本月七日消息、當日軍撤退桃源以前，整日以殺人為樂事，「凡被擄人民，其衣服言語形體，認為可疑，卽指為支那兵，施以種種酷刑，然後殺害，屍首棄於池塘，或棄於道途。……」，「敵陷縣城後，卽四出搜取老幼婦女，隨地輪姦，幷將婦女衣服脫盡，令其裸體遊行，倘不如意，卽置之死地……」。又據從淪陷區輾轉來到後方的同胞們報道，日軍常强迫淪陷區人民子弒其父父戕姦其女然後一併殺之，聞之令人髮指。對於這種滅絕人性的無恥獸行，如果將來不予以嚴厲的處分，試問吾人將何以慰罹難同胞在天之靈！

去歲聯合國大會在倫敦組織戰時罪行懲罰委員會，目的是將敵人所有違背國際法，國際慣例，與人道主義的種種暴行，作事實的調查，證據的搜集，準備在戰後審判並處分各罪犯。這種工作，對於未來世界的國際法和國際道德，都會有莫大的影響和貢獻。當美國政府透露轟炸東京一部份飛行員在日本被慘戮的消息時，美國人民，極為憤懣。羅斯福總統特嚴峻的宣稱，美政府對於此事決不輕易放過。同時麥克阿瑟將軍亦宣佈，關於日人在菲律賓的種種罪行，都已查悉各執行機構名稱和發佈執行命令者的姓名，準備將來作澈底的懲罰。由於上述的事實，可見聯合國已經積極的準備審判並懲罰戰事犯，為死難者復仇，為國際法立威信。

關於我國組織敵寇罪行調查委員會之事，聞已有所籌議。這確是十分必要。不過這一種機構祇能擔任設計和彙編等工作，實際的材料還是要由戰區軍政人員指示人民去作，所以我們應該將所有過去敵寇的暴行，不厭其詳的向淪陷區和後方的人民宣傳廣播，使他們在事先儘量設法逃避，以減少傷害，使他們在敵寇犯罪時或犯罪以後知道如何把敵軍番號官兵姓名查悉並報送政府，使他們知道這些滅絕人性的盜匪，終將被提付審判，從嚴懲治，政府已決心要清算這篇血債，洗滌這些恥辱，給予他們心理上的安慰，增強他們奮鬥的勇氣。

英美蘇莫斯科會議已決定，將來戰犯的審判，應由罪行發生地政府辦理，並有人提議，罪犯最後的處分應該在犯罪地點去執行。我們絕對擁護這一類的主張。因為惟有使在東北，南京，常德，桃源這些地方的人民親見今日殺人放火的日寇判罪就刑，才足以為已死者復仇，為未死洩憤！

三十三年十一月十二日　時事新報

敬告美國工商界人士

據本市盟利社消息，最近美國棉織業領袖集會於北卡羅寧納州夏洛蒂城，反對美國政府擬議戰後以紡錠及織機援助中國的計劃。吾人姑勿論是項決議的詳細情形如何與其影響的大小，近年美邦人士的腦海中，確以為戰後中國實施工業建設，必足以影響美國的遠東市場。這實在是一種錯誤的觀念。

就以棉織品一項而言，過去我國年有大量進口，但主要供給國是日本和英國，美國並不佔重要地位。同時美國輸華貨品，種類繁多，棉織品的數值，亦極有限。一九三七年，美國輸華重要貨品中，其價值在百萬美元以上者，有鋼鐵產品，礦物油脂，車輛，菸草，工業器材，飛機及零件，銅，木材，及紙張等，並不包括棉織品，是年棉織品之總值，僅及十萬美元，列在美國輸華貨品第十五位以後。由此可見，中國可以消納多種農礦原料和工業機器與製品，堪為美國出口貿易之重要與國，惟棉織品一項，在華之銷路甚小，美國布疋，質地較優，價格較昂，故其海外市場是在生活程度較高之澳大利亞及紐西蘭等地，而不在中國。

至於美國棉織品在遠東其他地方，尤其是南洋一帶的市場，亦屬有限，但確較中國為重要。或許美邦人士，因此顧慮到中國棉織業發達以後，可能在上述地區內與美國相競爭。殊不知過去我國每年進口棉織品，數量最大，常佔進口貨品之首位。戰前國內棉織業之生產量甚小，其製品遠不足以供應四萬五千萬人民之需要，且在過去集中上海市及江浙兩省的棉織事業，亦均於此次戰爭中大都摧毀，戰後相當期間內，雖努力建設，尚恐不易恢復戰前之情況，況如一般的經濟狀況改善以後，人民衣食之需要，仍將逐漸增加，自給自足尚不易得。焉能有所剩餘以資輸出？是以戰後美國之棉織品如在南洋市場遭遇競爭，其競爭者決非中國。

再就一般中美貿易而論，在過去二三十年中，幷無顯著進展，譬如戰前九年間（一九二九——一九三七），中國在美國對外貿易中，幷不佔重要地位：在美國全部出口貿易中，中國約佔百分之二三之間，一九三五年後，尚不足百分之二，在遠東各貿易伙伴之中，列於日本，菲律賓之後；在美國全部進口中，中國佔百分之三左右，竟位於日本，馬來，菲列賓，荷印之下，我國人口衆多，經濟落後，無論消費用品工業器材，多所仰給進口，理應與工業發達如美國者，發生更密切之貿易關係，徒以百年以來，我國備受內憂外患之影響，國民經濟枯竭，購買力低微，產業不發達，出口業務遂亦因之萎縮。此種情況，於中國及其貿易與國，均屬不利。現在最後勝利業已在望，我全國上下已下最大之決心，謀工業建設之發展，戰後亦必將與友邦積極合作，共謀國際經濟之繁榮。友邦在經濟上對我國之援助，實際上是對雙方有利。我國工業化順利開展以後，不獨對美國工業器材及原料之需要，將逐步增加，且可以對美國需要之農礦原料，擴大供應。是以類如此次美國棉織業領袖之舉動，不獨與國際互助合作之精神不符，且對發展戰後中美貿易加强中美經濟關係之願望，背道而馳。我們感於此一問題之重大，故略述所見，以就正於友邦人士。

一九四四年三月一日　時事新報

戰後國際經濟合作

近傳盟國對於戰後航空問題，將作初步商討，並且可能在今年年底，召開國際航空大會，足見同盟國家，對於戰後國際經濟合作問題，已在多方面的積極籌劃，庶幾在戰爭結束後，迅卽實施，消息傳來，無限歡欣！

憶第一次大戰結束以後，部份由於國際經濟問題未能澈底解決，國際間呈顯着不安定的現象，而政治上的不安定，又轉使國際經濟關係為之混亂，該時美國維持着高度的保護關稅，頗為歐洲國家所不滿，因為她是居於債權國地位，一面促進輸出，一面限制進口，使大多數歐洲國家，不能清償債務，亦不能平衡收支，倫敦經濟會議的目的，原在由各國減低關稅，促進國際經濟合作，不料會議結果，竟與原意背道而馳。開會之初，美國政府頗表贊助，旋因顧及國內環境，改變態度，使參予各國最為失望。一九三三年以後，美國當局確認：如欲恢復繁榮，解決失業問題，必須從減除國際貿易障礙以促進輸出着手，故自一九三四起，推行互惠貿易協定政策，惟此時美國在國際間相當孤立，所以在戰前數年間，此項政策之功效，大部限於拉丁美洲一帶。

此次戰爭發生後，美國生產力日見擴充，她的高度工業技術，豐富的農礦資源，都在充分的發揮利用。試以造船業為例，戰時美國曾建造新廠多所，採最新的組合裝配原則，大量生產，即戰前掌握世界航運霸權的英國，亦瞠乎其後。英國航業界稱：他們不但已沒有剩餘的原料和機器，也沒有那麼多的人工與港灣。戰前大英帝國的商輪總計二千一百萬噸，但美國的戰時造船計劃，就有五千萬噸。今年二月，美政府宣佈，去年因執行租借法案關係，出口總值超出一百二十七萬萬元，打破歷年來紀錄。此數較經濟恐慌前一九二九年增加百分之一百四十三，較戰前最高年度一九二〇年亦增加百分之五十四。這種碩大無比的生產能力，無疑的將使美國在戰後，在國際經濟合作方面，居於領導的地位。

戰前數年美國確已由孤立主義，漸趨於國際合作的道途，太平洋戰爭發生後，此種轉變，尤為明顯。過去幾次國際會議，美國不僅參予其事，且立於倡導的地位，朝野人士，對於參加國際合作，穩定戰後世界經濟秩序一點，意見一致，因為惟有如此才能使各國迅速恢復購買力，美國貨品才有出路，而繫於出口貿易的一般製造業，才能恢復繁榮。這是美國目前最普遍的信念，而為第一次大戰時所沒有的現象。

由於以上兩點，我們可以相信，設無特殊意外的變化，戰後在美國領導下的國際經濟合作計劃，是會順利推行的。並且在原則上這種國際經濟合作運動，對於我國戰後建設工作之推行，甚屬有利，但吾人決不能因而存有依賴心，或過分的樂觀、美國倡導國際經濟合作，固然含有促進人類福利的崇高理想，但其主要目標之一，仍然是在打破其本身之經濟難關以促進國內繁榮，倘在戰後，各國對於經濟合作的熱忱消滅，其措施或竟與美國目前所願望者相左，則美國再度的轉趨孤立，非不可能，最近美國即有人主張戰後美國對各國經濟上的援助，應視是項援助是否有益於國際經濟秩序之建立，此項論調，至足重視，國際經濟關係，原極微妙，倘在戰後五年十年之內，專制政權，再度出現，或少數國家，經濟上倒行逆施，即深足以影響其他國家的政策與措施，再如各國不能迅速獲得同意而有效的辦法，加以遏止，則國際經濟合作計劃，必行全盤牽動，是以吾人以為在戰時或戰後，我國均應對此項運動，力予贊助，並利用時會，努力建設，以儘速奠定工業之基礎，至於長期發展國內經濟，開發農礦資源，仍須全國上下之不斷努力，而不可完全仰賴於國際間之援助。

四月五日　時事新報

祝捷克更生

本月八日，緊隨蘇軍攻入捷克邊境之後，捷克國旗，飄揚於喀爾巴阡山麓，象徵捷克的國土的光復，捷克共和國的更生，特誌數語，以為祝賀。

捷克共和國成立於一九一八年，她的前身是歐洲史上著名的波希米亞王國，但自十七世紀起，便喪失獨立達三百年之久，在這三百年中，哈布斯堡皇朝的統治，橫暴殘酷，而波希米亞人民的困苦，也日愈加深，因此也就造成捷克人民為民族自由長期奮鬥的光榮歷史。在第一次世界大戰發生時，波希米亞人口已減少一半，其中有因參加革命而犧牲，有因饑餓愁困而死亡，一九一四年，歐戰發生，波希米亞人民便在民族英雄瑪薩里克和貝奈斯領導下，從事獨立運動，並投效英法軍隊，共同作戰，終於一九一八年十月，在威爾遜總統贊助之下，成立捷克斯拉夫共和國，此次捷克國土被佔，亦將六載，此際捷克人民能重見國旗飄揚，國家再生，必引為無上之光輝而衷心愉快，吾人立於盟友的立場，自亦同感慶慰。

波希米亞王國，在早也是歐洲最富而文化水準最高國家之一，在哈布斯堡皇朝統治下，她仍然是奧匈帝國重要工業區域，歐洲農業生產最豐富地帶之一。捷克共和國成立以後，政府曾利用國內的煤礦和輸入的生鐵，發展工業，鞏固國防，其所成就，頗為世人所稱道。在此次戰爭發生以前，她擁有歐洲最大的兵工廠，舉世聞名的玻璃工業；她供給西歐最佳的木材，輸出行銷世界各國的瓷器紡織品和皮革製品。至於捷克的教育，也很普及，全國一千五百萬人口，竟有初級學校一萬五千所，高級學校兩千餘所，所以在國內，早就沒有文盲存在。戰前她的大工廠可與任何工業先進國家相比擬而無遜色，而她一三四八年創立的布拉格大學，更為歐洲著名的最高學府之一。這裏我們看出捷克對於歐洲的文化，是有很大的貢獻的，所以捷克的更生，也可以象徵歐洲文化的復興，這是我們要祝賀的第二點。

一九二〇年，捷克國會議通過憲法，確立民主共和國政體，規定言論出版自由，承認少數民族權利，幷肯定男女及職業之完全平等。外交方面，由於貝奈斯外長的努力，與南斯拉夫羅馬尼亞，締結小協約集團，以維持中歐和平。當日軍侵佔我東北時，貝奈斯曾在國聯議席上，仗義直言，力主制裁侵略者。希特勒登台以後，中歐形勢大變，但捷克依然努力維護小協約關係，幷締結蘇捷互助協定，以為反侵略之中堅，歐洲民主陣線之重要支柱。貝奈斯之努力，直至國土被侵戰爭爆發時為止。凡此皆足以證明捷克是一個愛好和平崇尚民主的民族。捷克國家的興起，對於戰後和平與民主政治，必有很大的助力，此尤足使吾人深感慶幸。最後，捷克與我國雖東西遠隔，但近年遭遇。殊多相同之處。我們同為愛好和平之民族，同樣的不時遭受鄰邦的威脅和侵凌，更重要的是我們同樣不為暴力所折服，幷不惜犧牲流血，爭取民族生存，謀求世界和平。因此，我們對捷克的前途，特別關懷，爰誌數語，以示慶賀。

一九四四年四月十一日　時事新報

讀建立國際貨幣基金計劃

近兩年來，戰局好轉，勝利在望，同盟國對於戰後問題的商討，經濟合作的籌劃，都在積極進行，已往在華盛頓擧行的糧食會議，國際善後救濟會議，和行將召開的國際貨幣會議，都是戰後國際經濟合作的一面，而皆以破除戰後各國的經濟難關，確保國際和平的永續持久為目的，本月二十二日，重慶華盛頓和倫敦三處，同時公佈聯合國專家所同意的建立國際貨幣基金計劃，各方均極重視，特予申論如下：

一、建立國際貨幣基金的目的，在於促進國際貨幣合作，增進匯兌之穩定，縮短各國國際收支不平衡期限與程度，消除阻碍國際貿易的措施，以便利國際貿易之擴大與平衡發展，幷維持國民就業及實際收入於一高度水準，可見其範圍廣大，內容複雜，凡所規定，往往涉及各國的經濟及金融政策，影響到各國的工商業和貿易，就性質而言，固然與過去的糧食會議，國際善後救濟會議，幷無二致，然其重要性，實遠過之，是以此項計劃，初由英美等國專家草擬，送請聯合國各國研究，幷將各草案公布，以觀察一般輿論的反響與批評，卽此次聯合國專家共同同意的宣言，仍僅為一種技術上的聲明，其最後決定，尚有待於各國代表的正式會商與採納，其態度之慎重，精益求精的精神，於斯可見。

二、此次所公布之宣言，係蒐集參加各國專家之意見，彙編而成，惟原則上與美國原擬計劃，大體相同，宣言中關於基金之攤認部份，規定每一會員國應攤交之黃金數額，須佔其攤額百分之二十五，可見在此項計劃中，黃金之地位，甚屬重要，基於此點而論，此次計劃的草擬，及戰後國際貨幣與滙兌之穩定工作，美國必居於領導地位。在是項宣言公布之時，華盛頓方面也意味着同盟國已面臨戰勝的邊緣。

三、據美國財長摩根索所發表的談話，聯合國中之簽署此項宣言者，計三十國，中立國家如瑞典、瑞士、土耳其、西班牙等中立國家幷未被邀參加，可見將來參予是項計劃者，必在三十以上，這種普遍參加的現象，自有助於其戰後之順利推行，此外，此次蘇聯之參加，至足重視，因過去在蘇聯，貿易國營，對外匯兌，亦由政府管制，對於國際貿易之擴張，頗有影響，且蘇聯在地域上跨歐亞兩洲，戰時在聯合國中，位居四强之一，在戰後國際經濟合作計劃裏，必佔重要地位，是以蘇聯能積極參予國際貨幣合作運動，誠為聯合國最足慶幸之事。

四、關於建立世界銀行事，據美財長摩根索的談話，已在各方分別討論之中，吾人深望此一計劃，能及早擬定，將來在貨幣會議中，一併討論，吾人尤望在世界銀行之計劃中，能對國際投資問題，有比較具體的規定，因為在戰時淪陷區域廣大戰後亟待建設的中國和其他情形類似的國家，僅憑匯兌的穩定，尚不足以發展國家經濟促進對外貿易，以達到真正收支平衡與增加國民收入之目的也。

在宣言公佈之日，孔兼部長曾發表談話，除確認其重要性而外，希望聯合國能進一步的產生一種協訂。同日，美國務卿赫爾亦主張亟需立卽行動，俾能清理幷佈置世界之貨幣路綫，以利戰後之經濟調整，旨趣相同，觀點一致，故吾人預料在各國熟思之餘，貨幣會議召開之日，必可由於一致之贊助接納此項計劃，卽行付諸實施。

四月廿五日　時事新報

策應遠東戰場的重要性

本週美澳大軍，在麥克阿瑟將軍領導下，發動西南太平洋戰役中最大規模的攻勢，登陸荷蘭蒂亞，策應遠東戰場，其意義異常重大。

日軍一貫的戰略，是在太平洋與亞洲大陸之間，樹立一道堅強的防線，使我國後方得不到接濟，使中美軍不能直接取得聯繫，所以自日本本土、台灣到南洋一帶，長期佈置着相當數量的海陸空軍，但是自從美軍東進，攻佔馬紹爾加羅林羣島以後，這道防線便感受嚴重的威脅，尤其是尼米茲將軍宣言要打通直達中國大陸的路線，使日寇坐立不安，惶恐萬狀，這道防線，同時也是日軍對中南太平洋的補給幹線，不過在已往的太平洋戰役裏，日輪損失甚多，航運日感困難，近來駐華美空軍的襲擊，遠東海面美潛艇的活動，更使它在中國沿海的航線，到了無法維持的境地，因為這兩種原因，日寇早就準備在中國戰場蠢動，妄想打通平漢粵漢兩線，一方面樹立中美兩軍之間的水陸雙層隔板，一方面構成華北至中南半島的陸路交通系統。

不過，這種企圖，曾經在過去的長沙常德會戰裏，被打得粉碎。今春以來，美軍在中太平洋四出襲擊，越島躍進，使日寇膽戰心驚，深恐本土被侵，因此也就不敢輕舉妄動，上月三十日，日蘇簽定協定，解決漁業及北庫頁島採油權問題，於是關外大軍，便見源源南運，最近盟機大舉襲歐，眼見開闢第二戰場，日寇一面警覺情勢嚴重，時機迫切，便想在納粹解體以前，搶先部署亞洲大陸戰場，建立帝國的防禦堡壘，一面妄以為在歐洲酣戰之際，盟軍必無餘力，以增援東方戰場，於是積極的發動豫中攻勢，侵犯平漢路線各據點。

對於日寇此種企圖，我軍事當局早已洞悉，且一再予以揭穿，我們可以預料，這些鬥志已失軍紀全無的『皇軍』，遲早要踏長沙會戰的覆轍，遭遇潰敗滅亡的厄運，同時我們要指出這是盟軍從海上發動攻勢夾擊日寇的良好機會，此次美澳軍進攻荷屬新幾內亞，完全出乎日寇意料之外，未遭遇任何有組織的抵抗，順利完成登陸任務，可見這種策應亞洲大陸的攻勢，最合時宜，也最易奏効。

在盟軍攻歐前後，必須調用相當數量的軍力，但是我們相信在太平洋裏，盟軍依然擁有充足的力量，應付遠東的敵人，美國建立兩洋艦隊的計劃，原定在本年年底前完成，現在由於許多方面製造能力的擴充，超過原定的計算，艦艇飛機的生產，往往提早完成，在在可以證明，美國海空軍力量，足以擔負兩面同時作戰的任務，況且在建軍計劃實施以後，義大利迅即投降，並有一部份義艦在地中海與盟國共同作戰，大大充實了同盟國在歐洲的海軍力量，是以吾人以為：盟國應利用時會，挾其實力雄厚之海空軍，在中太平洋南太平洋廣泛發動攻勢，與亞洲大陸的中英美軍相配合，夾擊日本，摧毀其隔離戰略，再度粉碎其打通陸路交通的企圖，這樣日寇的命運，可能與納粹同時斷絕，而盟國的全面勝利，亦得以提前實現。

四月廿六日　時事新報

對近日友邦輿論的感想

最近友邦人士，對我國政治經濟情形，十分關切，輿論方面，也多所批評。這種精神，我們不勝欽佩，因為一切改良設施的適時有效，往往有賴於旁觀者積極的批評。語云：『君子聞過而喜』，便是先賢告誡吾人如何做人的道理。中國人雖最富有自尊心，却也最能竭誠接受善意的批評。不過，當我們虛懷接受批評的同時，尤其希望友邦人士能夠深切的認識中國，庶幾凡所評論，確能適時中肯，給予我們更大的帮助和價值。

第一、我們希望友邦人士的批評，都是就大處着想，從全局來觀察，而不是以少數偶然的事件，來概括一切。我們從許多英美的出版物中，把蝗禍旱災，軍閥內亂，以至於納妾吸鴉片等描寫得十分逼真，很像中國鄉村社會裏充滿了這些天災和人禍。其實，這些事項，並非全無子虛，也不是普遍流行，如果僅憑這一些偶然事件，來作批評的根據，論斷的憑藉，便失之過偏，而這些批評和論斷對於我們的帮助，就大為減少。

第二、我們希望友邦人士的批評，要拿過去的情形來比較對照。近一百年來，是世界政治經濟改變最大和科學進步最迅速的時代，不論大小國家，都不時面對着許多新的問題和新的困難，要隨時處理，隨時解決。在同期內，我國深受內憂外患的影響，談到改革。遍地障碍，到處難關，自奠都南京，迄於今的十幾年中，政府和人民總算是隨時與惡劣的環境奮鬥，才建立目前全國統一與七年抗戰的基礎，所以在對中國問題曾經長期研究的外國人士，便能將滿清末年政治腐敗士氣頹衰的情形，與今日全國上下熱烈討論憲草的情緒來比較，而感覺得這幾十年中的進步；他們更可以把當日清廷移用新政軍費以修造頤和園，和其後軍閥時代攫取國營交通事業作為私人軍隊經費的來源的一些情形，來和目今後方公路的趕修，國營民營工廠的成立來對照，而表示欣慰。但是在對中國問題未曾特別注意的人士的心目中，當然會感覺中國在物質文明方面，依然很落後，因為這些人比較的對象不是幾十年前的中國，而是世界物質文明最進步的英美國家。

第三、我們希望友邦人士，要特別了解中國自抗戰發生後六七年間，海口完全被封鎖的特殊戰時環境有許多地方是不能與英美相比擬的。我們所需要的物資和裝備，要在萬分困難的情況下，設法生產，設法自給，以維持這七年的抗戰。我們自印緬空運中獲得的援助，無論從物質或方式上說，都不能與用浩大的艦隊護航運送至英蘇者，相提幷論，而我國大陸戰場上，戰線之長，敵人兵力之大，則與其他戰場相較，幷不如此懸殊。

友邦人士們如果確認這些情形，也許對我們的批評會比較中肯，比較允當，我們願意接受友邦人士的批評和責備，尤其樂於接受對中國有深切瞭解的批評和責備。

卅三年五月九日　時事新報

國際勞工大會閉幕感言

國際勞工組織是第一次大戰後產生的，它的憲章和組織目的，都分別列於凡爾賽條約和國聯盟章裏，在國聯活動停頓的今日，似乎國際勞工組織的重要性，也隨而減低，此次蘇聯代表未能參予大會，也就是基於這種原因。不過國際勞工組織在有幾方面，具有相當的獨立性，幷特異於其他國聯的附屬機構，譬如國際勞工大會，是由各會員國政府及勞資各方代表所組成，無論在會議中發言，或選舉投票，各代表均有絕對的自由，勞方代表可與本國政府或資方代表有不同的意見，甚至分庭相抗。所以在會議裏面，充分表現它的國際性。大會的建議，雖然要獲得各國政府同意或與其他國家成立條約關係，始能生效，但各代表的言論，可以鼓勵輿論，集體的建議，可以影響各國的政策，在這裏國際勞工組織可以發揮很大的效用。吾人所週知的國際勞工局便是處理行政上文書上任務的機構，它受理事會的指揮和監督。至於理事會，則係由大會產生。所以每年一屆的國際勞工大會，便成為是項國際組織最重要工作之一部。

上月，國際勞工局在戰爭高潮中，選擇了美國獨立運動策源地費城，召開第二十六屆勞工大會，用意深長。計此次到會者有四十一國代表，會議歷時三週，對於會議工作之目標與願望，熱烈討論。現會議甫告結束，特就其最重大之收穫，略予申論。

一、此次各代表一致通過費城憲章，為大會最光輝之一頁。該憲章主要部份，為確認一切人類，無種族信仰性別之區分。均有在機會平等之環境下，謀求本身物質福利及精神發展之權利，此點最值吾人之全力贊助與支持。過去我國國內，勞工工作機會及物質福利方面，向無種族信仰的區別，也未嘗發生過這一類嚴重問題，而國人之僑居外國者，則時有被歧視壓迫情事發生，我國政府為此，雖經外交途徑，多方謀求改善，迄未獲圓滿效果。大會此次建議、既經各代表一致熱烈通過，並要求聯合國將此項原則，列入未來和約之中，不僅可為少數國家僑民待遇問題，求得一公允適當之解決，且為國際勞工之自由交換，樹立一光明正大的原則。戰後各國或不免遭遇嚴重失業問題，但各國經濟情況不同，工業化程度不同，有些國家，一面感受工人失業的困難，一面深覺技術工人之缺乏。有些地方，物資豐富，但地曠人稀，時感勞工短少，無以開發，所以關於勞工之機會均等與其本身福利方面應無種族信仰之區別的原則，對於戰後國際合作的開展，關係至大，而勞工大會之採納此項原則，尤屬賢明遠視之舉，希望參加大會之各國政府，予以最慎重之考慮。

二、本屆勞工大會，另通過召開亞洲區域會議，以討論該區社會安全的機構問題，並推選我國官方代表為理事會常任理事，可見各會員國代表，對於遠東會員國所佔區域之大，人口之衆，及我國地位之重要，均有明確之認識。亞洲區域以內，有歐美亞洲各國之屬地與殖民地，勞工待遇之水準甚低，有關勞工之規定龐雜，而歧視外僑入境及就業之限制，尤為苛嚴，對於勞工福利，資源開發，皆有莫大影響。我國僑民之散居亞洲大陸及南洋各島嶼者，為數最多，對上述情形，知之最詳。深盼與亞洲區域有關國家，能依費城憲章之精神，早期召開會議，籌商改良辦法。

本屆國勞大會之決議尚多，不容一一論列，惟吾人願就此特別提出者，即勞工大會之功用，限於滙集各方意見，通過有關建議，至於採納施行，仍有賴於各國政府之努力。易言之，本屆勞工大會之收穫，尚有待於聯合國各會員國政府予以核定耳！

卅三年五月十六日　時事新報

遭遇

一九四七年，我國東方文化考察團訪印度，印度政府隆重接待，在加爾各答下機時，一個英國籍警察班長也在機場，其實他在接待人員行列中，置位甚低，可是神氣十足，找到團員中的葉公超先生（時任外交部參事），說明他對中國的情形很熟悉，看到的不少，聽到的更多，因他曾在上海租界巡捕房工作過十五年。他的含意是：戰後中國雖稱四強之一，沒有什麼了不起的。公超先生看他那副神情，就不客氣的對他說：『那你這十五年榨取中國人的血，夠你過活一輩子了，還不回老家，反而在這兒鬼混呢？』

這個英國殖民地官員小卒，碰了一鼻子灰，就退下去了。

卅、從重慶到加爾各答

在外交部工作兩年，奉命「外放」，派任駐印度加爾各答總領事館領事。

我自從由美國留學回到大後方以後，在重慶住了六年半，在這期間，大哥維藩在昆明西南聯大任教，二哥維垣在農本局主管檔卷室，四弟維翰在貴州安順合作金庫工作。二姊及二姊夫在綦江。祇有大姊（孀居）陪同父母住在沙坪壩南開中學教職員宿舍。在弟兄們當中，我是和父母住得最近，應該經常去探望雙親的。

可是戰時的重慶，交通困難，公務機關每週辦公六天，所謂週末，實祇星期日一天。因此，雖然常想抽空去沙坪壩，盡點孝思，總是心餘力絀。

當我接到外放加爾各答的消息以後，就決心把出國手續，加快辦完。這樣，便能在出國限期內騰出一個星期帶着叔純，皚如（長女，五歲半），棼如（次女，四歲）和倩如（三女，一歲半）回沙坪壩，朝夕奉侍。尤其是家裡好久沒有兒童的歡樂聲，這次我把她們帶回去，父母親可以整日兒孫繞膝，笑逐顏開。以往，我們每次從南岸向家坡出發，清晨下山，步行到海棠溪渡江；搭公共汽車到上清寺，再轉車去沙坪壩，差不多要費整個半天的時間。每次回去一趟，祇有在午餐時和父母大姊歡敘。飯後再談半小時，便又匆匆上路，趕車回南岸。這一次，可不同了。我陪雙親和大姊暢談往事，也談談想像中的加爾各答，說說我對中日戰局的看法，自晨至昏，談個不停。

父親是研究佛學的，母親和一般中國人相似是「在心底裡」信奉佛教的，他們知道我要去印度，那便是佛經上的天竺國，一方面下意識的獲得安慰，一方面想到路途遙遠難再相見而暗自悲傷。

我本意安排這一段時間，為的是要承歡膝下，以溫天倫之樂，沒料到這一次的歡聚，愈增父子情深。離別前夕，母親徹夜未眠，臨行，父親送我們到門口，立即抽身回到屋內，顯然是在那一剎那間，他老人家在這悲歡離合的場面下，也忍不住悲傷了。後來我們到印度以後，家人來信說，我們離開重慶以後，父母親終日以淚洗面有數日之久。

※　※　※　※

搭上中國航空公司班機，先到昆明，然後續飛印度。聽說過：在抗戰期間，運輸機飛越駝峯時出事者累累；也聽說過：駝峯高度在一萬三千呎以上，但飛機上幷沒有氧氣設備，使我心中忐忑不安。當飛機在升高的階段中，機身震動，我和叔純都有點頭暈，孩子們又吵鬧着說不舒服。我心想如果到了駝峯上空，不知怎樣去照顧三個孩子呢。不久，飛機已到駝峯上空，我和叔純都感覺呼吸困難，四肢無力，全然無法移動。可是這時孩子們也都不哭不鬧了，全躺在座椅上掙扎着呼吸。二十多分鐘後，機身下降，空氣趨於正常，大家才慢慢的恢復過來。

到了八莫，飛機降落加油，乘客也可以下機走動走動，半小時後登機，下一站便是加爾各答了。我們因為孩子的關係，行動慢，最後登機，進入機艙後，發現我們原先的座位，已被人佔去了。我們祇好順延到下一排入座。那一次班機的乘客祇有六成，空位很多，而且那個時候，似乎還沒有劃座位的制度。

起飛不久，我發現我們所坐的一排，正是緊急出口處，而且緊急門在跳動，格格作聲，就像乘汽車時車門沒有關好一樣。我立卽招呼服務員（那時還沒有空中小姐），他用大力想把這門拉上，但是辦不了。他叫我不要緊張，用力把門向內拉緊。他轉身便跑到駕駛艙和駕駛員聯絡，隨卽又跑回來，似乎把緊急門向外推開一點，再用力回拉，終於扣上了！

他坐在我身旁，深深的舒了一口氣，然後和我耳語說，剛才真是危險萬分，如果機門打開了，就會有一股吸力把我們這一排的人都吸出機外去。他接着說，他適才去關照駕駛員，說明未扣上的機門是靠右手邊的緊急門，駕駛員便微微右轉航行，如此，右邊的艙門不易向外開，而左邊艙門，如未關好，便會被摔開。所以他從駕駛艙回來後，看到機身確已向右航行，便大膽將緊急門打開向外略推出少許，隨卽猛拉。他說完後，連聲道：『好險！好險！』

※ ※ ※ ※ ※

到了加爾各答，已疲憊不堪。幸而有位副領事來接，一直送我們到中國旅行社所經營的China House住下。時已晚間六時。副領事催促我和叔純，洗面換衣，因為陳總領事邀請晚宴，為我們洗塵，我吃了一驚。第一，我們實在支持不住，需要休息；其次，三個孩子，無人照料，又何能把她們放下就走？副領事表示不能不去。他倒很有辦法，不出半小時，就找來了兩個印度籍下女，來替我們看孩子。我們衹好匆匆登車，告訴皚如（長女），我們去一會兒就轉來。

總領事官邸是一所豪華大厦，燈光明亮，金碧輝煌。在座都是國內各機關駐印度辦事處的主管，穿着入時，相形之下，我們是十足的鄉下老，敬陪末座，席間實無心進食。其他賓客，談笑風生，我們如坐針氈。席散後，我們提前辭出。回到 China House 入門處，看見那兩個下女帶着三個孩子坐在路邊，孩子們已哭不成聲。下女們告訴我們：從我們走後，孩子們堅持要待在和我們分手的路邊，不肯移動，三人齊聲啼哭，二小時未曾間斷。她們又因言語不通，也是急得無可奈何。孩子們看到我們回來，就緊抱着我們不放，一面哭，一面要我們以後永遠不離開她們。叔純和我，深覺内咎，淚水盈眶。當晚孩子們未進飲食，哭累了便睡覺。

有了那次經驗以後，除了找到孩子們熟識的人看顧的話，我們從未雙雙赴宴過。後來，我在外館任主管時，遇有邀宴賓客而需同事們作陪時，都請他們把孩子們帶來官邸，我們請專人看護。每屆節期假日，約同人歡宴時，也都請他們把孩子帶來，常常是叔純替他們帶孩子，左擁右抱，較大的孩子環坐她膝下，說故事，唱安眠曲；同仁的夫人們一齊到厨房帮忙做菜，包餃子，排碗筷，一邊談笑，一邊哼流行歌曲，歡樂無已。就這樣叔純深受她們的愛戴。

卅一、在印度五年──記憶猶新的幾件事

到加爾各答不久，抗戰勝利。陳總領事調升駐菲律賓公使，沈領事祖徵也調任駐馬尼剌總領事。結果，駐加爾各答總領事館，祇剩下我和陳領事以源，劉副領事壽山。我奉命暫代館務，我們的看法是，新任總領事短期內就要到任，所以隨時準備移交。

可是戰後初期，政府要在歐美南洋各地多處復館，部內人手短缺。同時，加爾各答已不復如戰時之重要，故決定暫時不派新人，命我作長期代理館務打算，結果，一共代理了四年之久。

那四年，正是戰後初期，我國被稱為四強之一的時候，也正是印度準備獨立并與巴基斯坦醞釀分裂的時期，有許多大小事，到現在記憶猶新，選錄如后：

㈠我初初代理館務時，收到孟加拉省府秘書長來函，囑轉交我國籍海員某君，大意是說：跳船海員，不准在印度居留，囑早日自動離境，否則將加以遞解。該函上款稱：「Sir」下款稱：「Your most obedient servant」。在一次我和秘書長單獨飲茶時，我順便提起這件事，我說：「這 most obedient servant」（如直譯，應為「你的最服從的僕人」），似乎有點不太適合。他說，那是移民局擬的函稿，因為印度公務員，都是受英國式訓練，所以他們都沿襲英人的公文程式。說完後，他靜思了一下，也覺得這說法不太妥當，應該加以斟酌。事後，他向

新德里請示，奉核定：嗣後一律廢棄那種稱謂，改採國際間通用的書函格式。

㈡不久，又發生一宗類似案件。加爾各答我國進出口商林伯鑄君來訪，告以我國中央信託局向印度國家貿易局採購一批大宗的麻袋。印度當局循例依照進出口商以往承運實績，分發配額委託裝運，我國在印度的進出口商，規模小，有些是戰時開始經營的，無實績可言，連承運一噸的資格都沒有，呈請領事館協助。

我走訪省府秘書長，他立卽與貿易局局長通電話（貿易局設在加爾各答），幷介紹我去會談。我見到了局長，便委婉的說明，如果局方沿用以往的辦法，祇有英商才能獲得配額，而且可以說要永遠如此。因為印度進出口商也好，中國進出口商也好，沒有配額，就不會有實績。現在印度旣已獨立，似不宜沿襲往例，而使英籍商人長期享受此種特權。現在我政府採購麻袋，我國籍進出口商人希望有服務的機會，請他優予考慮。

他表示原則上同意我的看法，願就此事加以考慮。不數日，來函囑總領館提送我國在加爾各答之進出口商名單。旋奉貿易局核准，那一筆麻袋，分由我國進出口商承運。華商們皆大歡喜，因為不僅是有這筆生意可做，而且從此開闢了營運業務的管道。大家都很盡力的把裝運工作做好，順利完成。

本案結束後，華商們組織了一個華商進出口同業公會，公推林伯鑄君來館，表示公會願捐贈總領館一部高級轎車。我表示總領館所有公用設備，都由政府撥款支應，不便接受任何捐贈。後來，他們又表示願將捐贈轎車之價款，送由總領館支配，以為推動僑務之用。

這時，印度唯一的華僑中學，經費困難，董事長李渭濱僑領鑒於學校年年虧欠而董事會又無法籌措經費，有意請辭。於是我安排一次茶會，約請進出口商同業公會理事與華僑中學董事們會商，於徵得雙方同意後，將該筆捐款，全數移捐華僑中學。就這樣解決了華僑中學的困難，也促進了僑界的合作。

㈢我國僑民徐銘臣君，山東人，在印度阿桑姆省西浪地方經營傘業，某日突來館求救，據稱經營雨傘一二十年，平素向加爾各答一家大商號批貨，到西浪零售。向商號提貨交款，雙方都不需出字據。行之多年，從無差錯。他這次來加城，滿以為尚有溢存款項，但商號查帳後說他已透支，核對之餘，原來他上次繳付之二千盾，商號帳上沒有紀錄。徐君既不敢指稱那位收款人——商號老板的東床——的錯誤，又無收據憑以提出質詢，他說他已無路可走，請領事替他作主。

我考慮了好一會兒，告訴他我毫無把握，但願意試試看。我立即撥電話到該商號，接電話的是商號的法律顧問——律師。我作自我介紹以後，說明徐君來館求救。律師揚聲說：『原來是他，這兩天他三番兩次來擾擾店主，想訛詐兩千盾。』我接着說，他並無任何字據，實難處理，但領館對僑民請求救助，不能拒絕，總要盡盡人事，不知店主是否同意我前來拜訪，或請店主移駕總領館一談，不論能否解決，總算有個交代。律師隨卽與店主交談後，同意次日來總領館一談。

次日，店主偕同律師和經理三人依時來館，到了我的辦公室以後，律師擧目一望，祇我一人，他便用印度語向店主說：『你看，沒有問題的，你放心好了！』旋即對我說明：『徐君口稱曾付款二千盾，無任何憑據，從法律觀點，此案不能成立，而商號資金逾百萬，信用卓著，這顯然是徐君存心敲詐。』

我未與他爭辯，祇問：徐某是否曾與商號有來往共十餘年之久？以往曾否有過敲詐情事？店主答稱：以往尚未發生事故。我說徐君係山東人，在印度的山東省人很少，並無會館或僑團支持他，請問可知徐君是否有黑社會人撐腰！店主說，這倒未曾聽說過。我說，既然如此，徐君手中又無字據，憑什麼來敲詐呢？店主瞪目不能回答。

我說，今天承諸位駕臨，何以那位關鍵人物——出納——沒有來呢？店主一時竟答不上來。

我接着說，中國人一向尊奉孔夫子的做人道理。孔子曾經諄戒世人（其實是我編的，但並非說謊）：如果一個僕人做錯事，可以放他一馬，以觀後效，如再犯，遣之可也。倘如係自家子弟，必嚴加管束，因無法遣之而去也。如初犯不予揭穿，則再犯時，已非二千盾而是二萬盾矣！

此時律師向店主說，如論法律，他有把握處理本案，如涉及治家之道，則非他所可置喙者矣！

店主乃向我要求，去會客室和經理與律師私下會商一下。我說，我正要出去一下，請他們就留在我的辦公室會商。數分鐘後，律師來告，店主願拿出百分之八十了案，另百分之廿要徐君負擔，意思是說他也有責任。我到另室告訴了徐君，他連說，就這麼辦，可以了，不必再爭了。

次日，徐君來告，店主已全部承認了。日昨提出的百分之八十，實是維持顏面而已。

事後，徐君登報鳴謝，稱我「青天」。

㈣某次，加爾各答佛教會為紀念釋迦牟尼誕辰舉行一個盛大慶祝會，邀請參加。請柬是在一個星期五下午收到的，大會日期是在次一星期一。相隔祇是一個週末。我立刻請印度籍秘書去市立圖書館查閱百科全書，把「佛」Budha和佛教Budhism兩段全部抄錄下來。她二時前往，五時才趕回，汗流夾背，埋怨的說：佛教會幷沒有請我演講，為什麼要這樣緊張呢！我安慰了她以後便下班，把所錄之件帶回家，利用週末，仔細的研讀，擇錄一部份，整理一番，便寫成一篇五六分鐘的簡短致詞。這是我一貫的作法，有時用得着，有時沒派上用場，但照樣保存，以備後用。

大會之日，應邀出席的有省府官員、民間團體代表、各國領事和佛教會人員三百餘人。主席致詞後，便步下講台，分別邀請貴賓致詞，似乎事先全未洽妥，官員們都謙辭。主席旋來各領事席位，也無人應邀，賓主同感尷尬。我是領事（其他各國均係總領事被邀），坐最後一排，迨主席向我致邀時，領團同僚們都對我示意，希望我能起來帮個場，隨便説幾句，打開僵局。

我略表謙遜後，步上講台，原擬取出講稿，邊看邊説，但當時的情況，似乎拿不出來，因為大家都知道是臨時的敦請，何來講稿呢？於是就憑記憶所及，輕鬆的講，倒也有條不紊，有頭有尾，獲得全場熱烈掌聲。主席致謝詞時，又把我誇奬了一番，並且説，從我言談的語氣來看，我必定是一位虔誠的佛教徒。

從那次以後，很多民間團體舉行集會，都要請我致詞，雖謙讓，也不成。當年我國在聯合國中為四強之一，印度政府視我為兄弟之邦，這些也是重要的原因。

㈤甘地被刺辭世後，在加城的追悼大會，是在恆河岸露天舉行。參加民衆據說有兩百萬人。籌備會是國民大會黨支部和孟加拉省各界聯合組成的，他們派員來總領館，堅持要請我致詞。我推辭不得，祇好接受了。那天除主席致詞外，尚有孟加拉省督、國大黨代表，和我。那是我畢生演講或致辭時聽衆最多的一次。我致詞完畢後，紀念會人員便把甘地骨灰撒在恆河內，然後大會結束。

㈥民國卅六年五月，我國首任駐印度大使羅家倫蒞臨加爾各答，僑界熱烈歡迎。晚間，羅大使告我，大使館一等秘書，一時無法自倫敦趕來，要調我去新德里一個月。擔任一等秘書，陪同呈遞國書。我到新德里以後，暫時也住在官邸。暑天在新德里頗熱，夜晚，大使和我都把床移到走廊就寢。大使學問淵博，入夜後，他縱論天下事，我才領悟到唯有真正「學貫中西」的人，才能遇事言之有物，侃侃而談。談中國歷史，說到我國在武則天當政時的情況，他立刻就把當時歐洲各國之政治社會情形，說來作比較。談到歐洲工業革命時期的情況，他又把當時清廷誤國，而不能急謀興革，以致樣樣落後，幾遭列強瓜分之禍等等，作詳細的分析。

在呈遞國書之日，蒙巴頓總督午宴招待時，羅大使卽席擬英文詩一首以答謝，深獲總督之讚譽與欽佩。想起羅大使的「新民族論」是抗戰時期大學生爭相閱讀的書，真是文情幷茂。

有一晚，羅大使和我談至深夜，忽見松鼠四處跳動，他立卽寫詩一首。我祇記得兩句，大意是：『唯恐毒蛇來噬我，多情松鼠護床前。』我笑着對大使說，如果毒蛇來了，這松鼠早就爬到樹頂了。大使也大笑不已。

因此我連想到，我國詩詞，一向被視為文學、藝術，而非歷史，更不是科學。我在大學期間讀「李陵答蘇武書」，曾經和老師抬槓。因為那篇文裡有：『疲兵再戰，一以當千』我說他這話太離譜，疲憊的人，再振奮些，最多以一當二，有兼人之力，何能以一當千？如果李陵向政府陳情，也用同一說法，說他兵敗有理，那自然不會獲得朝廷同情和寬恕。老師責我吹毛求疵，我始終不服。

笑談

一位全科大夫，接任了好多户頭的醫藥顧問，每次病人來診，他取費甚高，不足一小時，照一小時計算。不幸於五十八歲時逝世。

當他神遊太空時，遇到主司人間生死的神明，他便埋怨的說，祇享壽五十八歲，太不公平。神明查了生死簿後對他說：依記載他在人世間已活到八十五歲。這位大夫很激動的說：那一定是管事的把數字顛倒而產生的錯誤，大呼寃屈。

神明立卽調卷查閱，然後很嚴肅的告訴他：記載幷無錯誤，全都是根據大夫自己所開診話鐘點費計算出來的。

卅二、舉辦國民大會代表選舉風波

民國卅六年，駐加爾各答總領事館奉命辦理國民大會代表選舉，我奉派為「國民大會代表僑居國外國民第廿三區選舉事務所主席」。在籌辦之初，館內同仁和僑領們都意料到許多困難。第一，總領館人手有限，辦理選舉缺乏經驗，而選務工作，也不便請僑界人士協助。其次，選區內僑民一萬多人，百分之六十是客家人，百分之四十為廣府人，兩方均已推定頗孚衆望的人選，而依規定本區祇能選出國大代表一人，很容易使雙方由競選而對立，甚至引發不愉快事件。第三，在海外地區辦理選舉，選舉國內的民意代表，不無顧慮，萬一滋生事端，必將遭受當地政府制止。

鑒於以上情形，選舉事務所和各僑團都曾上電南京選舉事務總處，呈請增加一個名額，但奉到指示，海外各選區名額，係按僑民人數規定，無法增減。

於是，選務所祇得依規定行事：先發表公告，辦理選舉人戶口調查登記，在華文日報刊登廿日之久。公告中説明：凡年滿廿歲之國民而在所屬選區內居住滿六個月者，得享有選舉權。選舉人名冊之編造，以曾經呈報備案之戶口冊籍如華僑登記證為準。因此選舉人應在限期內攜證件向選舉事務所登記。

在限期屆滿時，收到「選舉人戶口調查登記表」六千餘件，選務所旋將全部名單公告，為期五天，以便選民作必要之更正。然後寄呈總選舉處，此後，選舉人名册不得再行更改。

至於投票之程序，投票所之設置，監選委員會之成立，咸照規定辦理，事先且曾作模擬投票兩次，效率頗高，預料在正式投票時，不致有擁擠情形發生。

選舉於十一月廿一日，在中國街一所華僑小學舉行，投票者甚為踴躍。至下午三時，雙方監選人不難看出到場投票者有六成屬客籍，支持客籍候選人李渭濱氏；四成為廣府人，支持廣府籍候選人陳林虎氏。形勢對陳氏不利，於是廣府籍僑胞多人，手持利斧，前來指責，指陳選舉不公平，應卽中止，否則將劈開選舉箱，宣佈選舉無效。

這批人所持之理由是：㈠在場有部份僑胞，領不到選票（經查均係在登記截止後始將登記表送來，未曾列入選舉人名册），㈡一部分僑胞未滿法定年齡，係當初填表時有誤，但監選人願出面擔保，選務所人員仍堅持不肯發票。（經徵詢選舉委員意見，各人看法不同，無法當場解決）㈢偏遠地區僑胞，因未訂閱華文日報，故未克辦理登記手續，現已趕到投票所，請求發票，選務所堅不同意（查：在場雙方候選人代表各執一詞，甲方主張可以從寬處理之案件，乙方堅決反對。選務所辦事人員衹得依規定處理，不予通融。）自午後三時至五時，投票所紛爭不已，使投票工作無法進行。事實上，截至下午三時止，合格選舉人之已投票者，已超過八成。而以上三類未領得選票者，合計不足百人，實不足影響選舉之結果，已至為明顯。是故當日下午前來鬧事者存心使選舉無法完成而已。於是選舉委員會當場召開緊急會議，決定暫時停止投票，票櫃加封存總領事館，將案情呈報選舉總處，俟奉指示，再行決定是否繼續投票。

當將案情電呈後，旋奉指示必須定期繼續投票，投票完畢後啓櫃清點。因此在十二月初旬，公佈繼續投票日期，至於投票地點，則改在總領事館。因實際上尚未投票者人數不多，可以當日結束。晚間在開票以前，約集各選舉委員、監選委員，與兩位候選人代表會商。代表廣府候選人陳林虎者為僑領陳炎輝，為中國街頗具聲望之人物，亦為陳林虎助選最出力者。

開會時，陳炎輝君稱，據密報在投票時，曾有人一次投下選票三百張，如然，顯有串通作弊情事，故請選務所職員先清點確實發出選票數目，並且要按選舉人清冊當衆查點。如開票後，總票數超出已發票數，即係有舞弊情事，選舉結果無效。嗣經其他出席人員追詢，是否一票之差，即視為有弊端乎？陳君在被逼詢之下，認為三五張之差，可以通融。

我旋與發票人員詳加思考，大家都認為不致於有多出五票情事。於是我向衆宣佈接受，但說明陳君所說的是票櫃內票數多於所核發票數，而不是指票櫃內票數少於實發票數的問題，因選舉人投票時，臨時不投，選務所無從知悉也。當場大家表示了解。

最後，在緊張氣氛下，先按選舉人名冊，點查已發選票票數，逐頁清點，雖屬費時，但無糾紛。因事實上是日何人曾到場領票，何人缺席，雙方大致都有了解。統計之下，先後兩次投票，共核發五、七三二張（此一數字，祇憑記憶，可能不準確）。然後啓箱點票，結果竟然也是五、七三二張。一張不多，一張不少。李渭濱氏獲六成票當選。

陳炎輝君慨然的說，這樣看來，這次選舉並無舞弊情事，我們認輸了。這場風波，就此結束，可是中國街僑胞對總領事館懷有芥蒂者甚久。

遭遇

指有些意想不到的遭遇，需要處處提防，隨機因應，抗戰勝利後，我國被譽為四強之一，我在加爾各答工作，受到印度朝野特殊的禮遇，當時在印度的那群英國殖民地任職老手，有說不出的妒意。

某次，孟加拉省副總督邀請午宴，除各國領事而外，還有當地名流，坐在我身旁的是「政治家」日報“Statesman”主筆，名史提芬斯，平時就是盛氣凌人，一副帝國主義者神氣，用餐時他問我：『中國現在是四強之一啦，會不會像羅馬帝國一樣，隨着時代的變遷，就會衰微到無影無蹤？』我料他會出點子，也略有防備，我說：『這用不着你擔心，大英帝國已垮了，英倫三島日後如果遭上一粒原子彈，便衹剩了幾堆岩石，人煙滅跡，你就不擔心麼？』說完後，我抽身退席，上前向主人致歉，並說明：那位主筆坐在我身旁使我無法下嚥。

次日，副總督機要秘書（華裔）來告：是日午餐後，副總督約那位主筆留談，好好的訓了他一頓。

卅三、替僑胞做了兩件事——解決工潮，組織聯營公司（上）

在加爾各答市及其近郊，僑胞共約一萬六仟人，其中近一萬人以製皮革維生。距加城十餘哩之塔霸地區，共有僑胞經營的皮革廠二百家，其中五十餘家擁有機器設備，僱用印度籍工人一千五百餘人。數十年來，維持原狀，沒有衰退，也無任何突破或欣欣向榮的跡象。

一九四七年五月，塔霸印度籍工人集體罷工。易言之，所有僑營工廠裡的印度籍工人，全部罷工，使工廠停工達兩個月之久。在停工期間，廠方告貸無門，瀕臨破產者為數不少。

據悉，過去也曾有過罷工情事，但經過十天半個月，便獲和解。這次情況不同。工人們已經組織工會，而且負責人顯有背景，僑界都說他們是受共產黨操縱的。經過孟加拉省勞工局調解了兩個月，迄無進展，於是廠商們便推派代表來館，請求出面調停。有人警告我，本案案情複雜，且已屆危急階段，因為一千多工人有兩個月未領工資，已經到了絕糧的境地，隨時可能鬧事，勞工局也是看問題辣手，才推開不管，總領館此時出面，等於接了一個火球到手中來。

我研究了一個星期，每天和勞資雙方作集體的和個別的會談，閱讀有關法令和資料。發現這問題的確不簡單。首先，僑商們對於罷工的觀念不甚了了，他們認為罷工是由工人發動的，因此，由於罷工而引起的雙方損失，自應由工人負責。其次，廠商們祇願循往例增加少許工資了事，至於工會方面所提的：疾病補助、交通津貼、子女教育津貼和康樂設備等等，一概不予理會。他們還指責工會：「簡直是開玩笑！」他們說：『工人的子女教育費要我們補助，我們的子女教育費，又由誰來補助呢？』再其次。大廠與小廠，態度有差異，比較富有的廠主和瀕臨破產邊緣的廠主的主張，也頗有出入。

至於工人方面，幾乎是全盤由工會掌握，我可以自由約見任何廠主，但很難和工人晤談。其次，工會負責人當中有好幾位態度激烈，言辭鋒利，他們提出的許多名堂，不是當時一般工人所能領悟的。最困難的是他們要求廠商負擔罷工期間的全部工資，並且要提前給付，以舒工人之困苦，而且責罵廠主們是剝削階級，十足的共產黨徒的口氣。

最後，我終於找到了四五個工廠的工人來會談，他們倒也不懼怕工會，但急盼早日復工，他們側重於調整工資，也希望廠方能補發一部分罷工期間的工資。他們對於各種福利，并不熱中，因為各人情況不同，有人住的遠，有人住在工廠附近，有人已有子女，有的還是單身。顯然的，這些都是工會人員的花招。但是來談的工人們也說明，在大會裡他們已授予工會全權代表他們向廠方交涉，所以他們是不便公開表示不同意見的。

我把各方意見調查清楚以後，覺得有一點是調解可能成功的重要因素：勞資雙方絕大多數希望早日復工，再拖是拖不下去了。可是，困難的是！不僅雙方立場差距大，而且都有部分有力分子，表示他們不一定接受我的主張。有人告訴我，過去勞工局在調解過程中，曾有翻案的情事，今天同意的，明天不認帳，勞方所提要求，隨時增加，永無止境。

我把這許因素仔細考慮以後，決定接受他們的請求，同意出面調停，但是調解工作，要在一次會議中完成，決沒有第二次會議。另一個條件是要選擇一個較大的場所，所有廠家，都要派人出席。勞方除工會外，也要儘可能有二三百工人出席，以示民主。

雙方同意我的條件後，我選定塔霸培梅中學大禮堂為開會地點，時間是七月廿六日下午四時。因為七月間加爾各答氣候炎熱，無法在四時以前集會。但不規定散會時間，準備將會談延至深夜。會場不備餐，出席人員自備飲料和乾糧。是日，到會者四百餘人，座無虛席。

開會之初，我說明，為求當日獲得解決，必須化繁為簡。首先詢問勞方，所提書面要求，是否已將所有要求，全部列出？如然，嗣後不得提出任何新的要求。勞方代表們經過一番商討後表示：除已開列者外，幷無其他要求。

我旋卽就勞方所提各項福利，逐條解釋。譬如，所謂交通津貼，倘獲資方同意，亦祇能核發住所與工廠間之火車或巴士月票，住工廠附近者，自不能享受。又如子女教育補助，須持同子女繳學費單據向廠方申請，無子女或子女尚未就學者自不能申請，至於疾病津貼，是指有嚴重病患住院者，憑醫院收據申請。談到康樂設備，各人興趣不同，依當時情況，最多開闢一個籃球場或羽毛球場而已，凡此種種，均不能使工人們獲得均等實益。

依我和工人們洽談結果，當前工人們普遍感到困難是沒時間去治療、休養、照顧家人和料理理私人事務。如果工人們願意放棄那些福利的要求，我建議工人們每年可享受病假兩週，事假兩週，照支工資。就工人而言，無異每年增加了四週的工資，而廠商可以作適當安排，讓工人們輪流請假，對這種無形的負擔是可以承受的。

當時，勞資雙方，均感意外，大家交頭接耳，交換意見。工人方面首先表示願意接受，廠商也就無異議而通過。

雖然主要的「工資的調整」和「罷工期間工資的給付」問題還沒有討論，可是這福利問題獲得解決以後，程序上已簡化了許多。

關於工資問題，經我調查所悉，確實偏低，我首先報告戰後印度生活必需品漲價的幅度，和皮革價格波動情形。依前者而論，勞方有理由要求提高工資百分之廿五；但依皮革價格而論，廠方最多祇能負擔百分之十五，於是我鄭重的建議，一般工人工資，一律增加百分之廿，工頭和領班等工資較高者，增加百分之十五，請雙方研議，但本人決不另提數字，不更改已提出的數字。

當時會場上一陣喧嘩，有的交頭接耳，有的四處走動，有的故意揚聲：『決不接受』。經過半小時以後，廠商代表詢問，倘資方決定接受我的建議，調解人會不會由於勞方之堅持，再度提高？我說，我的建議，決不更改。於是廠方代表表示願意接受。這時全場靜寂無聲，等候勞方的答覆。祇經過三分鐘的光景，勞工代表起立稱，工人們接受我的建議。

最後一個問題是最難解決的。對於罷工期間的工資問題，勞方書面要求是由廠方付百分之五十。廠商們認為工會方面鼓動罷工，工人們損失工資，咎由自取，如廠方同意支付，無異自行認錯，此例一開，以後工會將隨時煽動罷工。因此，多數主張一毛不拔，少數表示可給予百分之十，算是救濟。

雙方堅持不下，時已晚間八時，有人主張延至次日會商，我未同意，但雙方立場差距如此之大，我未便輕易提出一個折衷的數字，怕雙方都不接受。於是又用了半小時時間，苦口婆心，作如下的解釋。

我面對廠商們說：這『罷工期間的工資問題』一向是解決工潮時一項重要問題，在工業國家尤然，幷不涉及認錯的問題。

然後向工人們說，工業國家勞資雙方的相對形勢，與當時塔霸皮革工廠的情形，大不相同。皮革工廠廠主，與工人們併肩操作，他們算不上是資方，他們是技術工人，兼領班，兼辦採購原料和推銷成品的工作，他們所得報酬，祇比工人們的工資，略高一籌而已。如今兩個月不能開工，他們照樣的十分困窘，有的連開伙都有困難。如今尚未復工，便要他們分發罷工期間工資，有實際困難，如雙方有意和解，就應相互體諒，不能敵視對方。

我這一番「說道」，好像有點效果，於是我提出我的「三七方案」。罷工期間的工資，廠方負擔三成，分三個月發清。我接着說，在工業國家裡，工會組織健全，擁有龐大數額的公積金，在罷工期間，照顧工人們的生活，如今，皮革業工會，幷無公積金，多罷工一日，工人卽一日分文無進。這種情形，如繼續發展下去，工會的責任很大。如廠商同意本人建議，尚須告貸來支付，已屬不易，如勞方仍欲堅持在三成以上，卽表示無意和解。

其後，醞釀了一個多小時，廠方之識大體者，分向其他廠商勸說，工人方面，其急於復工者，亦紛紛向工會負責人施壓力，終於在當晚十時左右，由雙方同意接受而全部解決。

在會談結束時，由工人方面提議，在協議書上增列一款：嗣後如勞資雙方另有糾紛時，均應請總領事館出面調解。大會在掌聲中結束。對我來說，那是一幅最值得紀念的畫面！

笑談

東京地下電車，日本人稱為「地下鐵」，一向乘客擁擠，上下班時間尤甚，因此電車公司雇用了一些身強力壯的「推手」，專司推客人上車，庶車門可以及時關閉。

有一位工作能力優異的推手，因為「推客有術」，升任了東京中央區車站站長。到了乘客到達顛峰時刻，他便親自出馬，幫同「推」客。

一日傍晚，人潮湧到，站長已在月台上，突然見到四個鄉下老，每人手持大小包服，自遠處跑步衝向前來，他心想：這些土包子，還手提那麼多包服，如不出力推送，上不了車。於是，鄉下老們將要接近車門時，站長便大力的把他們連推帶托的一個一個塞進車門以內，但是塞完第三人時，車門已關閉。

站長喘了一口氣，轉身向第四人一鞠躬，抱歉的說：『祇送上了三人，你祇能搭下班車，希望這對你不致有什麼困難吧？』

這第四位鄉下老也深深的一鞠躬，說：『我的困難可大了，他們三人，見我行李多特來送我，并不要登車，要上車的，就祇是我一個人啊！』

卅四、爲僑胞做了兩件事──解決工潮，組織聯營公司（下）

工潮解決後的一年中，塔覇製革業欣欣向榮，廠商們為慶祝復工一週年，舉行歡宴，共八十席，大家開懷暢飲。席間談起一年前，人人面臨窘境，如今營業興盛，為數十年來所未有，於是有人獻議，何不「百尺竿頭，更進一步」，由二百家華人工廠，合組一聯營公司，自行銷售，辦理出口，免遭販賣商從中剝削。大家一唱百和，希望我出面領導，籌組「塔覇華僑皮業聯營公司」。

原來塔覇二百家工廠，除少數自行出口外，絕大多數將產品售予販賣商。這些販賣商資本雄厚，早已建立了皮革供應商的地位，國外採購皮革者，多逕與販賣商接頭。同時，販賣商與各廠商之間，亦有長期往來，按期到門收購，現款交易，有時且以貸款方式，預行訂購。他們消息靈通，熟習商情，如獲悉國際市價看漲，卽四出收購現貨，幷預訂期貨。遇到市場不景氣，便多方殺價。僑商又相互競爭，削價求售，據估計，每年我廠商所獲利潤，僅及販賣商獲利十之一二，僑界人士談論起來，無不痛心疾首。

過去多次籌議組織聯營公司，都是衆說紛紜，莫衷一是，這次廠商們認為我在協助他們解決工潮以後，獲得大家一致崇敬，如我出面倡導，成功的公算甚大，倘此一機會錯過，以後就永無可能。

餐後，我與一部分廠商會商，似均有衆志成城的決心。隨後與中國、交通兩行加爾各答分行負責人洽商，獲兩行同意，如籌設聯營公司計劃實現，將各投資五十萬盧比，下一步便是物色經理人選，因此一職位，不能由任何一位廠主出任，以免遭人議論。適於此時，經人介紹一位英籍商人，原先在倫敦經營皮革，二次大戰期間應徵服兵役，復員後，鑒於倫敦失業者衆多，來印度找工作，聞我僑界籌議組織皮業公司，願來應徵，相談之下，知道他戰前曾向印度進口皮革，對塔覇產品品質，頗為了解，對英倫皮革進口商聯繫，幷無困難，而對皮革國際市場，尤為熟悉，且談吐斯文，態度誠懇。我介紹他與幾位較大的工廠廠主晤談，當經一致贊成加以延聘。嗣經這位未來的經理建議，必須另物色一位技術人員為助手，專司皮革品質之鑑定與皮革之丈量，此人亦必需公正無私，庶於將來收購二百家工廠出品時，不致發生爭議。經數週之徵選，終獲一位適當人選。他是印度籍，原先亦經營皮革，戰時轉業失敗，願擔任此一職位，經數次測驗，僑商們公認他能勝任。

至此，時機似已成熟，乃召集各廠所推派代表十一人正式會商。實際上僑商們早經擬妥了公司的組織大綱，經討論後無異議通過；我擬選聘的經理協助人選，亦順利通過，旋卽辦理註冊手續，釐訂收購與銷售程序，通知各會員遵守。大致情形是：由各廠依其產製能力，認定每月可以提交之數量，經董事會核定後確定其配額。成品提交公司後，由技術部門評定品質幷予丈量，按當月之議定價格（董事會在月初議定的）收購，先付貨價七成，餘三成於銷售後付清。所應支付之貨款向中、交兩行借支，逐月結帳。公司提若干手續費，以維持一切開支。

數月之間，經營上軌道，外銷數量逐漸增加。因為塔霸全部產品，都由公司掌握，販賣商已無法插手，所以，公司討價還價的能力强，出口價格也看好。

一年間，聯營公司聲譽大增，塔霸皮業日益興旺，以往受制於販賣商的情形，全盤改觀，同僑認為十幾年來的願望終獲實現，無不額首稱慶。有添置設備擴大廠房者，向中、交兩行貸款，也有建屋購車者，生活日見改善。一週年時，公司所積存的佣金，已在百萬盧比以上。董事會曾建議贈送總領事館轎車一部，經勸阻而中止。

天下事沒有永遠是順利的。年餘以後，新的問題便不斷發生。第一，因為銷路好，貨價也看好，一家增產，家家跟進，天天有人要求增加配額，董事會無法招架。因為普遍增加配額以後，產量的增加超出了銷售量，公司倉庫堆滿存貨，資金週轉困難。如嚴格限制配額的增加，則又被指責：公司限制了廠商的自然成長，扼殺了廠商進取的願望。第二，走私的問題。當公司不能將廠商出品全部收購時，有些廠家便私自售予販賣商，販賣商轉售海外後，便直接與公司競爭。販賣商出口數量愈多，公司的銷售量愈形減少。公司并非政府，無力認真防止走私。第三，廠商們生活濶綽以後，工潮又起。

以上各項問題，雖經我出面勸說疏導，董事會認真處理，也祇能緩和一時，利之所在，走私實難禁絕。

一九四九年夏，我奉調印尼，任駐棉蘭領事館領事。不久，便聽說聯營公司業已結束。其後，有些廠商業務頗見展開，有些廠商，景況一年不如一年。有人說這是各奔前程，優勝劣敗的自然趨勢。也有人說，這是僑界不能團結，不能發揮團隊精神的不幸結果。孰是孰非，就難說了。

笑談

某銀行經理有二子，兄年十三，弟十歲。小弟在校英文不及格，經理便登報招聘一位家庭教師，替他補習，恰巧有一位船員，遭資遣，失業多時，一日三餐，都成問題，祇好大膽應徵，言定試用一星期。

頭兩天，船員老師祇教數字，從一到十，週而復始。學生樂得易學，就讓他鬼混。第三天，經理夫人忍不住了，便向老師說：『這數字不能永遠是一到十啊，總得要往上升點兒才行啦。』船員老師連聲稱「是」。隨卽，他大膽的教學生讀：「十一」、「十二」、「十三」，可是他是用中文格式自己編撰的："ten-one"、"ten-two"、"ten-three"。

小弟忽然覺得不對勁，他說：『我聽哥哥說過，這「十一」英文是e…e…e』，老師急着問：『一什麼呀？』小弟說：『eleven，不是ten-one。』

船員老師倒有點急智，他不慌不忙的說：『英文和中文一樣，有些地方，一個意思，有幾種不同的說法，都對。比如：十一、十二、十三，可以說ten-one、ten-two、ten-three，也可以說：一來溫、二來溫、三來溫的，都對。』

卅五、『投資於生產事業，訓練爲技術工人。』

一九四九年八月，我到了印尼蘇門答臘島的棉蘭市——蘇東省府所在地。

棉蘭的情形，有許多地方與加爾各答不同。加爾各答僑胞一萬餘，棉蘭有十萬。旅居印度僑胞集中在加爾各答和孟買。駐加爾各答總領事館轄內的僑胞，除加爾各答市區的一萬多人而外，散居在外地的很少。棉蘭領事館的轄區，包括蘇島的東部，差不多所有蘇東的各城鎮，都有相當數目的僑胞，整個蘇東地區，僑胞共五十萬人。

在印尼，僑教是相當發達的，蘇東一帶，僑界在校兒童有四萬五千人，佔華僑人口百分之十八。

旅居蘇島的僑胞，教育水準較高，經營的行業也廣。殷實的商人，經營橡膠、咖啡等土產出口和日用百貨的批發和零售，其次是滙兌、金店、脚踏車、西藥、旅店、餐館、咖啡零食店。還有雜貨業，幾乎各城鎮都有，可算舊式的超級市場，擧凡柴米油鹽厨房用具等均有出售。

當時，印尼正醞釀獨立，民族思想澎湃，眼見他們脫離荷蘭統治以後，對我僑界在經濟上的優越地位，必將加以限制。更可怕的，是在荷蘭人撤出以後，無知的群衆會把箭頭指向我們的僑胞。但是，當時的僑領們似乎沒有體察到這些潛在的危機。我看到有幾家做滙兌的字號，在牆壁上張貼大字廣告：「滙兌便利迅速」，就很驚訝。因為在當時，滙兌是管制的，私人經營滙兌業務，應屬黑市交易，何能大張旗鼓的做呢？僑領們說，這是因為我初到蘇島，對當地情況不甚了解，在蘇島，法令是一回事，實際經營是另一回事。

我又看到僑胞們經營的行業，集中在土產的出口以及日用物品的進口、批發和零售。誠然，這些也都是一種服務性的行業，但是容易被人指出：我僑界幷不從事生產，也無科學技能，全靠販賣謀利，形成消費者的寄生虫。

所以我在僑界的歡迎大會上，提出兩項今後發展的途徑：『投資於生產事業，訓練為技術工人』。生產事業應包括農業生產和工業製造。我當時認為印尼獨立後，新政府必將銳意推動經濟建設，而在荷蘭籍人士退出印尼以後，更將是僑界奮發有為的良好機會。當然，僑界裡不是人人有投資的能力的，所以我同時建議大家注重專業的訓練，把自己或子弟訓練成技術工人。在一個新興的國家裡，對於投資於生產事業的人，對於技術工人，最為需要，如此，我海外僑胞之經營與當地經濟發展，息息相關。從遠處看，這是避免受當地人士排斥的可靠途徑。

是日出席歡迎會者，有八十五個僑團代表，連同各界僑胞共五百餘人。對我的建議，表示接受，祇覺客觀條件不夠，訓練機構缺乏，推行不易耳。

※　※　※　※　※

我到棉蘭祇八個月，印尼便承認中共，領館隨卽關閉。當我初抵棉蘭時，已體會到情勢的迫切，所以要爭取時間積極推動僑務，與僑界建立密切關係，在是年十一月間，前往蘇東各埠視察，歷時十九天，走訪卅二埠，全程一千四百五十公里。在卅二埠中，大埠有僑胞萬人以上，最小者數百人而已。

在這卅二處，我除了出席招待會、訪晤僑賢外，曾參觀僑校卅一所、工廠廿一所（包括樹膠廠、木廠、椰油廠、捲烟製造廠、製冰廠、磚瓦廠、灰廠、製皮廠等）、難民救濟處及老人收容所十所以及農場菜園兩處。

在這次的考察中，看到許多小村鎮的僑胞，包括好幾處近乎是窮鄉僻壤的僑胞，對祖國向心力極强，對於共產黨叛亂，到處殺人放火，至為痛恨，誓言反共到底，堅決支持我政府反共國策。另一個可喜的現象是，當我走訪各埠的當地政府首長時，他們都稱讚僑胞奉公守法，與印尼人士和好相處。視察完畢後，我曾把所見所聞，連同僑胞意見和我的觀感，編成一萬餘言之視察報告一種，分送各僑團參考，以示我這次視察，幷非純形式的拜訪，而是實事求是的發掘問題和解決問題。

現將我在「視察報告」裡所提出的意見，扼要陳述如下：

一、各地僑胞經營的工業中，以製膠、木業、椰油居多。大半已具有多年歷史，管理亦屬完善、所惜者，多數限於加工，產品仍屬原料或半製品。技術亦甚單純，如將來遇有新興的一貫作業的企業相競爭，便無法招架。所以我建議要從速籌劃增購機器，擴大產製功能，以便及早奠定基礎。

二、僑胞在各地經營的農地和菜園，規模小，生產成本高。兼以資金少，對於各種農作物，未能按市場需要，作有計劃的種植。其次，彼此間極少聯絡，且多方競爭，缺乏一種僑農團體或合作社組織，共同計議。另有部分農家之土地，係日人佔領期間租借而來，倘不早謀解決，必將發生糾紛。因此，領館分發登記表，由僑農填寫，庶可彙齊後代向當地政府及地主洽商續租。

三、各地學生人數不斷增加，又以僑校經費短缺，校址亦不敷應用，有若干處，戰時遭破壞，勢須重建。最困難者為僑胞人數較少之村鎮，必須向他埠籌款，往往費時甚久，而所獲不足以開工興建，遇有人事變遷，則重建或擴大校舍之計劃，更難實現。

針對這種情況，我提兩點建議。供僑界參考：甲、在僑胞人數特小村鎮，祇辦初級小學，其肄業高級小學學生不過二三十人者，可送往鄰近大埠之高級小學就讀，每日約定巴士接送。乙、籌建校舍，宜作分期進行計劃，如某期籌款，僅敷建築二三間教室者，即先行動工營建，而無需等待全部校舍建築經費募足以後，始行動工，庶免曠日持久，終於無法進行。

四、僑校師資與教科書問題，領館願全力協助解決，但必須做好準備工作。譬如經過此次視察後發現，大致蘇東一帶缺乏中小學教員八十人。因此，領館需要了解校方規定之月薪如何，能否支付教員來蘇島之往返經費。如能夠有準確統計，領館自可代向國內徵聘。至於教科書，祇要有精確統計，亦不難向國內統一訂購。

以上各項建議，幸獲僑界支持，不久便次第實行。不幸的是印尼政府在若干年以後，禁止僑校教授中文，一律規定用印尼文，景況大異，殊堪惋惜！

笑談

一位擅長挖苦人的記者，一開口，別人便以為他在譏諷；當人們以為他是說正經話時，他卻是眞正的在挖苦人。

一日，他恭維一位已近中年的女明星說：『我稱您為明星，實在不能表達我的心意，因為您比明星更明亮，比一般小明星要大得多。』女明星說：『你是不是在挖苦我：體型肥、年齡大？還是說我比別人聰明過度，亮過了頭？』

記者說：『決無此意，在天空比星更大更明亮的是明月，古人云：「月明星稀」，您的明亮，蓋過所有的明星啊！』女明星說：『你是在譏諷我：「面如滿月」？還是警告我：「月盈則虧」？』

記者連聲說：『不是』，他進一步解釋：『把您比做明月是表示觀衆常常思念您的意思，豈不聞：望明月，思故鄉乎？』女明星說：『這還差不多。』

記者補了一句：『我思故鄉時，最念我的娘！』

卅六、看到了共產黨徒的猙獰面貌

當我離開印度時，國內局勢已相當惡化，但旅居印度的僑胞，意志堅定，始終支持政府的反共國策。可是到了印尼以後，附匪分子，甚形囂張。蘇東共有華文報四家，其中兩家是澈頭澈尾的共產黨傳聲筒，攻擊我政府，攻擊忠貞僑領，不遺餘力。我到任之初，在各僑團聯合舉行的歡迎會上，建議僑界人士：「投資於生產事業，訓練為技術工人」。附匪分子批評我的見地「特殊」，實際上是找不到可以攻擊的地方。及至我赴各埠視察，與僑界人士密切聯系，他們便立卽破口大罵起來。因為他們在各地所樹立的脆弱基礎，經過我的訪問，幾乎都瓦解了。原來附匪分子一直在宣傳，說我是一個官僚，架子大，不與民衆接近，平素祇與國民黨分子交往。後來，我訪問了卅幾埠，幾乎每一位僑領，都有和我談話的機會，幾乎每一位僑胞，都可以看到我和僑賢們交談的情形。附匪的兩家報館的謊言，至此不攻自破。

在忠貞僑賢主持下的蘇東中華僑團聯合會，擁有八十餘華僑團體，深獲一般華僑社會的支持。附匪分子無法在中華僑團聯合會內立足，便另樹旗幟，組織「華僑聯合會」相對抗。以人數論，附匪的「華僑聯合會」所能領導的僑社，不及全部的三分之一。但是他們手段毒辣，專門告洋狀，忠貞僑領如國民黨支部常委李玉書。蘇東中學附小校長張煊等人卽曾受彼等之陷害而入獄。他們發動無知青年，舉行球類比賽 而在比賽場地遍插匪旗。我初抵棉蘭時，全蘇東華僑組織的籃球隊共約卅隊，其中廿六隊參加「華僑聯合會」所舉辦的活動。

我認為情勢嚴重，乃鼓勵中華僑團聯合會舉辦循環賽，鼓勵僑校組織球隊參加，領館捐贈銀盾錦旗，我和領事館同仁及眷屬，幾乎每晚都到場，看他們練球。隨後僑賢們也來球場助興，人數日見增加，多時有三四百人圍睹。嗣後我又發起籌建看台，不數週看台建成，可容六七百人，并高架燈光，比賽自午後四時起至晚間十時，連續不停。當我在棉蘭的五年中，每年舉行循環賽兩次，錦標隊且可前往台北參加克難杯比賽，僑賢蘇君和林萬里君十分出力。在我和僑領們大力贊助之下，在第三年，我方球隊已增加到廿四隊，而附匪的「華僑聯合會」主持比賽時，祇剩四五隊而已。

後來，「華僑聯合會」也有人建議，籌款建造球場和看台。但經討論後，認為如果球場比我方的小，不如不建。如果建造規模特大的球場，球隊過少，觀衆尤其寥寥無幾，也不足以挽回面子。因此，建球場之議，無疾而終。忠貞僑報「新中華報」在評論此事時，用附匪報章常用的話譏諷對方：『形勢比人強，是勉強不來的啊！』

儘管如此，附匪報章仍然不斷的攻擊我，我曾經發表談話，予以指斥：

『一家報社，可能是以營業為目的，也可能是以宣傳思想為目的，但總有一個起碼的條件：報導要合乎事實，申論要恰切人情，才能發生領導輿論的作用。如果遇事顛倒是非，違背情理，使平靜的社會橫生風波，使敦厚的讀者習於欺詐。這樣，它不僅不能達到營業的目的，不能負起領導輿論的任務，反而貽誤社會，破壞秩序，為害之大，不可言喩。』

『本人前次在蘇東一帶視察，備受民主日報與民報之謾罵攻擊。此次實武牙之行，尚在籌劃之中，兩報又用報章罕用之詞句來攻擊。本人願於此負責聲明者，卽前次視察時，上述兩報之報導，不僅不符事實，有許多地方，絕對不是事實。兩報指本人製造分裂，為本人所最不能容忍者。本人在視察時，一切言行，均有僑胞多人共聞共睹，該兩報竟敢揑造謊言，想一手掩盡天下人耳目。』

『昨日民報，進一步攻擊本人個人行為，試問民報編者，在本人來棉蘭半年中，何時何地犯了酗酒、跳舞、招搖、賭博等罪行，如果報章要揭發的話，可以直接將本人姓名和出事地點，一一刊登出來，不必含糊其詞。』

『報章編輯人們，擁有評論為文的工具，并以評論為文為職業，如倚此為特權，無端的攻擊他人，是一種最不公平的挑釁。所謂「民主」「前進」「開明」，是要由讀者來評定的，并非全靠自我宣傳，騙人騙己，就可以膺取美名的。』

『寄語兩報編者，匪共在國內叛亂擴大，和兩報的聲價是兩回事，報章能否受人歡迎，還是要靠報導的迅速正確，立論公允精闢，和報人虛心振作才行，在廿世紀裡，就是父兄發了橫財，也對子弟的聲譽沒有多大好處！』

聲明發表以後，忠貞的新中華報評論稱：『這篇談話，對民報及民主日報的一貫亂罵作風，加以嚴厲的譴責，字字動人，讀者稱快。』標榜中立的蘇島時報也說：『這篇說話，引起僑胞們普遍的同情，街頭巷尾，都聽到不平之鳴。』

在棉蘭一段時期，是我第一次看到共產黨徒的猙獰面貌。在我視察過程中，每至一地，歡迎會上，座無虛席，他們的報導：「黨棍數人，寥寥無幾」。全場僑胞們熱烈鼓掌，他們竟然說是「不滿之聲，彌漫全場」！共產黨徒的話，豈可信乎？

笑談

有位仁兄去拆字，信手檢了一個「串」字。拆字先生笑面相迎的恭喜他，說他今後連連得中，如果是位公務員，必定是連升三級，官運亨通。張君付了錢要離去時，同來的好友王君也要拆個字，看看運氣，說時遲，那時快，他迅速的把張君所檢那個還未曾回筒的紙捲拿在手中，交給拆字先生，不用說打開來還是個「串」字，拆字先生對王君說：『快快回家，閉門三日，因為你大患臨頭啦！』王君不服，為何同一個字，便有這麼大的差別？拆字先生說：『你看，這字，無心是串，有心可是患啊！』

卅七、替僑胞做了幾件事

棉蘭的蘇東中學，是蘇門答臘島上最具規模的僑校，連附小學生共三千餘人。在一九五〇年初，印尼共和軍駐入校內，遲遲未撤讓，以致該校不能如期開學，我為此事曾走訪蘇東邦首曼蘇博士、蘇東邦文化部長、房屋管理委員會負責人及蘇東駐軍司令，先後達十次之多，獲駐軍當局首肯，在是年二月初遷出，嗣因駐在校內的七百餘官兵，缺乏運輸工具，撤離工作，未能如期進行。

二月八日，在蘇東區駐軍司令辦公室開會，出席者計有駐軍司令、房管會及領事館人員，會議費時甚久，終於決定在四天之內，全部官兵撤出蘇東中學，并將校舍交還學校當局接管。

二月廿日，蘇東中學舉行開學典禮。清晨，員生兩仟多人，陸續由大街小巷向學校大門踴入。八時正，已全部在操場排列立定，與校董們、校長、來賓共同參加開學典禮，有說不出的歡欣和振奮。他們的家長，幾個星期以來，因為學校不能開學，心情焦急，如今看到子女們又穿上制服，很活潑地拿着書包，和同學們併肩齊步地上學去，無不笑逐顏開，寬慰無限。

※　※　※　※　※

有一天，幾位進出口僑商前來領館，據稱：有三船土產——樹膠，原經海關和海上緝私隊檢查放行，但是後來又經印尼海軍以走私罪扣留，經過多次的陳情，均未獲准釋放，請求領事館出面交涉。

以往領事館很少辦理這一類的案件。樹膠是管制物資，出口均須結滙。一般提到的走私案件，並非全船偷運出口，而祇是以多報少，或將甲級產品低報為乙級報關出口，如此，則可減少結滙的數額。這一類的案件，大抵由貨主設法解決，很少呈請領事館洽辦的。所以有人向我勸告，該案必定是案情嚴重，貨主無法私下了結，如由領館出面，成功的機會，少之又少。

我首先查證，這三船貨確已經過海關和海上緝私隊查驗放行，然後再確定這三條船是在港口以外多少海里被捕的。因為海上緝私隊的船隻，大約在距海岸三海里處執行任務，既經緝私隊查驗放行後，再航行一段航程，始被印尼海軍攔截，則攔截位置，應在距海岸八至十海里以上地方。按國際公法規定，三海里以外水域屬公海，那麼，印尼海軍何能在公海上攔截貨輪而加以扣押呢？（按：在一九五〇年時，多數國家的政府仍採三海里制，包括印尼在內）。

我又連想起：我到任以後，曾兩度訪晤蘇東邦首，當曼蘇博士接見我時，均有兩位荷籍顧問陪見，并參予商談，此二人見識廣，英語流利，且對國際事務似頗熟稔。於是我擬妥英文函一件致曼蘇博士，說明：就國際法原則而言，印尼海軍無權在印尼領海以外的公海上逮捕我僑商船，除派專人將該函送往外，另以電話向二位顧問剖析本案。

不到一星期時間，接到曼蘇博士函復，謂已下令海軍當局，將三船釋放。貨主聞悉之下，大出意外，歡欣無已。這是我在外交工作崗位上第一次引用國際法交涉獲得成功的事例。

※　※　※　※　※

蘇東一帶，我國湖北省籍僑胞多人，習鑲牙業務。多年以來，印尼政府因牙醫缺乏，亦不時對鑲牙技師核發營業執照。其申請程序為：先由合格鑲牙師對學習期滿之學徒，發給成績及格文件一種，類似文憑，送由領事館加簽，然後據以向蘇東省府衛生局申請執照。

我在棉蘭留居五載，祇頭八個月任領事職務，其後四年多，領館業已奉令關閉，不便再給予加簽。但我國鑲牙師亦堅決不向匪共領館申請加簽。因此，本案懸而未決者年餘。

其後，蘇東衛生局表示，願意接受我所簽署之文件，視同中國領事，但在文件上可免註領事字樣。既有了此種諒解，我在隨後之三年中，年年核發加簽，便利我國鑲牙師申領開業執照。

卅八、奉命閉館

一九五〇年四月，印尼承認匪共政權，我領館奉命關閉。接着收到外交部來文，結算應發館內每一位同仁的薪俸和回台川資，沒有提到是否全部調部辦事。嗣又奉到部長致各同仁的一封公函，大意是：政府遷台以後，中央各部會均縮小編制，外交部僅保留職員六十人，其餘均已資遣，至於已關閉之外館同仁，如擬返台，自所歡迎，但回部辦事，暫時已無可能，結語是：今後多通音問，善自珍攝。

駐棉蘭領館同仁，一時頗感徬徨。雖然束裝返台，盤川無問題，但抵台後，各機關均在裁員之中，謀職必然困難，而在蘇島，非歐美大都市可比，謀生亦確不易。

突於此時，我想起一件事，不知如何處理。當我在加爾各答總領館任職時，陳質平總領事調任駐菲律賓公使，沈領事祖徵奉調為駐馬尼拉總領事，我奉命留館代理館務，其後不久，又奉命調任駐菲公使館二等秘書。我隨卽電外交部請示，新任總領事何時到任，我是否應於其抵任辦理移交後再行赴菲履新，抑應將館務先行交由其他同仁代理，卽行首途赴任。

外交部久久未能指復，而我赴菲旅費又已滙到。大約在一個月以後，奉指示暫緩赴任，繼續代理駐加爾各答總領事館館務。未料就這樣代理了四年之久。一九四九年八月奉調棉蘭後，因到任伊始，公務紛繁，竟未能將那筆由印度調菲川資歸還外交部，這是我的疏忽。現奉命關閉駐棉蘭領事館，而外交部又已核結至閉館為止之薪俸與回國川資，列表寄到，自應將上述調任川資事，立即呈報，庶在部方尚未將滙票寄出之前，予以扣除，以資清結。

當我擬妥電稿交譯時，館中同仁好意地來勸我說：目今領館關閉在即，同仁們已被資遣，大家形同逃難，今後如何謀生，一切在未定之中，來日之艱難，可想而知。尤以我有子女五人，另有僕從，此項川資（大約二千美元）實勿需急於退還，倘如異日情形好轉，再行歸還，似無不可。

同仁們這番心意，我非常感謝，但我詳細考慮之餘，認為我此時不歸還，於法不合。他日再行歸還，實已違法矣，我認為：愈在情況惡劣之時，愈足以考驗一個人的操守。倘我必須等待情況改善，甚至已臻巨富，始行歸還，已不足以袪除汚點矣。因此，毅然決定電部呈明經過，請求在我的薪俸中扣除。

數日內，奉部電指示，經查明屬實，該款已在我薪俸中扣除，電尾囑再行詳加檢查，是否尚有其他應行解部款項限期查明報部。我讀到最後這一段指示，覺得按「理」沒有錯，說「情」就未免有點差勁。

誰料到十八年以後，我奉派為外交部常務次長，因而使我想到，倘我當年未曾將此款及時自動呈明還部，我會在次長辦公室中，日日如坐針氈，而恐怕東窗事發也。因此，我嗣後愈行警惕，是非之間，是沒有可以含混的，更是不能猶豫不決、拖泥帶水的。

閉館之後，虞副領事慧生和我合作經營農場，直到他另就亞沙漢中學校長時為止。兩位在領館供我多年的雇員和工友，由我每月按工資半數津貼，到他們找到工作為止。

遇驚

印尼蘇門答臘島的布拉拔湖（Prapat）是遊覽勝地，和日月潭彷彿，四週圍山，湖水清涼，微風時波紋如織，無風時鏡面如畫，可是我任棉蘭領事時，動亂初定，遊客稀少。

民國三十九年暑，利用孩子們假期，全家出發，時皚如熒如倩如是十一歲九歲和六歲，樂彬和佳平四歲和兩歲。臨行時，承某僑賢相告，布拉拔湖，不比海灘，離岸數步，便是深淵，大部份水面以下有暗流，不宜游泳，每年遭滅頂者多人。

抵步後，住入一家僑胞開設的小旅舍，隨即換運動裝來湖邊，看去果然水平如鏡，湖邊停放着小木船四五隻，因無遊客，也就無人看管，看情形願遊船者，可以自行解纜，孩子們嚷着要划船。我在學生時代，經常去玄武湖泛舟，雖然久未操作，想來不致有困難。可是到了船邊，四五條全是獨木舟型，船身窄而長，船尾尖，與玄武湖的平底船大不相同，為慎重起見，囑孩子們稍待，讓我一人先下船試一試。

我左腳跨入船身，右腳向岸邊微微的一點，那船便像箭離弦一般，轉瞬已離岸十丈左右，我立即坐定，準備用槳來調轉船頭，孰知船輕如葉，我身稍偏左，船身左傾三四十度，稍右移，則又傾右，我知道不致覆舟，但那種傾斜情形，是我從未曾經歷過的，倘不留神，舟未覆人已落水。在我試圖穩住船身，緩緩的取槳時，船已離岸三十餘丈矣。

叔純望見我的船直往湖中駛去，急呼我快划回岸。旅舍老板娘問叔純：『領事會不會游泳？』叔純告訴她，在游泳池可以，從未在湖裡游過，老板娘抽身把老板找來，他跳上另一隻獨木舟，用槳向岸邊一撐，便出去一二十丈，很快趕到我的船前，用他的船身把我的船推回岸。

上岸後，老板說：如果是一隻無人小舟，一小時內可以漂出數哩之遙，回想起來，如果當初讓五個孩子先上船，不敢想像會有幾人落水，幾人生還。

卅九、綽號「仕農工商」先生（上）

閉館之日，蘇東省府派員來看我，表示歡迎我和家人及館員繼續在棉蘭居留，僑胞們更是熱忱的前來慰問，數日間絡繹不絕。

閉館的前後數日，忙於結束館務，寄運文件，處理館產，安排了幾位雇用人員的工作，並發表告僑胞書，說明今後僑界旅居應辦手續及方法，籲請全僑繼續保持愛國熱忱，支援政府，爭取最後勝利。

閉館後，我的計劃是暫時留在印尼一段期間，俟有適當機會再行返國。在這一段期間裡，我早有一個決定——辦一個小型農場。原因是：我一向認為，寄居海外，以從事生產事業為宜，而當時印尼在獨立之初，工商業管理條例和辦法，都不曾步入正軌，傳言經商者生財之道，是走私和逃稅。這說法固未可盡信，但是值得顧慮的是，一旦經商，便難以避免他人造謠中傷，而棉蘭的附匪報章，一向是無中生有，「造謠中傷」是它們最擅長的。

後來，我終於在「民禮」地方，向僑賢吳賜合君租到果園一處，有紅毛丹（似荔枝）樹數十棵，果園盡頭有小溪流水，略加擴大，便成池塘。我投資兩千美元，友人劉廣秋君投資二百元，並邀請虞慧生兄管理。在園地中央建「田」字形木屋一棟為管理室，飼養鴨一千隻，雞三百隻，猪四十頭，一個月內，規模初具。

三個月後，雞鴨都已長大，猪亦肥壯，我每週帶家人去看一次，無異郊遊。在那幾個月中，我以百分之九十時間辦理僑務，出席僑界會議，擔任黨部常委，赴僑校講演，替僑胞證婚，有時到球場發獎品，有時為僑團排難解紛，在出席重要僑界集會時，車上還懸掛國旗，進出會場，一如早先任領事時情況。

再過兩月，農場步入黃金時代，因為我們用海邊出產的蛤蜊為飼料，所以鴨子的羽毛豐滿，顏色潤麗，產蛋量亦高。好多同僑養鴨人家都紛紛前來參觀。但是好景不常，突然在夜間有蟒蛇突襲鴨棚，整夜雞飛鴨跳。一連幾夜，鴨子受驚，停止生蛋。數日後，一隻長約一丈餘的蟒蛇終於被園丁擊斃。接着三百頭雞患感冒，當地衛生局派人來，免費打預防針。不數日，死去了兩百五十隻。再過兩三個月，鴨子產蛋量顯然在逐漸遞減。據有經驗的人告訴我們，此時如再投一點資金，以較好較多飼料餵養，產量可以恢復七成，但是蛋的價款亦祇能抵償飼料費用，再以後，就非變賣不可了。所以到一年快結束時，祇好先後把鴨子和猪都賣掉，應付開銷。

至於紅毛丹芒果和香蕉及其他果實，成熟時就送水果行。給價雖低，祇好忍痛賣掉，可是水果行都很精，他們祇檢最中看的和八成熟的才要，退回來一半。後來，我們覺得划不來，乾脆作人情，分送友人。農場週年時，適巧慧生兄應聘亞沙漢中學校長，農場就此結束，我的二千元泡湯，廣秋兄亦跟着我賠了一點。

※　※　※　※　※

果園地主吳君早就告訴過我，在民禮地方，四週皆是鄉村，農民辛勞終日，亦僅能勉強維持生活，照我那種做法，從蓋房子起，就註定要虧本了。他自己雖有果樹，並未大力經營，原因在此。他實際上是靠一座磚廠維持生計，在戰後初期，建築業發達，磚廠生意看好。他知道我和好幾位荷蘭園坵總經理交遊，他說如果我能在園坵裡情商得一塊土地，他願與我合作，并負責管理和推銷。他分析給我聽，設磚廠最難的是土地，因為長期挖掘以後，凸凹不平，便不能派用場，地主只會出售，無人願意出租的，如果情商租賃，不須付地價，就等於無本生利了。

我認識不少荷籍園坵主管人員，其中有一位於草園坵經理，是我固定的橋牌搭擋。每週相聚一次至二次。輪流在家中打橋牌，有時亦同到橋牌俱樂部去玩玩。有一晚散局後，我和他提到這事件，他認為我是說着玩的。後來我告訴他我確有開磚廠的計劃，他約我次日帶同吳君同去園坵一行。

次日，他駕車約我們與他同乘，到了他的園坵地界時，他指給我們，從此處起，便是園坵邊境，然後車行廿分鐘，才到大門，可見園坵基地之大。到了辦公室以後，他找了一位工頭，領着吳君去看土壤品質。他說，如果中意的話，我們可以任意的圈，要多大都行。吳君去了半小時回來，回答說土質很合用，他又用國語對我耳語：『遍地黃金』。就這樣我們圈了一大塊地，年租十盾，等於當時新台幣十元。

一個半月，吳君率領工人，把地平了，也用碎石開了一條路，供卡車進出之用，蓋了四個工作篷，磚窯一座，宿舍一排，就這樣便開工了。我的投資又是二千美元。第一筆二千美元在農場賠掉，這二千美元支出後，還剩最後一筆二千美元，那是我僅有的財產。叔純很擔心，我安慰她，這二千美元決不動用，如果磚窯再虧，我就去作中學教員。

時來運轉，磚窯一開始出產，家裡就電話不停，都是來訂磚的。原先市價是二角六分一塊，我看營造商購磚心切，我就要價三角成交。接着吳君趕來我家，他說，我該「迎風漲」啊。原來一夜之間，市價已漲到三角三分了。我們每月出廿五萬塊磚，看來獲利不薄。

做生意沒有一直保持一帆風順的。不久，出了毛病。根據記載，一個月出產廿五萬磚，但是客戶提貨到廿三萬磚時，已無餘磚了。我們一再質問工頭，他終於承認：有走漏。不過并非全部兩萬磚都是走漏，一部分是工人用去舖宿舍的泥土地，一部分是碎磚。於是我和吳君商妥一面提高工資，一面加强管理：印製一種五聯單。按㈠挑土，㈡製胚磚，㈢進窯，㈣出窯，㈤上車。交由工頭作詳細的登記，這樣一來，「走漏」算是堵住了。

入春後，很多工人病倒，有的是患瘧疾，多數是脚部破傷發炎。我就憑一點醫藥常識，買了奎寧丸、消炎片、消炎藥膏、消毒藥水和棉花綳帶等，替他們治病。這些工人從來沒吃過藥，正因如此，藥的效力特强。有許多人脚上紅腫發炎。我替他洗滌消毒後，敷上油膏，再囑他們按時吃消炎片，一天一夜便起來做工了。患瘧疾的也不過兩天就痊癒。後來有眼疾的，我就送他一瓶眼藥水，瀉肚的給他止瀉特效藥。這以後，在工人們眼中，我是醫生，而不是老板，有一天，工頭跑到我家來，氣都喘不過來，說他妻子有病，要我去看看。我問他病情，他好像難以啓齒。最後，被我逼不過，他才告訴我：「要生產了」。我家人聽了後，個個笑得人仰馬翻。後來，我替他雇車送產科醫院，平安的生個男孩。

生意一直不錯，但叔純并不開心。因為營造商打電話來時，叔純去接，對方就問：『你是老板娘麼？』做磚廠生意也有季節性的，到了雨季，問題就多了。首先，雨季裡建築進度緩，營造商不願意有太多的磚堆在工地上，所以磚的銷路受影響。其次，連日陰雨，磚廠裡會淹水，工作不便，同時胚磚不易乾，不能入窰。最頭痛的是，窰的附近和卡車道兩旁堆滿了磚以後，出窰的磚便要送到二三十碼以外地方堆放，這種靠氣力的工作，挑送得遠，工人便要求增加工資。

我雖然不了解這些，吳君是知道的。但是他說，不能因為雨季將來臨，便叫工人停工。何況，雖在雨季裡，到底何日落雨，何日放晴，無法預知，有時天旱，雨季裡竟然一兩個月沒有雨。有一次，老天爺竟然一連下了一個月雨，我在書房裡來往踱步，飲食無心。

縱然如此，景況遠比農場好。不僅可以糊口，而且稍有積蓄。因此，我又與人合夥做一點進出口，此是後話，暫且不提。

磚廠發放工資是半月一次，一月兩次。磚廠距城十餘公里，不算遠。因為吳君不會駕車，通常都是我駕車與吳君同往。磚廠建立第二年，治安愈來愈差。匪徒常常在公路上放置樹幹，汽車不能通過時，他們一擁而上，洗刼一空。最糟的是他們搶刼以後還要殺人滅口。他們如果知道我們發糧的日期，更不難在途中等待。因此之故，我們不得不和工人們說明，嗣後發糧改為不定期，或早或晚。雖然如此，吳君和我都是提心吊膽，如果我們回家晚一點，家人尤為心焦。

磚廠進入第三年時，客戶增多，積欠也不少。營造商永遠是缺頭寸的，吳君收不到的，想我出面，這倒叫我為難。營造商頭寸短缺時，十九避不見面，如果去他住處，室內室外坐滿了等着要錢的人。最後祇好慎選客戶，其次，分批交貨。前一批未付清貨款，後一批就不交貨，最多任他拖欠一批貨的貨款。

直到我決定回台灣時，我和吳君分帳，我送他數目可觀的營造商的積欠，言明：他以後能追回多少，全歸他，我無意分享。

笑談

不知何年何月，某國國王與王后為了國慶大典，在皇宮大開筵席，王公貴族軍政首長數百人應邀參加，濟濟一堂。餐後，某公爵卽席起立發言，細述慶典意義，但公爵年事已高，聲音低沉，口齒不清，又說得沒完沒了，人人都表顯得不耐煩。國王也有同感，回首望着侍衛，以目示意，侍衛抽身繞至公爵身後作耳語，公爵立卽停止發言，慌忙坐下。

宴會後，人人都爭着問這位侍衛，究竟如何說服了公爵，使他終止發言。侍衛說：『我騙了他，我說：公爵，你褲上的拉鍊張開了！』

四十、綽號「仕農工商」先生（下）

磚廠業務順利開展之後，我就做了兩筆汽車零件進口。訂貨是靠一位汽車零件行老板的指點，銷售也寄託在他店鋪裡代辦，利潤不錯。這位汽車零件商替我代銷，并不抽取佣金，但是要借用我的資金。實際情況是每一批貨物零星出售，不可能幾十項都在一定限期內賣完，他就此拖延結帳，因為他永遠是頭寸不夠。後來有一筆款他壓了很久，實在過意不去，就把他經營的道奇轎車作價讓一部給我，也算我運氣好，他手上的道奇車十餘輛滯銷，他讓給我的一輛，我轉手就賣出，獲利百分之廿。

我一共祇做了兩筆零件生意，三藩市一家出口商，就屬意我這小小字號做他們的蘇島東部的總代理，原因是我寫的英文函件，它們全懂。我開去的訂貨單，不會有錯，它們不需來往函電查詢。

通常採購一批零件，少則三五十個項目，多則一百以上。所以一個訂單，有時長達四五頁之多。訂單上每一項都要事先依照供應廠家的目錄，查出這零件的特定號碼和單價，然後在訂單上列出：㈠零件號碼，㈡零件名稱，㈢車輛類型及年代，㈣單價，㈤採購數量，㈥總價。每一項都不能有錯。所以編製和繕打一件訂單，必須仔細核對，否則，三番兩次函電往返，就把運貨期延後，如果同業中其他零件商，每次貨都比你早到，你的營業就無法維持了。

我很幸運地能寫英文函件，把要訂的貨敘述得很清楚。同時，我大學讀的數學物理，也派上一點用場，核對數字，不致有錯。做了總代理之後，每季由總公司計算佣金，凡是在規定區域以內的交易，我都享受佣金，數額并不大，可是沒有風險。不過，自接任總代理以後，我自己便不能再做零件進口生意。因為區域內廿餘家進口商的訂單，遇有金山公司不了解的地方，我就要去查對，弄清楚。

通常，美國各汽車零件公司的目錄和價目表，都是厚厚的像電話簿一樣，字又小。為查對一項訂單，要翻閱好多本目錄，用眼力之處頗多，我就是在這兩年裡，開始要帶眼鏡閱讀的。

雖然我經營磚廠的同時，又做美國汽車零件出口商的代理，工作并不忙，所以隨時留意新的機會，有一天在大街上，一家脚踏車行的廚窗裡，陳列着一輛最新型脚踏車，標價一千零六十盾（在一九五三年，每盾合新台幣一元。）我立卽寫信到荷蘭問CIF價格，回信說是六百二十五盾。我認為這利潤相當好，立刻開信用狀，訂購一千輛（確數已忘記，這是一個假定的數目）。

貨到後，進倉時，有一位僑領來訪，他說他知道我進了一千輛脚踏車，他願意全部買過去，給價六二五盾。我說，那我不是要賠本麼？他說，能收回成本就不錯，因為不賣給他，別人不會要，結果資金愈陷得久，賠本也愈多。

這當然談不成，不過說也奇怪，我後來問了幾家車行，人人都表示沒有興趣，我再加打聽，才知道所有蘇東的脚踏車行，都是一個大家族在經營。所以一家不要，便家家不要了。

如此我納悶了好幾天，最後才弄清楚。脚踏車的銷路是：㈠一般零售，沒有門市部就沒法辦。㈡園坵，因為園坵地方大，工頭們監工要乘車巡視。我於是擬了一封廣告式函件，說明車的牌名，全新，配件齊全，全部裝配好（訂購的貨全部散裝，但裝配工資僅廿五盾），每輛八百廿五盾，可以先送貨到買主指定地點，認為滿意後付款，一共發了約一百份。

第一個星期，來訂貨者三五處，每處一二十輛。大致各園坵之間是互通消息的。知道貨品好而價廉，隨後訂購者愈來愈多。很快的賣了七百輛。可是，隨後突然中止了。大約在進貨的三個月之後，這位僑領又來訪，他說：『恭喜你，你竟然賣出了七百輛，所餘三百輛是決無法賣出的了。』他說明蘇東一帶，各園坵每年銷售量不過千餘輛，到當時為止，我的七百輛和其他進口商的銷售，差不多已飽和，我的存貨，衹有等下年度再說。如果我急需結清的話，他願以七二五盾之價，全部買去。

我問他為何如此好心腸，替我着想。他說，非也。然後他解釋給我聽，脚踏車本是個小生意，零售的利潤自然要高一點，這一次我突然闖進來，用八二五元價格出售，已經把市價壓低，如果我急於把剩餘的三百輛脱手，怕我再降低價格，在我是無所謂，反正是客串性質，但他們的同業就受害不小。所以他來收購，目的在阻止我跌價。

我看他所說的頗有道理，也很乾脆的全部賣給他。成交時，他還說：『拜託，拜託！今後如有餘資，拜託換一門去求發展了，不要再辦單車吧！』

可見，做小生意也不簡單，門門有人做，行行有競爭，要轉行業，倒也不容易。

一九五五年，我離開印尼，僑胞們歡送我時，他們稱讚我，不僅是一個良好的父母官，而且還會「他們所擅長的」——做生意，尤其是門門走得通，堪稱全才，因此送了我一個綽號：「仕農工商」先生。

笑談

東歐某共產國家元首，鎮壓反共活動，殺戮自由鬥士，殘酷無比，老百姓恨之入骨。

一日，他乘專機視察京都近郊，當專機卽將飛臨他家鄉上空時，命駕駛員減速低飛，同時自懷中取出一張一萬盧布的大鈔，經沉思後，按鈴召喚侍者。

凱沙琳空中小姐立卽入艙，敬禮後請示：『元首同志，有何吩咐？』元首說：『我需要一盧布的鈔票一萬張，請你替我兌換。』凱沙琳說：『元首同志，專機上的烟、酒和食品，都是為您準備的，不需付費的。』

元首說：『你不知道這內中情由。飛機很快就要飛臨我家鄉上空，我如將手中的大鈔拋出窗外，祗有拾得者一人歡樂，如果換成一萬張小鈔，拋出窗外，不就可以使萬人歡樂麼？』

凱沙琳說：『我有一個想法，可使舉國歡騰。』元首說：『你說說看。』凱沙琳揚聲說：『元首同志，把您自己拋出窗外就成！』

四一、同少將祕書

一九五四年，我返台一行，看看有沒有工作機會，在這以前，和老友們通信，他們都很驚訝地說：『聽說你在南洋生意做得很好呀，為什麼要回來呢？』我對這些答覆，十分的不滿意，所以決定先一個人回來看看。

到台北以後，承蒙僑務委員會鄭委員長彥棻、中央第三組副主任董世芳陳雲先生盛意接待。他們對於我在印度和印尼十年間所做的僑務和海外黨務工作，了解得遠比外交部的長官們清楚。他們邀請我住僑園，出席好幾次會報，因而使我感覺到：僑委會和三組變成了我回國後的娘家，而外交部卻不認我了。

事隔十年，外交部人事變動很大，一時也想不起有什麼熟識的人要去走訪；而我已是被資遣了四年多的外交人員，想了一想，不去也罷。所以那一次返國兩週，我沒有進過外交部的大門。

這時老友易德明兄已退役，住在信義路三段五十六巷（在現在的國際學舍附近。）我從僑園去看他，要搭公共汽車到台北車站，再雇人力車前往。在一九五四年，信義路三段全是水田，坐在人力車上，又逢淒風細雨，油布蓬蓋得密密的，我在內面打盹兩三次，還沒有到，我問車夫是否弄錯了方向，為何走到這曠野荒郊來。他說，不會錯的。結果一共走了半個小時以上才到，車夫混身透濕，我付了加倍的車資。

和德明兄談了幾個小時，並且在他那裡留宿一宵，次日，他介紹我去看戰略顧問委員會辦公室主任韓文源將軍。傾談之下，頗有相見恨晚之感。他隨卽帶我去晉見戰略顧問委員會主任委員何敬公。敬公是我最崇敬的黨國元勳，他勸我及早接眷回國，要正式聘我在戰略顧問委員會任秘書。

我當時還要回到棉蘭結束業務，所以，三四個月以後才接眷返台，就任總統府戰略顧問委員會的同少將秘書職務。

在顧問委員會供職約六個月的期間，獲緣與顧墨三將軍和其他多位軍事將領相識，時間雖短，獲益良多，精神上深感愉快。

平素参加會內的研討會，我也曾做過兩次報告，但是在那個時期，適逢世界道德重整會派員來台，商談關於重整會來台公演的事。敬公主持這件事，所以我也就跟着忙了起來。

道德重整會所提倡的要絕對誠實，誠懇，……等，無可厚非，實際上與我國先賢所教誨世人的，不謀而合；祇是他們祈禱求神指示一點，完全是沿襲基督教會，宗教色彩濃厚。

記得有一次，一位布克曼博士（世界道德重整會的發起人）的代表來晉見敬公，邀請敬公於次年到美國出席道德重整會年會。敬公告以因公務羈身，屆時能否出國赴會，難以預知。這位代表聆悉之餘，抽身外出。據衞士告稱，他在院內，時而仰天祝禱，時而俯首靜思。十分鐘後，欣然回座。他說，適間向上帝禱祝并請求指示，上帝用堅定語氣告訴他，何將軍下年絕對會如期赴會。在座人員，覺得莫測高深，當然也未便追問。

翌年，敬公確是參加了那次大會。但是這位仁兄竟在一年前，便已預獲上帝指示，我還是不敢相信。

遇驚

離開印尼十幾年以後，應邀去椰加達訪問，宿印尼石油公司招待所。第一天，我們晚宴歸來，時已近午夜，李科長（後來升任大使）南興和吳秘書（後來升副處長）子丹回房休息，但我覺得有沐浴需要，入浴室打開熱水龍頭，祇見溫度很高的蒸汽沖出，頃刻間，浴室內充滿蒸汽，幾乎伸手不見五指，我立卽摸到龍頭，把它緊緊關閉，這一摸，我的手指全都起泡，我猜想龍頭的溫度在攝氏一百度以上。

我想這必然是熱水爐出了問題。煤氣應熄未熄，和自來水管（通熱水爐的）應開未開，如不設法通知管事的人，全樓水管爆炸，會造成火災的。我約了南興兄下樓，在黑暗中摸索，前往靠近大門的管事人員辦公室，當我們正擬步入時，忽見兩個人影從地面躍起，我們嚇得倒退了十幾步，心想「眞的禍不單行，又遇到盜賊！」

一剎那間，電火明亮，原來是兩個工友，睡在辦公室的，定了一會神後，不知如何啓齒，工友不會說英語，我的印尼話經過十幾年也忘光了。急中忽然開了竅，我記起水叫艾爾（Ire），熱叫班乃司（Banas），「很」或「十分」叫班央（Banyan），於是我作手式，在打開水龍頭模樣，口中連聲說：『水，熱，很熱，很熱。』

這兩位工友居然聽懂了，兩人交談了數語，便匆忙取了梯子，走入天井中扒上鋼架所支持的一個大水爐旁。他們叫我們退至屋內，我看到一個工友似乎在關閉煤氣，打開自來水管（通入熱水爐的），另一工友帶着手套打開熱水管，頓時蒸汽直衝地面，剎剎作聲，大約十分鐘後，才見滾水冒出來。事後，兩位工友對我們說了好多話，我祇聽懂他說的：「可怕」和「謝謝」兩個字。事後想來，好險！

四二、離開印尼時的一個驚險場面

一九五四年底，由台返回印尼：準備結束業務，攜眷返國。忽於此時，一家印尼文日報首頁刊登消息一段，大字標題：『關於國民黨地下領事蔡〇〇』，內容倒沒有攻擊我，祇指出何以中印已無邦交，我還可以居留在棉蘭，儼然是繼續在擔任領事的氣派。我猜想這祇是開始，以後還有文章。於是我不得不加速摒當行裝，及早離開。

我每次旅行，對我自己的行李，一向很細心地檢查，看看有沒有不合規定的物品，以免臨時遭海關留難。卽令我持用外交護照時亦然，因為當地政府對外交官的行李免驗是一種禮遇，而外交官本人則和老百姓一樣是要守法的。

我從重慶到印度，祇有皮箱一口，很簡單。從印度調到印尼，五口之家，有八件行李。自印尼返國，因係乘船，而子女也都長大，一共有廿六件行李。我照例在沒有加鎖之前，把每件行李內的衣物，仔細看過，然後一一登記在清單上。這次離開印尼時，亦復如此。

後來，在身上取出皮夾，猛然間發現裡面有旅行支票一小册，美金二千元，這是我離開印度前在加爾各答銀行換購的，後來一直沒有用。

印尼是實施外滙管制的，固然這旅行支票是決無問題的，但印尼海關職員，是否了解這些，卻不敢說。我就想早點把這個問題解決，臨行時才不致有所顧慮。

我請了一位好友來，他是做大生意的，平時來往新加坡，每月數次。他到我家後，聽說是為了這二千元旅行支票而煩心，笑得連口都合不攏來。他說：『別怕，你交給我好了，那天，我來送行，等你登輪後，我送到你客艙來！』我說：『不行，我的目的是要求個「心安」，因為那天上船時，可能有一兩百人來送行，如果為這事使我心中牽掛，我會無心和朋友道別的。』

他看我如此固執，便說：『好，為了使你安心，我照你意思做，其實，這是多餘的。』結果，他在第二天便把我的旅行支票托人帶到了新加坡。當時，我猜，他一定心裡在想：我是「小心過度」。

到了成行之日，先由同事們把廿六件行李送往碼頭。說定辦完手續後，約四時左右，回來接我們全家去登輪。結果，到了午後五時，才看他們很狼狽地回來，汗衫盡濕，滿面灰塵，手上都貼了膠布，似乎曾大打出手一場，敗陣而歸的樣子。據告：當日海關人員態度大變，廿六箱件件打開，翻箱倒籠，好像是在尋找寶貝一般。他們回來時行李還沒有過關，海關當局要等我們全家去了以後再說。他們都怕要發生事端，海關顯然是在找麻煩。

我安慰了他們，要他們梳洗一番，然後一道兒去碼頭。我們到時，僑胞二三百人，都在表示憤憤不平。海關人員表面上請我們全家去接待室，事實上是關在兩間檢查室，作全身檢查，連皮鞋都取下受檢。前後一個小時，海關人員失望地放我們出來，接着有安全單位主管到來，印尼軍警都向他敬禮，這位主管劈頭便問海關負責人：『東西搜到了沒有？』架子挺大，神氣十足。海關負責人答話：『什麼都沒有。』安全單位人員說：『再搜？』就這樣，我們全家又送進檢查室，結果還是一無所獲。這時，僑領們看到一再檢查而又「一無所獲」，便理直氣壯起來，大聲抗議，一唱百和，頓時空氣緊張，同僑大有動武之勢。後來，幾位僑領走出來，一面壓制住僑衆，一面當衆向海關人員質詢：何以如此無理。

那位原先很神氣的安全主管，走了出來，先向我和我的家人敬禮，然後和僑領握手，宣佈說，此次係接獲傾左的華僑聯合會密報，說我這次離境，『隨身攜帶美金十萬元現款。意圖走私。華僑聯合會并且以現金五萬盾為保證，如果查不出美鈔，願將五萬盾充公，現在既然已知對方誣告，一定要把他們拿辦，同時向領事和在場的僑胞們道歉。』

正當此時，我們所要搭乘的荷蘭船的船長和四五位職員，着整齊的制服，走下浮梯，向我道賀，并表歡迎。他說他看到我們所受的虛驚，表示同情，看我的行李雖經一而再檢查，也都放行，為我高興。在甲板上已預備好了香檳，替我們慶祝，所有來送我的人，也都歡迎參加。

我表示了謝意，也邀請大家一同登輪，氣氛為之一變。在酒會中，僑領們表示這次領事受辱，大家不能為助，很是遺憾，但是對方找不到任何可以用為藉口的物品，就是我們的光榮，今後要大家齊心，誓雪此恨。

過了十多年，蘇卡諾倒台，蘇哈托總統執政，棉蘭華僑聯合會的一夥，幾乎全部都鋃鐺入獄，可是並非為了這次告洋狀而被捕。

酒會將結束時，我那位做大買賣的朋友上船來，狀甚狼狽，好像鬥敗的公雞一樣。他說，他平日進出海關，登輪送客，猶如走大路一般，可是這次，不僅被擋駕，而且遭搜身，實在不能了解，我隨即把已發生的事，詳細告訴了他。他於是長嘆一聲說：『這次要不是你有先見之明，那就糟了，因為卽令是二千元美金旅行支票，他們照樣可以指我違法，加以沒收，而匪報也可以造謠說是十萬八萬的走私！』

依照這次的經驗，我愈信：在亂世，凡事要作最壞的打算，做最安全的安排！

遭遇

我從印尼搭船返國，路過新加坡，友人來接請我上岸一遊。因為祇停留數小時，所以我和家人登岸時什麼也沒帶，我只提一小型文件袋，裡面是護照、船票而已。

移民局海關都放行，祇是碼頭上還有一個英藉崗警，要看護照，看完後，口中還唸唸有詞的說：『原來還是外交護照啊！可以上岸。』同時，他那一雙老鼠眼，直看着我的文件袋，表示有點遲疑，他要看看，我說：『海關都已放行，你還要查什麼？』他吞吞吐吐的說：『這裡面會不會有……鴉片？』我當時怒髮衝冠，大吼一聲：『你說什麼？』那一吼把他嚇退了兩步，四面八方的人都起驚的跑出來看，他很快的改口說：『先生，請。』"Sir, Please！"

四三、外號「老實人」

從印尼返台，在香港換太古輪船公司的船到了基隆。孩子們都很興奮，遠遠看見陳領事以源兄和陳太太在碼頭上揮手，他們樂極了。

下岸時，海關人員來問我，是否行李有廿六件之多。他說船上乘客幷不多，可是我這廿六件，檢查起來，要費相當時間。他接着問我，行李裡有無需要納稅的東西，我立卽在身邊把清單取出來，他看到第十箱時，清單上說明西服料三件，女旗袍料二件，我對他說，這兩項恐怕要完稅。後來在海關內把我的行李找出來，排了一長條，他取出編號第十箱的，打開來，果然有三件西服料，兩件旗袍料，然後他繼續按我的清單，查看箱內其他衣物上全無差錯。他抬起頭來對我說：『老兄做事真細心啊！』說完後，揮手示意搬運伕，全部免查放行。

到碼頭去接我們的朋友，從城內到基隆，在當時也算是長途跋跡。他們心想，我全家行李的查驗，恐怕至少要兩三小時，結果我們在半小時以內，手續全辦妥了，大家都興高彩烈的伴同我們回到台北。

第二天，我又去基隆提取當作貨運的行李——氷箱一台，自行車一架，打字機一台，都是朋友們告訴我們要在香港買妥帶回台北的，因為當時國內不容易買得到，或則價錢奇貴。我步入海關以後，發現又是昨天的檢查員，我想也許他是領班。他首先問我：『這冰箱是新的還是舊的？』我說：『是新的』。他又問：『幾成新？』我說：『十成』。他停了一下，接着又問：『自行車和打字機是幾成新？』我說：『都是十成』他隨卽把手中的原子筆放下，身子向椅背靠定，然後問我：『你知不知道：這十成新的東西，抽稅相當高啊，比八成九成要高得多！』我說：『它們原是十成新，我得照實說呀！』我接着解釋：『我在國外任領事，每年僑胞返國慶祝國慶，我都勸告他們，如果帶了應納稅物來台，都應該申報，依規定納稅，我自己回祖國，焉有不據實申報之理？』

他深深的嘆了一口氣說：『很少遇到像你這樣的「老實人」』。我付了稅款向他告別時，他手撫我肩頭說：『老實人，再見！』

我那次返台，在外交部工作兩年多，然後外放火奴魯魯（夏威夷）。歷時三年餘奉調返國。外交部庶務科長端木冠華到機旁相接，冠華兄與我是老同事，也曾經在駐火奴魯魯總領館任領事兩年，他祇比我早一年奉調回部。他表示歉意地說：『我向海關檢查組領班商量，此次總領事返國，請他給予禮遇，行李免驗放行，他不答應。』我說：『外交官在國外享有禮遇，回國後，便和老百姓一般，行李要檢查是應該的。』

說話間，我們已走到海關內，端木科長引我走到檢查櫃台的盡頭，有一位海關人員坐在辦公桌上作書寫狀。端木兄說：『這位就是蔡總領事。』那位海關人員好似正聚精會神地寫，頭也不抬，也不答腔，埋着頭把右手伸出，意思是要我們把護照和申請表交給他。他取了文件以後，繼續寫完了他要寫的東西，然後徐徐翻開我的護照，他突然間起立，看着我說：『老實人，你又回來了。』我就告訴他前次是從印尼回來，此番是從夏威夷奉調回國，他也告訴我他已經從基隆調到松山機場來了。說着，他便告訴端木，行李免驗放行。

出了海關以後，端木兄說他簡直摸不清楚，他從來不知道我有個外號：「老實人」。

這也真湊巧，我到現在也不知道他的姓名，祇記得他身材略短，微胖，方形面孔，說的是普通話，沒有任何特徵，但是多少年來，我一直記得他——記得我有這麼一位「知己」。

從此，我愈深信人人都應該：老老實實的做事，堂堂正正的作人。

四四、銓敘是一門專門學問

一九五四年，全家回到台北，經崔昌政兄熱心協助，在北投外交部宿舍附近，買了一所住宅。孩子們大一點的上一女中，小的在北投上小學，算是安頓妥當，我每天要搭乘公共汽車去總統府上班。

有一天，我走訪沈次長昌煥，他告訴我外交部的人事經費已鬆動了些，同時應付日愈繁劇的工作，也需要增加人手，不過當時葉部長出國開會，囑我暫在戰略顧問委員會工作一個時期，俟機安排回部。

數月後，沈次長處有消息來，我回部有望。同時在戰略顧問委員會那邊，因為道德重整會「永恒之島」的演出完畢，我的工作也算告一段落。幸獲何敬公諒解，核准我的辭職。外交部方面，因為限於我的資歷，祇能派我為荐任一級專員，怎麼？十二年以後，還是荐任一級專員？大家都鼓勵我去人事處查問查問。我一向對於考績、職位的升遷和調動等，從未向長官表示意見，我覺得為這些事而爭論，未免太俗氣了。而且在我復職的當天，沈次長曾召見我，對我說，這次回到部裡工作，在職位上也許委屈了一點，但是安排在條約司工作，也是經過一番思考的；他接著說，希望我忍耐一點，安心工作，憑能力和工作表現，一定有升遷機會的。

沈次長所說「經過一番思考才決定把我分派在條約司工作」一點的原委是：當時條約司司長

薛毓麒是部內很倚重的司長，而且一九三九年我在中央政治學校授課時，薛司長是我所教授「遠東國際政治」班上傑出的學生，派我在薛司長那邊工作，或許不至受到委屈，沈次長這種用心，我十分感激。

我到條約司工作，分派在第一科，鄔雲亭兄任科長。由於薛司長曾向司內同仁透露我早年的經歷和在政校授課的往事，司內同仁對我十分客氣，工作甚感愉快。因此，我始終沒有到人事處，就我的銓敘問題去查問過。

三個月後，巧遇人事處同仁在閒談中表示，他們也覺得我的銓敘問題情況特殊，歡迎我去談談。我見到了人事處主管科經辦科員，他非常熱心的把卷宗找出來，就我的學經歷逐項思考，最後，他很謙虛的告訴我：論情，我在十二年前就是荐任一級，此番回部仍然是荐任一級，確實受委屈；但依條例，我無法敘到簡任。他建議我去銓敘部找人參商一番。

我很感謝他。好多同事們往往對人事處同仁誤解，自己在銓敘方面，升遷方面，不如意，總說是人事處在為難。這是不公平的。因為人事處同仁，照樣是外交特考及格的，並不是人事行政專家，他們被分到人事處，也是邊學邊做。有些是從國外調部，對於人事法規，同樣需要時間來熟習。也有許多人以為他在某某階段，是有辦法可以敘得較高等級，或者在某種情況下可以取巧的，但是人事處同仁不幫忙，錯過了大好機會。這種說法，更不合理。各同仁自己的問題，要各自去關心，外交部內外工作同仁一千餘人，人事處又何能替每一位同事「作建議」、「出主張」

呢？

我去了銓敍部，經過輾轉介紹，最後到了一位科長處，我這樣的銓敍問題是屬於他的職掌。他看了我的學經歷證件，答應替我詳細的研究，囑一星期後前往。經過了一星期，我依約前往，他告訴我，從各種角度來研究，我要取得簡任資格條件還差一點。我提醒他我曾任中央政治學校教授，財政部貿易委員會科長，行政院易貨委員會秘書兼組長，還有著作等等，他說，這些已全部考慮在內。

他接着問我，除了在政治學校教課以外，曾否在其他學校教過書？我說，『再沒有了，我祇是曾經在中學教過幾年，那些算不了什麼。』他立刻說：『那些當然也要計算的，也是經歷的一部分。』我告訴他，我曾經在金陵中學擔任專任教員兩年，還有其他中學的兼任教員。他說，就祇這金陵中學兩年專任教員就夠了，囑我趕快補送證件。我呆住了。因為在戰前任職的聘書，經過出國留學，回到後方，又去印度、印尼任領事前後廿年，早就遺失了。那位科長接着說：如果沒有聘書，就請原來的校長或教務主任出具證明函也管用。我的印象他們都身陷大陸，無法聯繫，但是我說，現在在台灣的祇有當年曾任金陵大學校董的杭立武先生，請他證明可否？那位科長說，是否就是前任教育部的杭部長？我說，正是。

於是我匆忙的趕到城內，走訪杭立武學長。我說明來意後，杭學長立即揮毫。翌日，三度前往銓敍部，陳繳證明書。約一星期之後，接獲電話通知，銓敍合格，我第四次到木柵，領取證書，送陳人事處存案。

不久，薛司長外放，出任我國駐聯合國副代表，王之珍先生升司長，幫辦出缺。也許與我銓敍合格為簡任有關，也許是長官的提攜，升任專門委員兼幫辦。

好多朋友替我高興，崔昌政兄向我道賀時說：『這才像個話呀！』

回想起來，這銓敍的問題，的確不簡單，可算是一門專門學問。

片斷

當我奉派駐紐西蘭特命全權大使時，有人提醒我，這次我的任命是簡任大使。對我來說，出任大使，已極光榮，至於是特任還是簡任，倒沒有放在心上。

上任後不到一年，收到孫大使碧琦和薛大使壽衡二人來信，說這簡任大使是我開了端，而按理部內資深的司長，外放大使而不給予特任，是說不過去的，邀我聯名上呈政府，改派為特任大使。我函復表示，我從未為這類事向部裡爭過，歉不能參加聯署。

後來，他們有志竟成，部裡終於同意：資深司長具有轉任特任大使資格的，幷且把他們的任命，改為特任。一年後我從紐西蘭返國，才知道由司長職而外放的大使，我是獨一無二的簡任大使。前年，我奉派為駐沙烏地阿拉伯王國大使時，朋友們和我逗笑的說：『這次要查問一下，說不定是荐任大使了。』

四五、『勤能補拙』

我升任專門委員兼條約司帮辦以後，應該是心情愉快的，其實不然，對我來說，那是我奮鬥最艱苦的一段時期。

一九五五年的條約司，主管後來的國際司和條約司的業務，而以聯合國事務最為繁重。聯合國是在一九四五年組成，逐年成長，迨一九五五年，已是組織龐大，活動項目浩繁，在這十一年中，我正在南洋辦僑務，開農場，經營磚窰和進出口業務，對聯合國這樣一個規模最大的國際組織，竟茫然一無所知！

當時條約司王司長之珍，在條約司服務多年，曾參加頓巴敦橡樹園會議及隨後的聯合國大會，對聯合國事務，瞭如指掌，兩位科長：一科鄒雲亭兄，二科黃雄才兄，都是對業務熟習、辦事細心的優異幹部工作人員，他們三位，國學造詣甚深，公文尤為熟練。

我就任帮辦職之初，深覺壓力大，要迎頭趕上同僚，要對條約司有貢獻，相當難，但是我面對這種挑戰，是無法退縮的呀！我想，祇有埋頭惡補，以冀『勤能補拙』。

最初三個月，同仁們下班以後，我繼續留在辦公室，到八時半為止，調閱卷宗，每週自星期一至星期六，日日如此，每晚工友老高與我為伴，從無倦容，我看卷、他習字的情形，至今記憶猶新。當我看卷看得入神時，竟不覺得飢餓或疲倦。祇是每個星期六晚上（那時每週上班六整天）六時至七時間，隔鄰國防部餐廳有喜宴，炮竹之聲大響，賓客喧嘩無已，那是唯一受到干擾而不易獲得安寧的時刻。這種情形一直維持到兩年多，後來我檢查體格時，醫生告訴我，可能這是我胃潰瘍的由來。

每晚八時後，我乘人力車赴車站，偶爾步行，搭公共汽車返北投，用晚餐都在九時左右，晚飯後，閱讀聯合國的各種基本文件，以瞭解聯合國大會、安全理事會、經社理事會及其他專門機構的組織、議事規程、工作範圍等，到十二時就寢。所幸叔純料理家務，井井有條，不需我分神，孩子們在中小學求學，人人都能料理自己的功課，從不要我或叔純操心。夜晚九至十二時間，他們或已入睡，或是仍在聚精會神地開夜車，彼此各不相擾。

我閱讀文件時，隨時作筆記；複習時，另行作擇要，大綱型的，錄入袖珍日記本，隨身攜帶，隨時閱讀。就這樣的苦修了三個月，才算對條約司的工作入了門。所以，在這三個月裡，我對條約司極少貢獻，我拿不出特別的見解，也不敢隨意核稿，可是對我自己來說，學了不少。

適於此時，蒙沈次長召見，謂部次長有意保荐我去陽明山革命實踐研究院受訓，在當時很多人都珍視這種機會，可是受訓期間長達五六個月之久。我經思考之餘，表示要放棄這個機會，沈次長頗感詫異，我隨卽將我三個月來苦修的經過，和我要把這「帮辦」做得稱職的決心，詳細陳述。我說：『過去三個月，我欠條約司很多，如今正值起步當擔條約司工作之時，不忍離開崗位，如果帶職受訓半年，回部後又要摸索、學習一段時間，可能得不償失，所以我希望受訓的事，暫時延緩。』沈次長欣然表示瞭解幷贊同我的意見。十分感佩。

我在條約司工作大約滿一年時，又蒙沈次長召見。他首先問我與我國常駐聯合國代表蔣廷黻博士相識否？我說：我久仰其人，但從未謀面。次長又問我有否托人向其推荐？我說：『決無其事，我在條約司工作一年來，所學甚多，如今對條約司的業務，深感興趣，對我個人的工作，亦具信心，別無他念，我旣無接近蔣代表之途徑，更無托人推荐之需要。』沈次長說：『如此甚好。因為最近蔣代表有函來，意欲調你去紐約工作，你甫經回部工作一年，未屆外放之期，同時，部內同仁有時托人說項，提前外放，往往使部次長為難。』我當時深感茫然，幸獲沈次長之充分諒解，感佩不已。

經過好多年以後，才知道這件事係經由當時任我國常駐聯合國鄭副代表寶南所推荐。一九三七～八年間，我在哥倫比亞大學求學時，為學生會事務，常與南生兄（鄭副代表的別號）晤面。他在駐紐約總領事館任領事，主管對留學生的輔導工作，他一向平易近人。有一次，他來我宿處，我正在為「遠東雜誌」撰稿，他看到我放在桌上的掛錶，和錶鍊上所繫的「裴貝克」榮譽學會會章，便笑着向我說：『原來老弟還是裴貝克榮譽會員，難怪執筆為文，倚馬萬言。』換句話說，他對我有這麼一個好的印象。

後來，將代表邀請他擔任副代表，參與機要。有一次，將代表和他談起，代表團辦事處需要充實一番，要增加幾位年輕的同仁，加以培養，將來可以接替一部分工作，問鄭副代表有無適當人選，可以推荐。此時，南生兄忽然憶起往事，便把我的名字陳送將代表，於是將代表修書葉部長，請調我去紐約工作。

部次長認為我暫時不宜外調，但對將代表的來函，需要作覆。恐怕是由於這一覆函，引起一項部令：我奉派為出席一九五六年聯合國第十一屆大會我國代表團秘書之一。這項部令發表後，人人都覺得我十分的幸運。因為條約司業務是以聯合國事務最為繁重，故條約司同仁，都希望能有機會出席是項大會，可以增廣見聞，也可以補充學識。那一次，在我未成行之前，又對聯合國業務，惡補一番，以免到紐約以後，給聯合國代表團辦事處同仁看我們一行像劉姥姥進大觀園一般，換句話說，我仍然是以『勤能補拙』的態度，出席會議，認真地去學！

四六、我所認識的聯合國

一九五六年九月，我和李南興，林新民，任學勤，四人同行，到了紐約。我奉命參加我國出席大會的第二及第三委員會代表團。每屆聯合國大會，在會議期間，除全體會議以外，分政治、社會、經濟、人事經費及法律事務委員會，分別討論各項議題，第一委員會業務日繁，幾屆大會以後，便增設特別政治委員會，商討具有緊急性的國際爭端。在第十一屆大會開會時，最受人注意的蘇彝士運河糾紛，及匈牙利革命運動兩案，就分在特別政治委員會商討。開會時，旁聽席滿座，會場的走道上都擠滿了新聞記者攝影記者及各種大衆傳播機構的採訪人員。

我所參加的第三委員會，和其他多數委員會相似，旁聽者寥若晨星，在商討不具有轟動性爭論性的議題時，連各國代表席上，都有許多空位。

會場的佈置，採扇型，每國代表一排前後三席、第一席席前有案几，几上置有發言用的麥克風。第一席是代表的席次，代表席後第二第三席，是參議秘書人員的座位，他們的任務是查資料，遞字條，協助代表，而不能發言的。

我在第三委員會是追隨鄭寶南代表，我坐第二席，查修博士坐第三席。查博士在我國常駐聯合國代表團任專門委員，負責研辦國際經濟案件，對第三委員會會務是相當熟悉的。

開會第一天，我約了查博士，在開會前十分鐘到達會場，未見有他國出席人員到臨，祇見聯合國秘書處人員在分發議程。查博士告訴我，雖然開會時間訂在十時正，但經常要等到十點半以後才開會。那天果如查博士所言，到了十時四十分主席才宣佈開會。

鄭寶南代表在我國常駐聯合國代表團服務多年，人頭熟，他進入會議室後，忙着和各國代表握手言歡，就座後，還不停地和左右鄰席代表打招呼。會議進行半小時以後，鄭代表告訴我，要出去喝杯咖啡，請我移坐第一席。他怕我緊張，告訴我：現在委員會開始討論經濟援助問題，各受援國代表登記發言者甚多，聽聽就好，我們稍後再登記發言，而在那以前，還要約我和查博士交換意見的，不過，如果有人提出我國代表權問題，就得立卽要求發言。

我坐入第一席後，馬能不緊張，看到五十多國代表，似乎都是熟手，發言者，人人侃侃而談。他們用西班牙語或法語發言時，我就用耳機聽英語翻譯，譯述人員發言流暢，使用聯合國採用的標準用辭，不難了解。不過，很多代表發言，用的是印度英語，菲律賓英語，阿拉伯英語，使我這初次出席會議的人，聽起來有點吃力，查博士告訴我，這些沒有困難，過一兩個星期就聽慣了，我也聽了中文譯述，很不錯，祇是中文和西方語文結構不同，譯述比較困難。

我坐在代表席上，全神貫注地聽，深恐有人提出我國代表權問題而漏聽，特別請查博士也留意，半小時過後，仍未見鄭代表回來，查博士安慰我說，『這段期間，都是各國代表各說各話，如果有未聽清楚的地方，第二天補閱紀錄便可』。他接着說：『鄭代表會外活動多，而且這些活動比在會場「聽講」重要得多。』

我祇好在坐位上，一面等，一面聽，好在關於因應「我國代表權」問題，早有準備。可是我這一等，便等到散會還未見南生（鄭代表字南生）兄回來。

下午一時散會，我整整坐了三小時，連洗手間都不曾去過。在這三小時裡，我一言未發，但已覺十分疲憊，因為我是緊張了三個小時。

隨後數週，我坐第一席也習慣了，南生兄偶爾到會場來，和他國代表寒喧一番，很像出席酒會一般，一會兒便無影無蹤了。

實際上自第二週開始，我便和查博士每天在會後，研商我國代表發言稿和登記發言時間。我根據條約司預先擬就的對案及查博士所擬初稿，再參酌上屆我國代表發言內容，試擬一大綱，查博士看後告訴我，好多大綱內的意見，在前幾屆大會裡我國代表和若干他國代表都已說過，我隨即把以往四五屆會議紀錄十幾册借來，仔細閱讀。誠如查博士所言，我想說的話，大體上都有人說過，要想推陳出新，難於登天。最後，決定採用查博士的初稿，再參酌我們商討的意見，整理一番，送請鄭代表過目，經核可後，登記發言，也就了事。

我在第二委員會，坐第三位，比較輕鬆。委員會正在討論聯合國人權宣言，代表們各逞所能，對每一句話，每一詞，都有許多意見，有時爭論不已，一個星期，連一小段都不能定案。

我雖然坐第三位，覺得也應盡點力。照樣把前幾屆第二委員會紀錄借來研讀，照樣愈看得多，愈覺無話可說。最後，我勉强提出幾點意見，竟有一半被採納，深感滿意。

第十一屆大會，因為蘇彝士運河案和匈牙利危機案，延長了會期，但第二第三委員會都已結束，我抽空到第六委員會旁聽，各國代表中，頗多國際法名學者和教授，發言比較嚴謹，那時正討論海洋法初稿。如果仔細去聽，照樣各持己見，反覆的敘述佔去了許多時間。

我也曾到大會的全體會議、安全理事會、和特別政治委員會旁聽過，在這些會議的會場裡，場面熱鬧，政治氣氛濃厚。同樣的，有許多代表發言過長，使人倒胃口，某次，有一位代表剛開始發言，旁聽席的聽衆便紛紛離去，經友人解釋給我聽，原來是一位著名馬拉松演說專家。出席大會的代表中，還有一位怪物，即印度代表梅農，最愛發言，每次又都是旣臭又長，有一次，他一開始便說明他對討論中的議案有三點重要意見，後來，他在第一點內又分了三點，在第二點意見裡，更分別陳述了許多意見，但直到發言終止，幷未聽到他的第三點寶貴意見，會後，記者們包圍着問他第三點意見到那裡去了。他急得兩眼發直，最後說：『我全忘了。』

我這次出入聯合國大厦五個月之久，所見有限，但所聞不少，感觸尤多。

㈠早在一九五六年，聯合國已顯得無力解決國際爭論。重要的國際問題都在會外來解決。有人說，聯合國的各專門機構倒是做了不少事。但是如果依此來替聯合國的生存辯護，就未免本末倒置了，聯合國成立之初，原是以維護國際和平為主要任務的啊。

㈡安全理事會原本是聯合國因應國際紛爭的一個最具有權威的機構，但是少數常任理事國濫用否決權，已使之癱瘓。

㈢在各種會議裡，代表們享受發言的自由，不僅有時衝動，失去國家代表的風度與尊嚴，有時且任意謾罵，揑造事實，誣控他國，以達其宣傳目的。大部分發言，雖非全部濫調，實多陳腔。出席人員，遇有同路者發言，雖未傾聽，亦報以熱烈掌聲；如像不友好國家代表登台，則乾脆步出會場，拒絕聆聽；或則台上侃侃發言，台下昏昏欲睡。因此，輿論界對於這些演講早已不予重視，卽今紐約的大衆傳播工具亦鮮予以報導，如論新聞價值，則一場業餘球賽要比聯合國大會揭幕高出多多矣！是以有人以為儘管聯合國無力解決國際爭端，但仍不失為全世界表達國家立場最好論壇，實際上此類評論，僅適用於聯合國初初成立之時，已過時矣！

㈣聯合國及其所屬機構每年擧行之國際會議及其他活動之多之繁，已非常人所能領悟。會員國為選派代表，核撥經費，疲於奔命，每感勞而無功，逐漸亦興致索然。

㈤大會中各會員國，不論人口多少，領域大小，一律享有同等的發言權和票決權，但所負擔的會員國會費，則又十分懸殊。其負擔較少者——會費額在聯合國經費百分之零點五以下——，每每主張增加經費，擴大業務範圍，美蘇兩國嘗在此類議題上採同一立場，對抗未開發國家。

聯合國的浪費情形，早為多數會員國所詬病，試擧一例言之，每日會議結束後，秘書處卽備就紀錄於次日分發，俟發言人核改後，另行印發訂正本，會議結束時，再印發報告多種；各代表不勝攜帶，棄置者甚多，而全世界各學術團體、圖書館之收存聯合國文件者，經多年累積，均以容量侷促為苦，卽聯合國秘書處本身，亦不例外，往往一面趕印新的文件，一面清除舊的文件，以渡難關。

我幷非因我國已退出聯合國而加以苛責，事實上各會員國早經人同此心，看它拖一天算一天，沒有人對聯合國還抱着一種希望，猶如它初成立時一般。

笑談

如今台灣經濟起飛，人民生活富裕，大家都在節食減肥，女士們如是，先生們亦然。張君體重超出標準，找名醫診治，這位名醫配給藥丸，每晚一粒，服用後迅卽入夢，夢境中自己着泳裝，立於海灘上，見有妙齡女郎，身披薄紗，近似裸體，向其招手，他情不自禁，轉身趨前。說也奇怪，不論他用慢步或快跑，始終無法接近，緊追了許久，不愼摔倒，醒來原是一場夢，已汗流遍體矣。日日如此，一週後，體重減輕七磅。

其友王君聞訊，也趕往這位名醫處診治取藥。第一夕，王君入夢後，未見海灘，只是孤寂的立於森林中，舉目四望，又不見美人，轉身時忽見岩石上猛虎，張牙舞爪，正要迎面撲來，他拔脚便跑，虎緊追，說也奇怪，這虎老是在他身後數米處，使他不敢稍停，終於被樹枝絆倒，驚醒了這一場惡夢。一週後，同樣減輕了七磅。

王君想來想去，深感不服，氣沖沖的去找這位名醫理論。醫師見王君到來，請他就坐，好像老早就料定他要來的樣子，笑着問他：『是否因為藥的反應，和張君大不相同，你想知道究竟麼？』王君大聲道：『正是！』醫生說：『張君是到我私人診所來看病的，你看我却是在公保呀！』

四七、『唐人不識講唐話』

夏威夷的僑情和印度、印尼都不同。僑胞三萬多人，集居在檀香山，也就是火魯奴奴市，都已取得美國國籍。他們祖先移居夏威夷初期，大都是在園坵做工，以數十年的辛勞，換得業主的酬庸——一塊耕地，退休後以種植蔬菜維生，這些耕地便成為子孫經營不動產的資本，或者從事其他行業的經濟基礎。

在我任駐火魯奴奴總領事時期（一九五八～六一年），夏威夷居民中，以人數多寡為順序，計有夏威夷土著混血種，日裔，白種人，純種夏威夷人，菲裔，華裔，韓裔及歐洲與中東移民等，人種複雜，各種族之間，尚能和平相處，鮮有歧視。華裔人士，經濟狀況良好，多屬中產階層，從事各項職業，而不限於餐館業，洗衣業或雜貨業。僑團組織特多，在三萬多人中，有僑團八十餘單位。

僑界平時多操英語，年長者仍說粵語，而能操國語者不多。僑團開會時，英語粵語并用。我到任之初，在僑團集會中，用國語及英語致辭。某次，當我離開會場時，聽到人群中有人揚聲的說：『唐人不識講唐話！』我很感到尷尬。以前我曾聽說過，旅美僑胞多自稱為唐人，而唐人就應該講唐話（粵語）。沒想到在第二次世界大戰以後，檀島僑界仍有這種想法。不過，他們對領事有這種要求，倒也情有可原，因為前兩任總領事，梅景周和唐榴先生都是廣東人。十多年來，僑胞們聽慣了他們兩位的粵語致詞，突然間聽到我的國語，就不習慣。

因此，我便下了決心，要學習廣東話，至少在僑界的集會上，要能用粵語致辭。我首先按僑界一般集會的性質，擬就演詞七八段，然後就不同性質部分，另擬若干段，全稿共分十二段，擬妥後，送請梅前總領事修改，因為國語與粵語之間，不僅發音不同，用詞也不一樣。所以我請梅前總領事所做的，就是將我的原稿，改寫成一篇廣東話的演稿。

然後，另請一位在檀島電台擔任粵語廣播節目的小姐，照稿講述，錄入錄音帶，以便我每晚勤加練習。有一晚，我在樓下辦公室邊聽邊學，直至深夜。叔純被驚醒自二樓下來，看到我在跟着錄音帶練習發言，才了解我是在苦修粵語，原先她還以為我深夜裡接見女客，頗感詫異也。

全部演稿十二段，相當長，但每次致詞，祇選用比較適合的四五段，所以在各項僑團集會中，并不顯得重複。

我第一次用粵語致詞，是在檀香山中華僑團聯合會中，頗受歡迎，有人對我的粵語評價甚高，這當然是帶了一些鼓勵的性質，不過，大體上還過得去。尤其是年事已高的僑胞們，聽不懂國語，對英語也了解得有限，對我的粵語致詞最表歡欣。

隨後，使用日久，自有進步，但我每次致詞，仍然是先說幾句國語，接着用粵語和英語，說得詳細點。其所以要用英語重述一遍，是因為年青一輩，也已「不識講唐話」了。

當我說國語時，說得很慢，發音力求清楚，僑胞們聽慣了，也漸聽得懂，並且認為國語與粵語頗為接近。不數月，好多位僑領，認為既然總領事可以在三個月內學會了粵語。那麼，僑胞們應該也可以在幾個月內學會用國語作普通的交談。後來，中國文化基金會便在各方贊助之下，開設國語講習班，推行國語運動，迅速展開，蔚為風尚。這也可說是我辛勤學講粵語的一種迴響。

遇驚

我奉調至夏威夷時，孩子們已長大了好多。又是學校放暑假時期，鬧着要去海灘游泳，這時他們是從九歲到十七歲了，在學校裡也參加了游泳班，但那是在游泳池，而且有老師在看着。到海邊，我和叔純都不很放心，我聽說過，不會游泳，或不會換氣的人，一經滅頂，一分多鐘便無救，我自己祇能在游泳池裡活動活動，是無力救人的。

威基基是第一流的海灘，由灘頭向海行，坡度甚小，要一百碼以後才是深水，我和叔純走到水面平胸部時便立定，囑孩子們不能越過這道防線，我們兩人隨時在數有幾人頭露出水面，缺了一個，我們便緊張起來。五個人中，樂彬游得最好，他在教佳平潛水，我們突然發現水面上少了兩人，緊張了一陣。隨後大概游了一小時左右，我忽聞倩如在呼救，是在我身後二丈處，我急呼樂彬，幸他就在我身旁，迅卽趕往把着倩如下頷，帶她到淺水處，於是我和叔純趕快收兵。嗣後，我囑孩子們在沒有學習到相當程度以前，祇能在游泳池游水，返台後，特別告誡不得去碧潭。

書至此，閱報載本（一九八四）年日本暑假期間——七月廿一日至八月廿一日——海邊戲水而遭滅頂者，達六三九人，駭人聽聞。

四八、『信義爲立業之本』

我到夏威夷不久，有一位早年在哥倫比亞大學的同學來訪。他告訴我，他在哥大獲工商管理學碩士以後，便在某證券公司任職，最近派來夏威夷地區，招攬業務，希望我對證券股票的投資，委他做代理人。

我笑着對他說，他這一次是找錯了人。因為我沒有積蓄來作這種投資，也從不喜歡賭博，玩股票。現在又出任領事職務，更要集中精力於公務，不能分神。他說我錯了。因為投資於股票，幷非必須大額資金，小做亦可；其次，也不一定是投機。如果選購殷實公司的股票，和存銀行賺利息差不多。同時，在美國，許多公務員和教授，幾乎人人都買一點股票，正是因為這種投資比兼營其他任何營業要節省精神多多。他希望做我的代理人，對他而言，是一種光彩，也可以增加他的號召力。

我推辭了好幾次，他還是不斷來訪。兩個月後，叔純帶着孩子們到了夏威夷（我是一人先行到任的），她離開台北前把我們的住宅賣出，價款合四千美元。我對這位老同學，似乎非得敷衍不可，終於把這四千元委托他去辦，彼此有個諒解，卽選擇股票，選擇買進和拋售的時機，由他建議，但最後由我決定。

也許是這位同學真的神通廣大，也許是我鴻運當頭，在短短的六個月裡，我的四千元已變成八千！

記得在國際法教科書裡載明，一個外交官自其本國政府所支領的薪津等收入，享受豁免，不需向駐在國政府納稅，至於外交官在駐在國另有收入，則有納稅義務。我基於這項規定，走訪聯邦政府設在夏威夷的國稅局（Bureau of Internal Revenue）局長，說明來意。局長笑容滿面的說，他在國稅局任職多年，經辦外交官納稅案件還是第一次。他立刻召來一位卓日初君（Mr. Y. C. Chock 華裔），介紹予我，幷請卓君協助我填寫表格，核算應納稅額。詳情我已不復記憶，大致因我除配偶外，有子女五人，扣除額較高，核算結果，祇需繳稅廿八元。

納稅完畢後，局長將我的申請表影本放在他辦公桌玻璃墊板下。他說，他要將我這種履行納稅義務的精神廣為宣揚云。

※　※　※　※

事隔一年以後，總領事館為推動中美文化交流，與僑界共同成立中國文化基金會，籌募基金四萬元。最初，認捐者頗為踴躍，但繳納捐款的情形不理想。據熟習僑情人士告稱：基金會成立伊始，尚未取得非營利機構地位，捐款人對基金會所作之捐款，不享受寬減待遇（tax deductable）。倘基金會意欲作此項申請，必需檢同工作或活動紀錄為依據，且此種申請，通常需時約一年左右，方獲批准，自然也有遭批駁的。

如此，我又協助基金會秘書草擬會章，并舉辦多項活動。譬如，我們曾舉辦一次我國現代藝術家的書畫展覽，托請當時在新聞局供職的龔弘先生代為選購國畫、書法、金石等五十餘幅，在中山堂（總領事館大禮堂）展出兩個月，參觀者一千餘人。另開設國語訓練班，定期舉行聯誼會，每次均邀請當地英文及華文報社記者參加，到場攝影，然後在報章上報導并予評論。

我蒐集了許多剪報、照片，檢同會章與說明，為基金會向國稅局申請為非營利機構。首先我拜訪局長、局長熱忱接待，并約卓君共同商談，當我辭出時，局長關照卓君立即交付審查，并對我推動中美文化交流工作，多所讚譽。

事後，聽說局長對本案特別熱心，他還親筆加簽意見。說來好似奇蹟出現一般，不到兩個月期間，便獲聯邦政府核准。僑胞們聞悉之初，幾乎不敢置信。此後，捐款進行比較順利，但并非無困難，而僑界對總領館倡導之各項活動，信心倍增。

回想基金會申請之順利獲准，實有賴於局長之大力支持，而局長願予大力支持，可能與我一年前主動繳納稅金事有關。可見「規規矩矩的做人」是最能取信於人的。

前面提到我投資於股票的經過，相當順利，好像有點贊成甚至鼓勵人們做股票的意思。其實不然。在第二個年度裡，忽然有一天，我收到股票公司的通知，說我要買的股票已如數買進，我覺得很突然，因為我的代理從來就沒有和我提過這件事。我立刻翻閱當天報章，發現這項股票，一星期來都在狂跌中，我收到通知時，僅與買進日期相隔兩日，竟又已跌了百分之十。我立刻想與代理人通話，但是一個星期，都找他不到。第八天，我登門走訪，才在他的公寓見到，他帶着一副愁容滿面、歉意滿懷的樣子，說他原想事先和我通話，但數次都接不通，不得已替我做了主。的確，這是僅有的一次，他未遵守諾言，不獲我的同意就買進的。但是，這也是最後的一次。

他說，這項股票是大起大落的，現在的狂跌，說不定幾星期後又會猛漲的。我沒責備他，但我對他已不信任。當時，我的八千元已跌到四千多元。我對他說，我原無意求暴利，這次做股票，完全是循他之請，現在全部賣出，我沒有虧本，而他已在夏威夷作了一年，已不再是人地生疏了。他仍有勸我耐心等待的意思，我堅決請他拋售幷說明如不立卽拋售，以後的跌價，由他負責，就這樣我在股票市場幌了一番，落得一個不賠不賺。

當時，朋友們勸我，向那證劵股票公司告他一狀，看他吃得消否？誠然，如果我把這事抖出來，他會遭到很大的損害，但是我也不會得到甚麼補償。他到底玩了什麼花樣，我無意追究，但是他這種不講信義的態度，祇需一二次，便毀了他自己。

四九、籌建火魯奴奴總領事館館舍經過

我初到檀香山時，總領事館館舍位於住宅區的麥基基街，是一所兩層樓花園房屋，樓下是辦公室，樓上是官舍，園地寬大，是華僑聯合會在一九二〇年代購置捐贈我政府者。當時屋齡在三十左右，到了一九五八年，它已是六十年的古老木屋了。

承唐前總領事相告，館舍因受白蟻蛀蝕，大部分木料已中空，在地氈以外之地板，是不能承受仕女們高跟鞋踐踏的，否則，鞋跟將陷入。至於門窗木框，雖經油漆一新，但僅係表面薄層，內中已全空。他一面說，一面用食指試刺，竟穿漆而入，頗似氣功表演一般。

最難感受的是每年春夏之交，白蟻啄木之聲，遍於全屋，在出蛹期，飛蟻滿室，成千上萬。

美國各大城市，對古屋均有規定，如經工務局鑑定有安全顧慮時，即予加封，意即祇可遷出，不准遷入，并於若干時限內，強制拆除。僑胞某君提醒我，萬一本館館舍遭封，那就太尷尬了。

我聽了以後，不得不對這件事，認真的研究一番，並且要積極的籌劃。我一面呈報外交部，一面洽請友我經紀人對舊館舍作初步估價。

有人以為我對建築有興趣，積極推動建館工作，了解以上情況的人，就知道我實在是「不得已」。

外交部的指示是，出售舊館舍另建新館舍案，原則可行；但部中無此預算，無法撥款支應；同時限於規定，不得向僑胞捐款。易言之，祇能在舊館舍售價範圍內籌建。

恰於此時，市政將舊館舍所在的小花園洋房住宅區，改劃為可以興建公寓的住宅區，地價看漲，經估計，舊館址基地出售可獲廿萬美元。基此，我就開始洽請僑領楊獻堺君協助準備標售舊館舍事宜。

但是覓購新館舍基地，必須我自己去辦。經多方打聽，近市區土地，不僅價昂，而且很少選擇。距離市中心稍遠地區，又不合條件。經細閱檀香山市區圖，祇有鲁安路（NUUANU AVENUE）一帶，最為適合，地近中國街，距市中心不遠，菲律賓及日本總領事館，就在這條大道上。經向地產經紀商洽詢，據告，該區幷無地產求售，於是我在週末沿魯安路散步，逐戶勘察，僅有兩三處房舍或土地適用，然後設法打聽出戶主姓名及電話號碼，主動的和他們通話，有一處表示有意出售。那是一塊長方形空地。足敷建設館址之用。地主是一位日裔律師，其住所便在此一地產之後方。

當我前往拜訪時，他知道我是到任不久的中華民國總領事，對當地不動產行情所知有限，在我們商談了一個小時之後，他還是說，對於是否要出售這塊地，他尚未完全決定，除非我能出高價，他就會優予考慮。我說，他不開價，我自不便出價，尤其是他心裡想的「高價」，我無法揣測，說着我便起身告辭。但是他也不願放棄我這買主，再三留我再坐片刻。他思索了一會兒之後，問我：有無能力以十萬元總價來買這塊土地？我詢明土地面積後，核算一下，發現他的開價是該地區時價之一倍。我指出他的開價，未免高昂得離奇！他說，這一塊方方正正平平坦坦的土地，走遍會安路，也找不到第二塊；而且地面上沒有陳舊的建築物，還可以省不少拆除工程，所以唯有十萬元之數，才能打動他的心——決定出售。

他的分析，沒有錯。我走遍了這條街，的確找不到第二塊土地具備了我所需要的各種條件。其次，我想以十萬元購地，以所餘十萬元建屋（當時經估計：舊館舍價值廿萬元），也過得去。這時，我問他，這十萬元是否他正式的開價，還是在和我閒聊？他說，如果我不討價還價，照價認購，就算是他的正式開價。

我就在他的會客室裡踱方步，踱了廿分鐘。我想：(1)這塊地我無意放棄。(2)這塊地還未登錄在當地不動產買賣市場，如果他決定要賣，競購者必多，地價自然看漲。(3)我事先探聽的時價，難以作準，因為在該地區內近年土地的轉讓實例不多，所轉讓的土地，在座落地點和地型上都較差。為避免該律師稍後改變意向計，必須早作決定。於是我慎重的告訴他：『我已作了決定，不還價，照他的開價認購，次日（星期一）上午付定洋』。

他聽了以後，瞪目不知所答，發楞了好一會兒。幾分鐘後，他說：『既然如此，我也無話可說，就此定議。』

次日上午九時半，我攜同一萬餘元共和銀行的本票，（該款係向共和銀行借貸而來），到他的律師事務所，他還未上班，經催詢後，他的秘書告稱，律師有緊急家務，不能來辦公室，請我先回領館，另行約期晤談。我堅持要在那邊相候，半小時後，秘書來告：所談購地案，律師要向他母親請示，所以一時不能來。我立刻自秘書手中接過電話，向律師說明，購地事，我已呈奉政府核准，日昨議訂各節，萬萬不能更改，請其了解。中午十二時，律師蹣跚而來，他雖有翻悔之意，但無法啓齒，終於收取定洋，約定次日簽約。購地手續，終於辦妥。

在此以前的兩週中，多項籌備工作之推動，已同時分頭進行，譬如，館舍籌建委員會業經組成，成員包括早年捐贈館舍僑團負責人之後人及一九五九年應屆僑團主要負責人。標售舊館舍，也都準備妥當，正式標售是在基地購妥後一週。因為如果新基地尚無着落時便標售舊館舍，籌備會不會同意的，他們認為風險太大。

標售前數日，由籌備會議定底價廿萬元，預先通知參加投標者。在標售前夕，有幾位僑領組織起來，積資參加投標，他們這叫作陪標。因為怕無人投標，不好看，如果祇有一家來投，一投卽得，也會有人議論。結果，果不出所料，投標者僅僑領們聯合所投之廿萬零五千元，及舊金山不動產經紀人某氏所投之廿二萬數千元，後者得標。

在招標說明中有一規定，卽在標售之十日後起計算，三個月交屋。倘屋主屆期不能出清，得按市價向買主租賃一個月。當時的計劃，是在標售舊屋後，以四個月期間，建築新館舍。

在標售舊館社之前，籌備會各委員要求去看一看我所買的新館舍基地。大家集合後，聽到購價甚高，似乎覺得我吃了虧。到了基地以後，大家前後走動，查看邊界線。不約而同的說：是一塊好的資產，不知道為何市場上不曾聽到有這麼一塊地出賣？他們大都是經營不動產的，言下之意，大有自己消息不靈，趕車晚了一步的感覺。歸途中，他們都表示滿意。

在同時進行的是約請兩位建築師設計，一位是章翔建築師，一位是在夏威夷出生在歐洲留學的王萬勇建築師（Howard Wong），在籌備會中，大家對兩位的設計，都很滿意。但章建築師初自琉球來夏威夷，尚不能單獨承辦。其次，章建築師完全依照十萬元預算設計，造型比較簡單，王建築師之設計，估計要高出四萬美元，易言之，總價要十四萬元，當時籌備會各僑領看到了新館舍基地很合理想，又已知舊館舍標售超出預估額，大家都主張未來的建築要堂皇些，所差數萬元，不是問題，所以當時選定王建築師設計，但說明要邀請章建築師參與細部設計工作。

正在一切進行順利之際，忽又奉外交部指示，謂總領事館所呈報的建館計劃，全部核准，惟計劃中僅包括館舍（即辦公處所）、大禮堂和官舍（即樓上總領事住所），而對館內同仁宿舍，未予顧及。囑從速籌議適當方案呈核。

這項指示，完全出我意料之外。我國駐外各使領館，籌建館舍者有之，籌建官舍者亦有之，從未聞有籌建同仁宿舍之說。其次，前奉指示，對於總領館籌建新館舍一案，外交部不能撥款支應，政府又禁止向僑胞捐款，我正為已超出之數萬元焦心，何來餘力再籌建同仁宿舍？再次，當時館中除我而外，僅有同仁二人，今後會否增添人手？難以預料，而今後派來新的同仁，眷屬人數多少？亦無從揣測，這真的難倒了我。

但是，我一向是服從指示的公務員，所以幷未向外交部訴苦。同時，不明事理的人還會說我自私——為何籌建館舍和館長的宿處，就沒有困難，替同仁籌建宿舍，就推三阻四？

結果，我召開籌備會緊急會議，也邀建築師列席。當時建築師說如果在館舍後方，增建一個二層樓公寓，每層住一個家庭，兩房兩廳，同時將官舍縮小一些，大致總共建築費用要十六萬美元，易言之，超出預算六萬元。那個時期，各位委員都具有高度熱忱，認為六萬元是小事，將來使一個花招，大家分頭勸募，應無問題，但不以捐款名義出之。從當時會議席上的情形看來，他們似乎頗有把握，但是後來的發展，仍是困難重重，詳後節敘述。

接着是招標，參加的營造商六家，得標者為一般實承包商，器械齊全，工作效率高，果然在四個月完工，我們幸能直接遷入，省錢省事，算是萬幸！

五〇、建築新館舍前後值得一提的幾件事

新館舍獲得當年夏威夷州最佳設計獎。其後，在一九七〇年，又獲選夏威夷州一九六一～七〇年十年中最佳建築第三獎。據悉：被選入圍者，多為價值百萬元以上之建築，僅總領事館館舍之成本最低，連地價共計廿四萬元（宿舍部分未包括在內）。

在落成初期，每日前來參觀者，絡繹不絕。面臨魯安路大道（隨後改名巴利大道）之大門，採用我國的牌樓模式，入門後有二十公尺之甬道，兩旁有荷花池及草坪。甬道盡頭有台階約十級。拾級而登後，便至馬蹄型的館舍，右首為辦公室，左首為禮堂（定名為中山堂）。中央區為方型草坪，立有國旗旗竿。正面為二層樓建築，正中為鑲有深綠色瓷磚之圓門，門內二公尺為紅漆之中國式格窗。歷屆水仙花皇后選舉前後，均來館在圓門下攝影留念。每年暑假期間，美國西岸若干大學建築系師生多有來館參觀者。

很多人讚譽新館舍是東西文化藝術的結合，這說法很足以引起當地人士的興趣，因為那時候，夏威夷州正籌建東西文化中心。其實，新館舍基本上是一個重實用的現代化建築。所謂帶東方意味的是：牌樓式大門、甬道、荷花池、台階、圓門、和左右兩側的朱紅色支柱。至於屋頂，是用當時尚認為新穎的預拌鋼筋水泥製成之彎型巨片屋頂，用數片拼成，作波紋狀，或帳蓬狀，事

實上帶有中東風味。譬如左右兩側之建築，是用兩排各五根水泥柱支撐五塊巨型屋頂，全部用落地玻窗。大禮堂部分，兩面都用玻璃門窗。如將所有玻門，全部拉開，就形同十根朱紅色支柱，撐起一個大的帳蓬一般。

在夏威夷，當時很流行的是：遇有較大集會、酒會、茶會等，都是在草坪上搭起巨型帆布帳蓬，用完後拆除。但是有一個缺點，怕下雨。同時在草坪上，婦女們移動困難。我們這種設計的特點是：在中山堂舉行酒會，如天氣晴朗，可將玻門拉開，很像露天集會，如遇陰雨，則可在室內看雨景。中山堂和辦公室都是長方型，因係用玻門，光線充足，在中山堂舉辦畫展，可不需另加燈光。

中山堂可容三四百人，舉行國慶酒會時，將玻門全部打開，中央區草坪和對面之辦公室，合共可容納五六百人。正中兩層樓部分，樓下是餐廳、厨房、和盥洗間，樓上是官舍。所以嚴格的說來，純粹是一個實用的建築。

※　※　※　※　※

建築期間，也有坎坷的一面。譬如職員宿舍，就曾引起一點風波。因為魯安路一帶，屬花園洋房住宅區，不准興建公寓。我們的宿舍，雖稱為公寓型，但並非高樓大廈，也不屬於都市規劃委員會心目中所要禁止建築的公寓。但在工程進行期間，有人投書當地日報，報社也就大作文章，指本館違章，促市府制止。市政府竟然派員前來通知，以致宿舍部分的工程暫停。

但是我們舘舍連同宿舍的藍圖，係經市政府核准者，并經發給建築執照，市府事實上是不能加以干預的。嗣後經我方說明，官舍與宿舍同為外交官員住宿處所，各為二層樓房，且宿舍位於官舍之後，決不影響市區觀瞻。市政府經考慮後，維持原案，故僅停工二週，尚未影響完工期限，幸甚。

但是為了宿舍，隨後總領舘仍然遭遇到許多困難。起初是有一位新派來的同仁，子女特多，住不下，必須在外覓屋。其次，新舘舍落成時，領舘內衹有職員二人，那是端木冠華領事，和余副領事中天二人，正合用。後來，人數逐漸增加到十人以上，宿舍無法容納。其後若干年中，駐外同仁房租津貼增加頗多。同仁中均不願遷入宿舍，因房租津貼之數額，可以租賃較大較好之房屋。同時，房屋久空着，易有損壞，或屋頂漏水，或門窗破損，一九六九年，我任常務次長時，特呈准部長，凡夏威夷舘同仁之願住宿舍者，得領半額房租津貼，才暫時將此一難題解決。

※　※　※　※　※

經費短缺部分如何籌措，一直是盤旋在心頭的問題。籌備會各委員似乎不太積極，最初表示可以想一些花招的那幾位，也沒有什麼消息。我便和少數僑賢研議組織「中國文化基金會」，將大禮堂（卽中山堂）撥供基金會使用，推動各項文藝活動，而由基金會提供中山堂部分之建築費。但中山堂仍由總領事舘管理，并得在基金會未加使用時，隨時使用。此議經籌備會贊成後，立卽推定基金會理事，聘定秘書，開始籌備各項活動，主要的有：舉辦現代中國畫家書畫展覽和國語研習班。及各種交誼會。所以文化基金會的確做了不少的事，幷非花招。

最初預計短缺四萬元，但是隨後又增加窗帘，購置部份傢俱，以及支付工程保險費等等，實際短缺額已達五萬餘元。同時，工程進度快速，募款進行遲緩，不得已要向共和銀行借貸。

所幸有林榮貴醫師（Dr. Fred Lam）與鄭帝恩（Dr. Chan Dai En）牙醫師大力協助。二位同屬於早年成立之某僑團，已多年不活動，成員甚多已辭世，其餘亦年逾古稀，但尚有約二萬元的積存金。二位曾來訪，說明有意將該款捐作中國文化基金會之基金，我表示謝意後，他二人便登報召開會員大會，屆時幷約請友好，親自駕車接送年老會友，使當日出席者足夠法定人數，乃正式通過議案，將積存金捐予基金會。

但是，有了這筆捐款，還是不能募足所需基金。於是我又循僑賢們之建議，向國稅局申請為非營利機構，庶捐款人對基金會所作捐款，得享寬減待遇。及至申請獲准後，基金會之勸募工作，始稍有進展，直到本人於一九六一年奉調回部，尚有約一萬元，祇經人認捐，但未繳款。後來，由胡總領事世勳繼續辦理，大致在一年以後，才圓滿結束。

※　※　※　※　※

美匪建交後，駐火奴奴柳總領事採取應變措施，將館舍產權轉讓予文化基金會，同時將建館基石挖除。基石上祇數十字，說明係於何年出售舊館舍另建新址，而舊館舍則係僑界早年捐資購置，贈予我國政府者。此外，館舍草坪上之旗杆亦被拆除，辦公室及大禮堂面對門樓之兩面牆壁上金色梅花，均用白色漆塗上。凡此，皆令人費解。

美國國會通過「台灣關係法」以後，我駐美各館館產之保存已無顧慮，但駐火魯奴奴總領事館仍有遷讓并另在商業區租賃辦公室之議。此時，我奉派為北美事務協調委員會主任委員，適有夏威夷中國文化基金會法律顧問鄺雲開律師（Clarence Fong）訪台，并來協調會晤談，詢問我政府對總領事館館址產權之意向。據告，總領事館有讓出館址之議，而基金會各理事躊躇不決。雖有部份理事認為接受以後，舉辦文藝活動，有寬濶場所，但也有部分理事，認為我政府不宜輕易放棄該館址產權。館址既係以舊館址售價建築，仍然代表檀香山僑界對國家之熱忱。如文化基金會將館址接受過來，恐將遭僑界議論。

我立卽報請本部指示，據悉，總領事館已在市區新建大厦洽租一層樓為辦公室，正呈請撥款承租中。但文化基金會方面並未曾催促總領館履行轉讓諾言而限期遷出。事實上，據鄺律師相告，基金會多數理事，已表示如接受館址，實際困難亦多：第一，基金會迄無專任職員，接受後管理困難，而籌措維持經費也不易。第二，基金會所有文藝品極為有限，利用中山堂作不定期舉行展覽會，尚可對付。如需佈置整個館舍，尚需採購各種文物，等於從頭作起，基金會無力承擔云。因此我建議：暫時不必遷讓，當前基金會之活動，中山堂足可敷用，萬一有人以為我有義務履行諾言，最多，我可付租金以租賃方式使用，則於法於理均已顧及矣。幸蒙部長核准，暫時不必遷出。事隔兩週，檀香山晚報（檀島有英文日報及晚報各一，而晚報銷路廣大，一般人視為第一大報）發表社論，謂當初總領事館館址產權移轉予文化基金會，顯係一種權宜之計，如今國會通過了台灣關係法，實已事過境遷，基金會早應將總領館之產權以一年前取得產權之同樣方式歸還。

文化基金會各理事迅即開會議決，將領館館舍產權歸還我國政府，此一館產乃獲保存。在最後辦理收回產權手續期間，林肇輝法官（Judge Hermon Lum）惠予協助甚大。現（一九八三年）林法官已升任夏州最高法院院長。

遭遇

在夏威夷一次酒會中，一位客人問我對中國玉器了解多少，這一問來得唐突，雖然我是中華民國外交官，未必博學多才到連我國的珠寶玉器都有研究，其實我是一無所知，正在為難之際，身旁另一位客人插口笑着說：『總領事，他是虎你的，他做玉器古董買賣二三十年啦！』

另一次在某大學舉辦的中國歷史座談會以後的茶會中，一位學者來問我：在中國某朝代某皇帝在位期間，考試制度已發展到什麼階段？我聽了以後，反問他是否正準備就我國考試制度有著作要發表？他遲疑了一會兒笑着對我說，這是他的論文題目，我告訴他在他蒐集的參考資料中，可以得到正確的答案。他含笑而退。

五一、夏威夷大學頒贈蔣夫人榮譽學位

夏威夷僑賢林榮貴醫師（Dr. Fred Lam, Sr.）有一天和我談起，他早年返國求學，由長華僑領函請國父照顧，因此獲得奬學金，在北平協和醫院附設醫學預科就讀，全部免費，結業後轉入美國醫科大學，終於返回檀香山懸壺，成為當地名醫。回想起來，他受國家栽培，而未嘗為國家出力，時覺歉然。當時，一九五九年，他被推選為夏威夷大學董事會主席，有意邀請蔣夫人來檀島講演，幷由夏大贈予榮譽博士學位，他認為檀島人士，對我國國情了解有限，但對蔣夫人素極景仰，如將夫人能應邀蒞臨，使各界人士能親聆教誨，影響深遠，可以預期，而於提高僑界對祖國之向心力，亦必大有助益，惟不知此一構想，有無實現可能，特來計議一番。

我覺得他的想法和看法，非常正確，因為以前檀島學術界人士，曾向我多次建議，邀請蔣夫人和胡適之先生來檀島講演，傾談之餘，似乎其他人選，均不在考慮之中。林醫師的建議，的確可以代表檀島人士共同的願望。可是我沒有把握，尤懍於責任重大，提洽不無艱險。我們在外交崗位上工作的人，都曾經遭遇到相同的困難。這癥結是在進洽的程序上。如果先由林醫師提請董事會通過，而蔣夫人不克前來。對夏大董事會難以交代。反之，如先行呈准蔣夫人同意接受，而董事會內有週折，更為不美。因為夏大贈予榮譽學位案件，必須全體校董一致通過，可能其他大

學亦復如此。我們磋商了好幾小時後，決定先由林醫師向各董事各別探詢，我和校長史奈德博士洽談，分頭進行。

我和校長頗熟識，相談之下，他立表贊同。他說，如獲成功，不僅是夏大的光榮，也是夏威夷州的光榮。他又說林醫師身為董事會主席，德高望重，如他出面提洽，各校董均將贊同。在相同時間，林醫師進洽亦甚順利。於是我立即呈報蔣夫人。稍後，夏大董事會正式通過決議，在是年暑間畢業典禮中贈予蔣夫人榮譽博士學位幷請蔣夫人發表演講。在夏大邀請函送達蔣夫人約一個月之後，終獲同意，一切堪稱順利。

蔣夫人蒞臨檀島之日，夏威夷州長、檀香山市長，太平洋美軍總司令、夏大董事長、校長及夫人等均至機場恭迎，僑胞亦踴躍參加歡迎行列。是日董大使顯光亦同來。蔣夫人下機後應太平洋美軍總司令之邀下榻於總部之貴賓招待所。夫人抵達檀島消息傳出後，總領事館的電話晝夜不停。檀島各大衆傳播事業及報社，均來詢問夫人行止，幷要求作單獨訪問。夏威夷各界名流，也洽請代為安排晉謁，僑界更是熱忱的要求有機會歡宴。那時，總領事館祇有我、端木領事和秘書共三人，輪流接電話都忙不過來。幸好，所有準備工作，都在夫人未到以前已有安排。

在舉行畢業典禮前兩天，校長告訴我，典禮將在露天大會場舉行，共有八千座位。但每年畢業典禮舉行時，學校已放假，留校學生不多，難期滿座。一年前在典禮中贈予當時太平洋美軍總司令史敦普上將榮譽學位時，到場觀禮者四千餘人，顯得冷清，問我是否準備發動僑界踴躍參加，共襄盛舉。我說，據我一週來朝夕所接電話情形以觀，八千席是會滿座的。

果如所料，典禮未開始前，場內早已滿座，會場以外約六千人，均在裝有閉路電視的會議室中靜聽。是日典禮中，蔣夫人演講，清晰、明爽，極為成功。校方用全新音響設備，帮助甚大，事後人人稱為「盛況空前」！

當日午後州長的歡迎酒會，到會者踴躍，皆係檀島知名之士。原先，夫人下榻之太平洋美軍總部招待所，位於珍珠港，距市區相當遠，而當日節目緊湊，每次均需往返於市區與珍珠港之間，恐有延誤。幸夏威夷皇家旅社，邀請夫人前往休息一日，讓出位置最優之一部份，為夫人及隨行人員住用。

皇家旅社是當時夏威夷最具名氣之旅社，雖不如隨後所建高樓之大，但在設計裝潢及陳設方面，均屬一流，尤其該旅社建築甚早，就海邊觀潮而言，佔了理想的位置。

夫人住入後，推窗遠望，金鑽頂山峯與著名的威基基海灘盡入眼底，她說：真的使人心曠神怡。

檀島人士，前因夫人寓珍珠港，無由瞻仰，及至聞悉夫人已遷入皇家旅社，終日在旅社前後停留者，數以千計。當夫人於午后參加州長酒會，步出旅社時，均趨前瞻仰，以熱烈掌聲表示歡迎，愉悅之情，難以盡述。

當晚八時，原係我以總領事身份舉行晚宴，幷邀請檀島軍政軍首長、州、市議會議員，各傳播事業及新聞界人士，夏威夷大學董事，校長，院長及工商各界人士參加的，但因僑界亦要求歡宴將夫人機會，安排至為困難，最後商定由總領館與僑界聯合歡宴，外賓方面，概由總領事致邀，各僑團則分配名額自行選邀，實際上僅能邀請八十餘僑團之正副主席，因總人數不能超出五百人。

這次宴會的地點，不易安排。較大的中國餐館數家，場地不甚適合，進出通道狹窄，停車場過小。所以我和僑領們會商以後，大家同意租用夏威夷皇家旅社餐廳。這餐廳位於地面層，不需乘電梯，是扇形設計，容五十台圓桌，綽綽有餘。主賓席高出地面一尺半，裝璜高雅，音響設備好，進出通道寬大，停車場夠用，餐廳兩側有貴賓休息室，均合需要。

當我和餐廳經理初次洽談時，他興緻頗高，他說他原先預料我們一定選用中國餐館，如今他的餐廳獲選，深以為榮，願聽候指示。我說，我們有幾項要求：

第一，要增加服務人員，五十桌，每桌一人，協助人員除外。當主賓桌上湯時，五十桌同時上湯，主賓桌上咖啡時，五十桌也上咖啡，收拾主賓席盤碗時，五十桌也同時進行。庶全場同時收拾清楚後，卽無工作人員走動。而在節目開始時，全場鴉雀無聲秩序井然。

第二，在主賓台對面後方的浮台要啓用，在餘興節目開始時升起，而主賓台上方屋頂燈光要同時放射。

第三，在左後方保留一席地，供樂隊使用。

第四，在走廊上（進入餐堂之通道），設工作人員桌椅五套，為分發賓客座位卡之用。餐廳經理均允照辦。

當晚七時半，由皚如（長女），燊如（次女）所屬姊妹會中邀請十位女生協助，五人帶座，五人分發座位卡。桌前懸有英文字母牌，如：（A-G），（H-K），（L-P），（O-T），（U-Z）。凡姓氏為：Anderson, Chen, Fan 者，至第一台，Wilson, Young 至第五台。故當賓客步入通道時，可迅卽洽取座次卡，由帶座人員指引入席，因每桌均有桌號及座位卡，故不出十五分鐘，五百位賓客均已順利就座。

請柬上書明：八時晚宴，請於七時四十五分前蒞臨。通常較大規模宴會，多有請賓客提早半小小時到達者，往往使赴會者就座後相候良久，亦非待客之道。

至於貴賓席上賓主十二人，均請於七時五十分到達貴賓室。貴賓席係長形，全體均面對餐廳廣場。七時五十分，貴賓到齊後，由檀香山水仙花皇后唱名排隊，八時正，由司儀宣布將夫人閣下蒞臨，樂隊奏進行曲，全體肅立，鼓掌歡迎。水仙皇后卽引導貴賓魚貫入場，沿貴賓席左端走至右端盡頭處立定。當全體貴賓立定時，便發現各人所立之處，卽其座次，此時，進行曲終止，改奏中美國歌、奏畢，全體就座。

當全體坐定後，餐廳經理在台前作一手勢，左右兩側侍者同時魚貫進入餐廳，每上一道菜時，均進退有序。當最後一次收拾盤碗結束時，節目開始。我首先表示歡迎將夫人之意，幷介紹貴賓，旋由各貴賓作簡短致詞，由僑界代表呈獻紀念品，幷由蔣夫人致謝詞，歷時卅分鐘。司儀旋宣佈餘興節目開始。

當時貴賓席上有人問我需否移開，俾餘興節目在台上進行，我告訴大家不需移動。

正說話間，全廳燈光慢慢的暗下來，貴賓席上方燈光放射到餐廳正後方，正對着徐徐升起之音樂台。第一個節目是男高音唱中國歌曲，第二個節目是女高音唱美國歌曲，第三個節目是男女合唱夏威夷曲。然後照明恢復，曲終人散。

是夕，全體協助的工作人員及餐廳侍者，人人細心，個個盡力，全部晚宴時間二小時半，秩序井然，氣氛歡樂。夫人返抵太平洋美軍總部招待所後，召見我和叔純，慰勉有加。

次日，明星晚報一篇社論中說：日昨歡迎蔣夫人晚宴，五百人在十五分鐘內全體就座，在夏威夷是破天荒第一次。隨後，服務人員效率特高，使晚宴進行，井井有條，致詞與餘興節目，在莊嚴而歡樂氣氛中進行，沒有一般餐會那種紛擾的情形和噪雜的聲音，這一次的宴會可以將今後檀島的社交活動，提到高一層的水準。

這是我主持多次宴會中最成功的一次，迄難忘懷。

五二、送往迎來，辛苦備嚐

在前一節裡，凡事順手，說來如數家珍，現在要談的，別是一番滋味，又好像在吐苦水了。

在夏威夷任期內，跑機場的迎送工作，比在加爾各答時，更多更苦。當年，華航還沒有開闢中美航綫，國人過境，祇有乘泛美，西北或日航。這些航空公司為求旅客抵離東京和三番市時間上的便利，便將班機在檀香山的過境時間排在凌晨二時及四時，而且常常誤點，所以接送一次班機，那一晚就難以入睡了。

在六〇年代初期，國內人士住在三番市、羅安琪、或紐約者甚多、所以當國人前往那些都市往往有親友接送，不一定托請領館派員照料，可是在夏威夷，從國內前來定居者極少，需要領事館招呼，勢所必然。

我初到夏威夷時，好幾次接待我國官員過境，他們異口同聲的說：『要總領事親自駕車來接，實在不敢當，祇要有一位職員帶一個司機來招呼即可。』當時領館裡祇有一部車，司機也就是我，因為另外祇有一位領事和一位女性雇員，領事有深度近視，不能駕車，雇員是按時上下班，不可能半夜赴機場接送的，但是這些我都不便說明，可是也不了解他們為什麼會建議作這種安排。

後來，我終於在路過的國人口中獲悉：國人來美，第一站是東京，我國駐日大使館，有好幾部公車，雇有司機駕駛，為顧及過路客人語言上的困難，也配備一位職員或雇員擔任翻譯，接待週到，人人稱便。可是一到了夏威夷，情況大不相同，我雖然已經是全力以赴，過境官員的感受是：「比在東京差多了」。

※　※　※　※　※

夏威夷是美國入境的第一站，要辦通關手續。依當地規定，領館人員接機，有三種待遇：凡係外國部長級以上官員，可享受甲級待遇，領館人員可逕至機旁相接，行李免驗，中級官員享乙種待遇，領館人員可至海關查驗區內接客。其餘，則領館人員僅能在查驗以後旅客出口處相候。海關和移民局首長，係政務官，由聯邦政府派任，與領事館至為合作。但一般工作人員，都是移民和海關業務老手。多年來，養成歧視東方人的習氣，遇事刁難。言談粗魯，毫無禮貌。

有一次，檀香山明星晚報主筆，訪問遠東各國歸來，入境時，與海關人員略有爭論，受到和東方人相同待遇，檢查人員翻箱倒籠，盤問無已，最後，全部隨身行李遭扣。這位主筆就在明星晚報社論欄，一連十天，攻擊海關人員的作法和態度，體無完膚，引起當地社會的共鳴，華府不得不撤換海關主管，而以一位當地日裔律師繼任。隨後情況略有改善，但那批老手，仍是江山易改，本性難移。

我國官員出國，通常由庶務單位或旅行社代辦手續。領到護照後，由辦事人員或旅行社代為保管，辦理出境，直至旅客登機前，才連同機票送交旅客本人。多數旅客沒有把護照看一遍，往往在「持照人簽名處」漏簽，就在第一關——移民局——櫃台前被打回補簽。這原本是小事，可是移民局官員面色難看，而補簽後要重新排隊，這一排就排到很後面了。

檢查行李時，海關人員開口便問，行李中有無應該申報的物品，我們接待的客人，大都搖首示意，啓箱後，便見大包小裹包裝完好的禮品，海關人員繼續問，包裹內係何物，又答稱係他人托帶，不知其詳，這一來，便被迫一一打開，至為尷尬。這些賓客們實在是缺乏旅行經驗，可是他們反認為是總領館平時聯絡工作作得差，有時還問上一句：『領事館交際費很少吧！』

※　※　※　※

如果檢查時，發現了肉鬆、火腿，依照美國農業法令，必須要沒收的。如果在未啓箱前，回答說沒有攜帶肉類食品，隨後被查出，海關人員的面色更不好看；嘗對旅客說不僅要沒收，再嚴格一點，還需處罰呢！

有些人，一隻行李箱內，可能帶上十罐八罐肉鬆，有些是帶給兒女的，有些是受人之托，都是做父母的疼愛子女的榜樣。有一次，一位仁兄帶的肉鬆幸運的未被發現，過了關。其中有幾罐是受人之托帶予在夏威夷大學求學的子女的，他便交給我們轉交。沒想到我們三番兩次通知他們來取，竟然置之不理。兩星期過後，在一個星期日下午，有四五位青年上門來，道了名姓，我們便把四罐肉鬆面交，他們就在領館內草坪上席地而坐，邊談邊吃，約一小時，相率離去，四個空罐留在草坪上，其中有兩罐還餘留半罐肉鬆。試想做父母的，深恐子女在國外食物不合胃口，滿以為這四罐可以維持幾個月，其實，這都是枉費心機！

※　※　※　※

另一種尷尬的局面是：過境的客人，要拜會州長、市長。這兩位都是大忙人，好不容易請他們的秘書們，安排了廿分鐘晤談時間。可是我們的客人，自進入至辭退時，幾乎是一言未發，結果是我向對方介紹訪客經歷、現職等等，另外找了點話題，才把這廿分鐘打發過去。事後，對方打電話來問：訪客一言不發，是否有難言之隱？我祇好說，訪客久仰，所以很想瞻仰閣下丰采，他們對此次簡單會晤，至感愉快。數月以後，我偶爾在國內刊物上，無意中看到他們的文章，就拜會夏威夷州市政府首長一事，還大書特書一番。

※　※　※　※

送客人登機時，如果他在途中問我們和航空公司人員平時有無聯絡？我便知道他有行李過重的問題。經常旅行的人都知道，一般而言，超重二三磅，大致可以通融，如果在十磅以上，就得補繳過重費。同時，對於通融的尺度，各公司忽緊忽鬆，原因是各公司為競爭拉客，有時以寬容超重為餌，一旦被控受查，就不得不鐵面無私，一兩磅都不敢通融了。

如果不幸遇到必需繳納過重費時，我們的客人很少痛快付款的，有時還大聲嚷道：他從台北登機，就是這麼多行李，為什麼此刻會超重呢？這些理由，是不會被接受的。我相信這些客人，忍痛付款以後，一定會認為領事館吃不開，或者送他去機場的館員是飯桶。

我曾經聽說過，在我國駐外使領館館長中，的確有些是很吃得開的。不用說，平時是做了不少工作，做好公共關係。到了接送時，他另有一套。譬如，送客人至機場時，將行李交由館員去辦手續。館長陪客人在僻靜處聊天，遇有超重而必需付費時，館員代付了事。事後來報，一切無問題，旅客心裡明白，超重一二十磅，居然過了關，他自然認為這位館員能力强，館長在當地吃得開。如果是接客，照樣由館員自旅客處取了鑰匙，代辦手續，遇有必須付稅時，也代付完事。

不過，這要看館長的氣魄和財力，也要看當地情況，有些地方是辦不通的，有些國家關務人員必需要旅客在場啓箱查驗。

※　※　※　※　※

若干年前，國人出國旅行缺乏經驗，一出門就要攜帶許多不必要的衣物用品，又怕行李過重，所以手攜行李特多，雙手提手提皮箱和布袋，兩肩還掛了不少零件，堪稱全身披掛，我有幾次到機場接自美返國的過境客人，但我與被接的客人幷未曾謀面，機場服務人員和航空公司人員嘗主動表示要帮忙。每次見到自機艙內出來的全身披掛東方人面孔，他們便猜定是我的客人。結果，八成是猜對了。

五三、宴會多，分身乏術

檀香山僑團特多，有些是宗親會，有些是同鄉會，有些是以職業區分的如中華總商會，中華總工會等，一位僑胞，可以參加好幾個僑團，所以在三萬餘僑胞中共有八十四個僑團，每年一次慶祝新任主席就職的餐會，便是僑團一年中最鬧熱的盛會。會員們都踴躍參加，也藉此表示對新任主席的支持，出席此項餐會，各自購買餐券，并無其他費用，很多人是闔第光臨，所以每次餐會，平均四五十桌。

這些餐會，大都集中在農曆新年期間舉行，故亦稱春宴。總領事館所遭遇的最大困難是，同一天晚間，收到四五處請柬。聽說我的前任祇好每處去廿分鐘，一晚可走四五處。實際上這也很困難，因為在主賓席上有當地政府首長，總領館人員，新舊任主席和應屆水仙花皇后，是衆人矚目的所在。如果總領事遲遲而來，登台致詞後又匆匆離去，看起來就像有點官僚習氣，而且每次總領事蒞臨，中止上菜，儀式開始，司儀便向餐會貴賓和會友表示歉意的說：因為總領事祇能停留二三十分鐘，不得不遷就也。

我看這不是理想的安排，決定通知各僑團，每晚祇能參加一個春宴，以收到請柬先後而定，次一僑團之春宴，則由領事或副領事代表。後來，大家也習慣了，不以為怪，有時館內三四位同仁，各人代表出席一個春宴，全體出動。這樣便不致擾亂宴會的程序，更沒有遲到早退的現象。說到遲到早退，在檀香山僑界，流行着一句常說的話，叫：「中國時間」（Chinese time），意思是：遲到半小時。

我到任之初，出席任何集會，必定準時，可是到了會場以後，餐廳內是空空的，連主人都沒有到，祇有二三位管事的在安排席次，差不多在一二十分鐘後，主席才惠臨，連聲道歉，並且勸告我以後應僑團邀請，最好晚半小時蒞臨，因為大家都用「中國時間」。在會員們沒有到以前，總領事便駕臨，實在過意不去。

我聽了以後，好不自在，我深信，這「中國時間」一詞，是他人譏諷中國人不守時，以中國時間代替「遲到」，對中國人是一種侮辱，僑胞們不了解，往往在集會中，對遲到的人，揚聲：「中國時間」，「中國時間」來安慰遲到者，意思是遲到沒有錯。如此，我曾經好幾次在僑團餐會上解釋，遲到畢竟是不應該的，當今國內公私集會，都養成準時的風氣，我個人應邀，絕對準時到達，希望大家合作，來把這「中國時間」一詞休掉。

後來各僑團知道我是會準時到達的，漸漸的，差不多過半數的人也準時參加春宴，看當時的情形，希望全體準時，恐怕還要費一番工夫。

※　※　※　※　※

檀島僑界在事業上有成就的人當中，少數人不熱心僑團活動，只說英語，對具有鄉土風味的活動，更是避之為恐不及，但是絕大多數，還是崇尚中華文化，對僑界事務，多方出力，像鄺友良參議員，就是很受僑衆愛戴，同時也獲得當地人士的支持的。

他們大力支持僑校，將子女在當地中小學下課以後，送往學習國文，讀中國歷史，不過全是用粤語教學，祇有一兩班專門教國語。

每年有結業典禮，對初級班、中級班、高級班結業同學，均頒發文憑，以資鼓勵。第一次我應邀出席致詞時，我看到第一二排幼稚班小學生，在座椅上足不及地，後面十幾排是中級和高級班學生，年齡自十一二歲至十七八歲之間，最後數排是學生家長，兩旁為學校教職員。面對年齡如此懸殊的聽衆致詞，選擇內容，已屬困難，而且學生們對粤語的了解有限，對國語更聽不懂，他們聽英語大致可行，但家長們認為對國文班學生講英語是文不對題。結果祇好以粤語為主，開始說幾句國語，結尾來幾句洋文。這是我每年一次最難準備的演詞。

※　※　※　※　※

檀島僑團組織採美國民間團體組織的型態，設有主席，第一副主席及第二副主席。每年改選一次，在傳統上，主席任滿後，便推選第一副主席繼任，而原有第二副主席便被選為第一副主席，所以每年改選，實際上祇是推選一位新的第二副主席。競爭不十分激烈，因為第二副主席，要兩年後才輪到當選主席，所以，平時僑團中糾紛少。

※　※　※　※　※

夏威夷各界都强調各種民族之間融洽相處，所以在一般民間團體裡，都有僑界人士參加，也都有華裔人士擔任職員。由於這種關係，我被邀請參加這些民間組織文化團體宴會或說話的機會挺多。

※　※　※　※

美軍駐太平洋總部和陸、海、空軍總部，位於檀島郊區，僅海軍陸戰隊總部略遠，各總部共有將級軍官七十人以上，且多係單位主管，任期兩年，故軍方每年舉行之交接典禮、慶祝活動與宴會不少。總部的防區包括太平洋及遠東盟邦，高級官員經常訪問我國及韓國、菲律賓等，所以他們舉行的慶祝活動，我和韓、菲兩國總領事，經常被邀。有若干場合，日本總領事未被邀請，這是可以想像的。總部招待賓客，嘗備汽船載客遊覽珍珠港港區。每一次，航行至一處海灣時，導遊人員照例指對岸高處一所建築，說明是戰前日本總領事避暑處，也就是日軍偵察美國海軍艦隊移動的所在。日本發動偷襲珍珠港時，美軍駐太平洋總部戰船損失慘重，官兵傷亡特多。港內設立了許多悼念處所和標記，美軍人員置身其間，對所受創傷，不易忘懷。

五四、商討「在華美軍地位協定」經過（上）

在我出任美洲司司長的五年內，負責與美方商談「在華美軍地位協定」共三年半之久，可見這是我任期內的一項很吃重的工作。

這一協定的需要，是隨台灣協防司令部的成立和在華美軍人員之增加而來，因為人數增多，良莠不齊，難免肇事，當初協防人員都享受外交官待遇，享受豁免權，遇有刑事案件，均需將嫌犯（指美軍人員）移送在華美軍當局處理，由美方組成的軍事法庭審判，這種情形，逐漸引起民衆的不滿，輿論的批評，甚至引起公憤，發生暴亂情事如劉自然事件。

實際上，在北大西洋公約組織國家，早就有類似情事發生。為防範計，美國與公約各國先後訂立協定，確定管轄權之劃分。簡言之，遇有美軍人員觸犯駐在國刑法時，其情節較輕者，駐在國政府捨棄其管轄權，將嫌犯移送美方審理處罰，如係嚴重犯罪行為，如危害駐在國安全、致人於死或強姦等罪行，美國政府同意駐在國政府收回原有的捨棄，而聽由駐在國司法當局審理。因為情節重大案件，易於引起當地居民的關注和激動，轉而有損於同盟國間之友誼與合作也。

在近代史上，同盟國之間有相互軍事支援的義務；甲國遇有外來侵略，乙國派軍入境馳援的往例甚多。但大多是在戰爭狀態中而為期短暫，且須受軍令管轄。一般而言，乙國軍事人員奉調前來甲國作戰期間，大多數對甲國法令規章、語言習俗，全然不知，因此，駐在國鮮有要求派遣國的軍事人員接受它的管轄。

可是，二次大戰後，美國基於協防條約，派有龐大軍隊，常駐北大西洋公約組織各國。雖設有營區，但因時日長久，不得不彼此協議，准許美軍人員到市區採購、觀光、休閒或享樂。可是，日久天長，難免發生酗酒、鬧事、强姦，以及致人於死等罪行，於是乃有美軍人員地位協定之簽訂。

在相同期間，我國便已向美方提出類似協定之商訂，但駐在我國的美軍人員，情況不同。中美間雖已訂有協防條約，美國在台協防司令部亦已設立，但美國在我台澎地區沒有駐軍，沒有常駐的作戰部隊，所以也沒有軍營。協防司令部工作人員，均係軍官——士官階級以上人員，擔任策劃、訓練、情報，和美援武器的保養和使用等工作。其中還有很大一部分是文職人員，包括技術人員和眷屬，來台後，散居各地。

這些人員在數目上遠較駐其他國家者為少。早期總共千餘人，連眷屬也只三四千人，其後逐漸增加到六千人，連眷屬超過一萬人。越戰升高期間，有幾年，連同支援越戰人員在內，總共一萬餘人。

在商談之初，美方以駐華軍事人員素質高，人數少，犯罪案件不多為由，顯然不很積極。事實上，初期美軍人員肇事，以酗酒、打鬥和車禍為多。所以在酒吧集中地段和交通要道，美方憲兵巡邏甚勤，且與我國憲警頗為合作。後來偶亦發生强姦和攜帶毒品案件發生，而最引起民衆公憤者首推劉自然事件。因此，我方推動締訂在華美軍地位協定，不遺餘力，這正是我奉派在美洲司工作之時。

遇驚

在台灣無人不知颱風的可怕，但是不曾嚐過海嘯的滋味。海嘯是由於海底地震或火山爆發而引起海水的震盪。海嘯來時，海浪滾滾向海岸撲來，海水陡漲數丈或十數丈，沿海一帶迅遭淹沒。退潮時猶如龍王爺使用了巨大無比的吸塵機一般，使上岸的海水捲回岸上的車輛、樹木、建築物一齊帶到海裏去，夏威夷島（在夏威夷群島中稱「大島」）某次遭遇海嘯，沿岸一排樓房全部捲走，留下來的屋基上鋼筋，彎曲得平臥在地面，威力之大，可想而知。

一日，國內有友人來，我和叔純陪同逛街，下午五時許，去威基基海灘巡禮，海灘上有一段，可以通行汽車，我們懶得下車，請司機沿海邊緩慢行駛，欣賞海浪，是日，海浪特別大，浪花似白雪，向海岸滾滾而來，嘆為奇景，而不知是海嘯的起步。因為一面看風景，一面談話，沒有開收音機，所以沒有聽到警報的消息。

轉瞬間，大雨傾盆，海水淹上海灘，浪花和雨水籠罩整個車輛，頓時自車內向外看，能見度是零，這時司機驚喊起來：『不好，這是海嘯！』我們要他趕緊駛出海灘，他說，他無法辨識出口，萬一撞上堵牆（石砌矮牆），車會熄火，那更糟。這時我們在車中驚惶得六神無主。真是皇天保佑，司機忽然在浪花雨水夾縫中，瞥見灯光一閃，他說：『好了，我看到出口路灯了！』旋卽循他想像中路線，萬幸駛出海灘，此時環海大道，不見一輛車，水深盈尺。離開危險區後，我們慶幸能在驚濤駭浪中逃出來！

五五、「在華美軍地位協定」商訂經過（中）

在我未奉調美洲司工作以前，我的前任已經和美方商談「在華美軍地位協定」案好幾年，進展緩慢，事實上，連局部的協議都未曾達成，主要的原因是美方不積極。理由很簡單：在沒有達成協議以前，美方軍事人員、美軍文職人員和眷屬，都享受外交待遇，一旦達成協議，無論協定內容對他們如何禮遇，也不可能和外交待遇相比。其次，在協商之初，祇有美國和北大西洋公約組織國家所簽訂的協定作參考，而美方自始至終認為西歐國家與美國，在刑法的觀念和規定上，在審判程序上，在風俗習慣上，都很接近。但美國和我國却大不相同。特別是我國的語言文字、宗教信仰。民間風尚，美軍人員都一無所知。他們一旦聞悉要受我國法律管轄，必將驚駭萬狀，自足以影響士氣。其實，還有些是他們不便明說的。在美方看來，我國司法制度、監獄管理等，在許多方面，還不夠進步。

在我接辦本案時，美國又已和西德、日本簽訂了類似的協定，給予我們負責經辦本案人員較多的參考資料。同時，日德係二次大戰中戰敗國，中美卻有同盟關係，我們因此在交涉上可以做更有力的說辭。

當時，副司長關鏞和一科科長錢復，都很得力，我和錢科長參與會談，費時甚多，因此司裡的很多公務，都落在關副司長的肩上。

外交部為推動本案，還組織了一個三人指導小組，在進行商談期間，作經常的指導。小組成員包括㈠外交部政務次長——那時是朱次長撫松，㈡司法行政部查次長良鑑，和㈢外交部顧問胡慶育大使。胡顧問曾任本部條約司司長政務次長多年，他不同於兩位次長，因無重要職務羈身，所以能夠用較多時間，全力來指導我們。小組開會時，胡顧問一向側身而坐，閉目靜聽。遇有疑問處就叫停，立刻把所討論的內容和文字，隨口引述剖析，何處與我國法律在文字與精神上相脗合或抵觸，何處應與協訂草案以前條文相配合協調，見解精闢，我們受益特多。

※　※　※　※

在商談之初，由我方提議並經美方同意：採用氷凍的程序。意卽：就協定草案初稿，逐條逐項進行討論，其經改正同意部分，卽行分別呈報，提出凍存，視為初步獲致協議部分，除非客觀情況有變化，不再提出商討，以免反覆商談，永無已時。

美方初期參與談判者為美國大使館政治參事James Leonord不數月奉調離職，改由新任參事Robert Linquizt出任代表，都是美國資深外交人員，都很精幹，辦事認真。在漫長的商談期間裡，雙方參與會談人員雖有時各持己見，爭論甚烈，但大體上能彼此諒解，並且共同的希望能夠順利完成這個協定：協助他們的有：

Harvey Feldman, Peter Colm 等。

在初稿中，絕大部分是以美國和北大西洋公約組織國家、日本及西德個別所簽訂的協定為藍本。有許多條款，沒有太多爭議的地方，所以不出一年，除第十四條有關管轄權部分而外，都已進入氷櫃。第二年，商談第十四條的不少的條文，有兩項問題，無法解決。第一，所謂重大罪行而應由我國行使管轄權者，除「危害我國安全」、致人於死、搶刼、强姦而外，我方要求增加販毒及縱火兩項，此為美國與其他國家協定中所無者，我國厲行禁毒，大力維持治安，對防止販毒縱火，特別重視。美方則認為：販毒縱火兩項罪行之納入，超出美國基本構想之範疇，且美國今後尚需與其他盟國商談同樣協定，此例一開，對方國亦可援引，一一提出各自認為「應予特別重視」者，要求列入。何況「毒品」中，包括大麻煙，尤難接受，因在美國各州中，對大麻煙的看法尚不一致。第二個問題是嫌犯的看管問題，在美國與其他國家所簽協定中，包括美日協定在內，均規定凡屬地主國管轄之嚴重罪行，其嫌犯應由地主國看管，但在中美會談中，美方堅持要由美方看管。至判決後，始允移送我國監獄囚禁，祇是在審訊期間，如我國認為有特別需要時，得請求轉移看管，美方對此項請求將優予考慮。理由是：在華美國軍事人員，均屬軍官階級，在其他國家，絕大多數為士兵，在罪行尚未確立前，不願見此等軍官，接受我國看管。其次，美方經實地參觀後，認為我國監獄，在管理與設備方面，均有極大改進，但各拘留所，條件甚差。

※　※　※　※　※

對以上兩個問題，雙方堅持，各不讓步，會談陷於停頓。此時，會談已進入第三年，我方認為長此僵持，實非得計，有意將兩案一併解決，即：美方同意在屬我方管轄權之嚴重罪行中，加列販毒與縱火兩項，而我方同意有條件的將嫌犯由美方看管。稍後，我們獲悉在台北之美方主管官員堅決反對，並側聞：「本案如求在台解決，難於登天」。

至此，政府決定派我專程赴美，向美國當局剖析本協定締訂之迫切性，以求突破。

※　※　※　※　※

到華府後，首先訪晤主管遠東事務的助理國務卿彭岱 William Bundy 和副助卿柏格耳大使 Amb. Burger。我知道他們是不準備和我談條文細節的。所以我以大部分時間說明在當時情況下，此一協定之締訂有迫切需要，萬不可再事拖延。其次，我提到在過去兩年中，雙方基於誠懇合作的態度，對絕大部分條文，均已獲致協議。現僅餘㈠販毒與縱火兩項可否納入嚴重罪行之列及㈡嫌犯之看管問題，尚未解決，至盼中美雙方基於互信，均作若干讓步，以求此兩問題，一併解決。

助卿與副助卿，事前諒必已聽取簡報，瞭解於當時交涉癥結之所在，經過一小時半之商討後，助卿表示原則上同意我的看法，但盼我能與國防部有關單位代表會晤，作一番解釋，以清除彼等之疑慮。談話在和諧氣氛中結束。

次日，我再度赴國務院，與國防部官員晤談，當我步入會議室時，看到十幾位軍官擠在長桌的一邊。我被引到另一邊單獨坐下。經介紹後，始悉我面對的軍官們，包括陸海空三軍有關單位主管和法律顧問。

稍後，國務院中國科科長葉格爾（Joseph Yager）到來，我邀請他坐在我這邊，他同意後，我取笑的說，『現在有國務院和我在一邊，我放心多了。』

會議開始，我首先做了廿分鐘的報告。隨後，各軍種官員和律師，依次發問，他們都是經辦駐外美軍案件老手，提出的都是相當專門性的問題，我逐一解答，尚無困難。因為有許多問題，都曾經由美方會談代表在台北提出討論過的，由此可以判斷，在台北商談中，美方所提出的許多問題，很多源自當天在坐的幾位律師。

這次會議，經過了三個小時，大家都有言無不盡的意味，但氣氛友好，經過這次的會談，雙方的疑慮冰釋了不少。在咖啡時間裡，國防部出席人員又自行磋商了半小時，然後由一位資深的軍官代表作結論，內容與前一日彭岱所說相似，但也加了一句，與本案直接有關的單位是駐太平洋美軍總部，故國防部有關單位尚需與珍珠港方面協調後，始能作最後決定。我表示願親往太平洋總部一行，并請國防部代為先容。

※ ※ ※ ※ ※

我趕到夏威夷後，卽與珍珠港方面聯繫，依約前往，與駐太平洋美軍總部政治顧問會談，我照樣先作半小時說明，基於中美傳統友誼與戰後的密切合作，籲請排除不必要的顧慮。我一再申述我政府無意藉所獲得之管轄權而對美方罪犯從苛量刑之意。亦盼美方在看管嫌犯時，無偏頗之處。如此，則遇有案情重大事件發生時，自可依法處理而不致引起爭議。

談話兩小時，對方亦表示願基於互信，早日結束會談，締訂協定。

當我返抵台北之日，美方參予會談代表，亦至機場相接。據告，華盛頓方面已有綠燈信號。隨後在極短期間內，雙方會談代表在約稿上草簽，而於一九六五年八月卅一日由沈部長昌煥與高立夫代辦正式簽署本協定及有關換文。

笑談

有一個時期，台北西餐館的早餐，大都訂價一百元。

某星期日，孫君起身相當晚，夫人已用過早餐，雅不欲勞動太座再去廚房備餐，便約同散步至鄰近一家西餐館。就座後，孫君點了一客早餐。侍者轉身問：夫人要點什麼？孫君說：夫人已用過早點。侍者又問：要不要來一杯果汁或咖啡？夫人說：來一杯咖啡也好。

侍者送到後，孫君問：一杯咖啡取費幾何？侍者答：五十元。

孫君用完果汁、土司、火腿蛋後，侍者問：要紅茶還是咖啡？孫君稱：已太飽，都不要了。

起身時，孫君取出兩張五十元鈔票，對侍者說，一張是付夫人的咖啡的，另一張是付一客早餐的，侍者說：早餐每客一百元呀!?孫君說：對的，但早餐中減去咖啡，一百元減五十，不就是五十元麼?

五六、「在華美軍地位協定」商訂經過（下）

協定在雙方簽字後，須經兩國政府各依其憲法程序予以核准。

我政府將本案送請立法院審議後，立法院外交委員會舉行審查會多次，質詢所費時間特長，也許是各委員對本案特別重視，逐條逐項逐款發問。也有外交委員會以外的委員，出席參加質詢，最特殊的是有些委員來去無定時，對同一問題，很多是重覆詢問，有些委員發問後便離席，所以我要一答再答，一度再度的解釋。有些詢問，詞意籠統，我得要把來龍去脈，源源本本的說明，每次審查會，都使我舌乾唇焦。

最困難的是：當我說明絕大部分的條文，已爭到與北大西洋公約組織國家同等待遇時，有人執意的反對說：『其他國家所同意者，我國不一定接受。』但是，我方究應提出何項對案方為適合，則無意見。因此，在審查會中，進度遲緩，眼見一週一週的過去，令人焦慮。

有一次，一位教育委員會年事已高的委員，中途前來參加質詢，正在我解答另一項詢問時，他突然起立發言。他說：『蔡司長，今天討論的這項協定，完全是一個賣國協定！』我一時摸不着頭腦，祇好問他是指那一條或那幾條條文。他說：『條條都是賣國條文！』聞聆之下，令人髮指，我三番兩次起立要求離席，都被勸阻。

審查了四五個月以後，質詢的焦點集中在嫌犯的看管問題。甚多委員認為關於此點，美方對我待遇遜於他國，不能同意。我曾詳加解釋，在列舉嚴重罪行之條款中，我增加「販毒」與「縱火」兩項，則為其他協定所無；美方接受此項增加，亦頗感困難。終經兩方折衝，互有讓步。倘此時我對嫌犯看管問題，重新提出商討，美方亦必將「販毒」「縱火」應否列為嚴重罪行案件，一併提出，如此做法，等於把已獲致之協議推翻，回到一年半以前的會談僵局，經年累月，僵持下去，對雙方不利，對我尤為不利。

在審查會中拖延了半年之久。最後，經由負責協調的各位委員奔走，終獲諒解。審查結束，經由院會三讀通過。其時美國參院亦予通過，遂由外交部沈部長與美方恆安石代辦（美駐華大使返國休假）換文，各聲明其本國政府已依照憲法程序對本協定予以核准，本協定於同日生效。

協定生效後，美軍人員犯罪案件，概依協定之規定處理，幷未遭遇困難，有兩次發生强姦案，地方上反應强烈，引起各方關切，但經依照協定，將嫌犯送由我法院審判幷在我國監獄服刑，均未肇生事端。

大麻烟案件亦有數起，携帶及吸用者均有，最奇特者為一位美軍人員，竟在其住所園地種植數株，經美憲兵逮捕，移交我司法機構處刑。

其後，我在華盛頓及台北，均曾晤及美方當年參與談判的人員，彼此均感愉快的是：協定順利實施，沒有任何一方的行為，犯了當時對方最所顧慮的偏差。當時的互信，得到了理想的成果。其屬於我方管轄之嚴重罪行，我法院審理公允，犯人在服刑期間，亦從未遭受虐待或歧視。嫌犯在美軍方看管期間，亦未嘗獲得法外的便利。

「在華美軍地位協定」，已因中美共同防禦條約之廢止與美軍人員之撤退，由美方予以廢止，但在中美重大案件交涉中，仍屬雙方基於互信而獲致滿意成果的事例之一，是值得參考的。

笑談

在北伐節節勝利時期，湖南某縣新任縣長是一位青年才俊，作風開明，講求民主，規定縣政府各級職員，一律在大餐廳用膳，也一律去公共廁所如廁，縣長以身作則。

縣政府裡有一位科員，也算得上青年才俊，為人善於逢迎，口齒伶俐，人稱「八哥」。大家都說，新縣長平易近人，八哥這種口才，必受賞識；八哥自己也認為機會來了。一次，縣長因來客多，工友忙不過來，到盥洗室洗杯盤，八哥見到，奔上前向縣長說：『縣長同志，何勞您親自洗盤碗，小子可以代勞。』縣長便交給他辦。

另一次，縣長為鄉民題字完畢，又去盥洗室洗筆硯，八哥三步做兩步的趕上去說：『縣長同志，這些事小的可以代辦，何勞您親自動手。』縣長又交給他代辦。

一日，八哥內急，匆匆衝到廁所，在退出前，突見縣長和他並排而立，也在小解。八哥道：『縣長同志，有事使喚小的便可，何勞您親自……。』縣長說：『這種事你也能代辦麼？』

五七、司長難爲(上)

當我初初接任美洲司司長職務時，友人來賀，說我從此可以「學以致用」，「長才得展」。意思是說我曾經在美國留學，也曾任駐夏威夷總領事。其實在美國留學，說不上就了解了美國國情，或有能力處理對美事務。至於夏威夷，距離美國大陸兩三千哩，許多方面，大大有別於美國本土。所以，依我的學識和閱歷而論，我掌理對美事務的能力，還差上一大截。

當時的美洲司，掌理對美國和拉丁美洲國家事務，我對中南美國家更是陌生，沒有在這地區服務過，也不懂西班牙語，是道地的門外漢。

所以我到任之初，確實惶恐，每天公餘時間，全力惡補，在辦公室裡，調閱卷宗；晚間在家中，遍覽群書。可是在惡補還未曾上路的時候，便遭遇到一個難題：陽明山革命實踐研究院，每期有四節課，講「我國與拉丁美洲國家關係」，一向由胡慶育大使擔任，但胡大使突因患肝疾住院，非短期內可以復原。部次長考慮了很久，決定要我去代課。這一下可把我難倒！對我而言，正需要旁聽這門課，來充實自己，何能登台講述？就說惡補，也祇有十天時間！

於是我每天以快讀法看資料，下班後約請幾位曾在中南美洲各國服務過的先進同事座談，向他們請教。五天過後，我草擬大綱，試作講述，請他們作聽衆，也作導師，隨時糾正和補充。夜晚加以整理，次日重行演習，如是者，四個整晚。

到時，鼓足了勇氣上山（陽明山），講了四節，說不上精彩，倒還能前後連成一氣，沒有冷場。不數月，本部新組織法獲通過，美洲司改組，分為北美司與中南美司，我留任北美司司長，不再兼理中南美事務，幸甚。

※　※　※　※　※　※　※　※　※

儘管如此，司長的工作依然很吃重，外交部各單位，不斷有同仁外放，有新自國外調部分派前來的，也有高考及格集訓結束分配來司報到的，換句話說，司、處、室各單位，經常有去有來，去的是熟手，來的是生手，包括副司長、科長在內。因此司長分派工作，訓練同仁，相當吃力。

其次，民國初年，嘗有人指責政府高級官員，把工作推給部屬去辦，譏為「科員政治」。但自國民政府建都南京以還，不斷革新，這種現象，早已不復存在。不過，司長一職，承上啓下，責任特別繁重，譬如在外交部，遇有國際間發生重大事故，必定是先召有關地域司司長，問個究竟，又如司內業務，有難以解決的問題，又必定請示司長。近年國際事務繁雜，部次長不時囑主管司處長研提意見，以為決策參考。所以就目今情況而論，已無「科員政治」現象，要說它是「司長政治」，倒比較接近。

第三，司長經常要代表外交部，出席會議，或則與外國駐使或代表舉行會談。就內部言，所有收文，由司長批閱交辦，所有文稿，也要司長核閱後始能上呈或繕發（指司發文）。所以司長不論在部內或部外出席會議時，公文就積壓起來。國內開會有定時，散會則無定時，如果會議延至下班後還未結束，司長們便像熱鍋上螞蟻一般，急着想趕回辦公室批閱急件。如果司裡有緊急文件時時被積壓，第一個受責備的是司長，説他行政能力差。

第四，部次長經常要召司處長面談的，除了重要業務以外，還有一些人事的問題，譬如司內同仁的外放、調職、進修、出差、受訓、考績等等，都需要問問司長的意見。外界人士看到外交部工作同仁，時而外放，時而內調，頗値羨慕，尤其多數的調動，都帶點升職的意味，看來簡直是官運亨通。其實，他們一經奉調，便知道是要面臨一次考驗，一次挑釁，要在調任初期，戰戰兢兢的去做最快的適應—學習和了解，新調任的單位主管，更是如此。如果能在最初的一二個月內，摸清了頭緒，纔能鬆口氣，倘若一開始便出了一點差池，不患胃潰瘍才怪。

五八、司長難爲（下）

外交部各司、處、室主管，和其他各部會的一級主管差不多，不時要代表本機關出席各項會議，或者代表本單位參加部內的會報。出席這些會議時，最苦的是：會議的主題，與出席人員所代表的單位的業務無關。因此，開會時，有些出席人員坐着發呆，有些在記事條上亂畫一通。某次，在本部召集的一項會議中，有一位司長居然帶了一位同仁坐在他身邊，又攜來一堆卷宗放在面前，司長就在會議進行期間，批閱公文，逐件交給那位同事送回司裡去處理，當時人人側目，似乎對他也莫可奈何。

近年各政府機關、私人企業，對於開會、作簡報都相當旳在行，準備工作做得挺好，口頭報告流暢，書面報告也簡單扼要。逐漸的學術機構民間團體也採用這一套。出席人員進入會場就座後，面前早已放好了不少資料，最上面是議程，接着便是報告和要討論的議案，最下面是附件。坐在主席左右的一位秘書或秘書長，是會議的靈魂，他協助主席指揮一切。主席開會致詞，有時也是宣讀的，大概也是秘書的手筆。接着便是報告，大都是由報告人就書面報告，一頁一頁的宣讀。到了討論議案時，同樣的是宣讀案由、內容和建議。讀完後，如果大家沒有意見就通過。這樣，使會議變成一種形式。遠不如將這些文件，送請各機關核表意見，可以節省許多時間。

有些會議，實際上祇與兩三個單位最有關係，或有不同意見需要協調，但是開會時，總要把

「有關機關」代表請來陪坐。假若再遇到一位老好先生擔任主席，會議的進行，便像無頭馬車一樣，很浪費時間。如果派來陪坐的人原本工作就不忙，來會場見識見識也好，興緻來時還可以放一炮，逗逗大家一陣歡笑，也不會出什麼亂子。可是對一位部會的一級主管來說，感受便大為不同，他知道他的辦公桌上，還有許多公文等他批閱，真使他有苦難言。

此外，他出席會議時，還會有一種自卑感，白白的浪費了辦公的時間，白白的佔用了會場的席位，說不上有什麼心得，也很難對會議有所貢獻，實在對不起公家，也對不起自己。

我在北美司司長任內，曾經代表外交部參加中美經濟合作委員會，增加見聞不少，但很少有可以進言的地方，祇有一次發言，便被人指為：『敢說話的傢伙！』

我國接受美國經援，一九五〇年開始，一九六五年結束，在結束以前的一段時間裡，中美雙方對於美援項下所衍生的新台幣副後的管理和運用，均甚重視，為此美援總署駐台分署與經合會農復會的委員們，曾舉行多次會談，其他部會也有代表出席，我代表外交部。

就記憶所及，會議由美援總署駐台分署署長Howard L. Parsons主持，他幾度在會中透露他的構想，大意是：美援結束後，設置一項『中美經濟社會發展基金』，成立一個機構，負責基金的管理與運用，但須經我行政院院長及美援總署代表核可。他戲稱：『這是三頭馬車方式』。

當年，美援對我國經濟建設，的確有很大幫助。因此，美援總署駐台代表的發言是很有分量的，他的構想，大家不會輕易的表示異議。

但是，我的直覺是：美援既已結束，過去的贈款等於已經過戶，貸款部分，我政府將依協定償還，美方似無充足理由要就嗣後基金的運用，享有審核之權。我方在「基金」設立後，自必設置專門機構，負責「基金」的管理及運用。至於各項方案計劃及援款，自須報呈政府核定，如果還要由一個外國政府機關或其代表來共同審議，將來必將遭遇困難。於是我便循我與美方談判「在華美軍地位協定」的先例，先查閱美國結束其對北大西洋公約組織國家經援時，是作如何的安排。我找了好幾處，才知道，祇有美國援外總署台北分署有最完整的資料。我前往借閱，借了美國和所有這些國家於美援終止時所訂的協定，化了好幾晚看完，發現美國對絕大多數國家，都作相同的安排：美援終止以後，由美援所衍生的款項的保管和運用，一概移交受援國政府，祇有對一二國，美國保留最終用途調查和單獨審計之權，但隨後美國是否要行使這項權利，由美國決定。外交部曾輾轉調查，據報告：美方事後也並沒有行使這項權利。美方對這幾個國家要保留審核權的作用，不外是希望這些受援國政府不將這筆資金移作別用而已。

我將研究調查的結果，向部次長呈報後，獲准就本案提出意見。

在本案將近結束階段的一次會議中，不出所料，援外總署駐台分署署長再度說明他的構想，並詢問有無其他意見，如無，即照案分別報呈兩國政府核議幷簽訂協定。我即席發言，首先說明美援對我國十餘年來經濟建設幫助甚大，而我方以往運用美援情形，亦深獲美方讚許，今後美援中止，我們將對收回的貸款，在行政院管轄下，作有效之運用，今如美方仍保有審核之權，在制度上不無困難，且美國於結束其對歐洲各國經濟援助時，幷未作同樣要求，在各協定中幷無類似規定……。

此時，署長插口問我：『你在那裡看到這些協定的？』我還未及置答，他的秘書很自然的回答說：『是從我們辦公室借去的。』署長怔了一會，又問我：『那麼，你說，該怎麼辦呢？』我說：最多仿美國與某國（現時已不復記憶是何國）之先例，同意美國保留其單獨審計之權。他沉思了一會兒，便向會場出席人員說：『好吧，如果大家沒有其他意見，就照外交部代表的建議辦理。』後來，中美雙方便依據這次會議的結果，舉行換文，構成「中美基金協定」。

這位分署署長沒有因為我拂了他的意而表示不愉快，也沒有對他的秘書顯露不滿，因為這些協定都已印行，幷非密件，祇不過美援總署直屬機構收到較早而已。散會時，他指着我說：『這是一個敢說話的傢伙。』（The guy who has the guts to speak up.）

五九、看官運，先相命

在北美司工作五年，奉命出使紐西蘭。在沒有奉到部令以前，還有一段插曲。

一九六五年十一月裡，有一個下午，我去台北賓館見部長，遇到范秘書道瞻，他說部長已離去，順便問我：『老師，您在北美司已有四年多，還沒有外放的消息，要不要拆個字？』范秘書後來曾任人事處處長、主任秘書和北美事務協委員會駐美辦事處顧問等職，公餘之暇，研究星相學，頗有心得，但平素很少接受同仁的要求為人批「八字」算命或拆字。抗戰時期，我在中央政治學校授課時，他是班上的高才生。他還告訴我：『拆字比相命單純，問一事論一事，直接了當，有時相當靈驗。』我覺得這是他對我的特別優待，欣然接受。

道瞻兄要我說一個字，我一眼看到辦公桌上的電話，我說：『「電」字何如？』他便把「電」字一筆一筆的端端正正寫下，看了許久，歉然的說：『老師今年是外放不成了。「電」從「雨」，從「雷」，必須要在春雷之後才有望，最少要再等半年。』我說：『半年不妨事，半年後，放何處？』他說：『南洋』。他接着解說道：『「電」字最後一筆，自「田」而出，要出遠門。但自「田」出來後，奔向南方，最後向右轉向，所以不會是美洲，也不是東北亞。』

我回到辦公室，看我坐椅背後的世界地圖。台灣在圖的中間部分，自台灣南下然後轉東，顯然是：先穿過菲律賓和澳洲，然後導向紐西蘭。

一九六六年四月，春雷已過，並無動靜，有一天，部長召見。正談話間，秘書來報，總統府有電話來，部長接話後，順便告我：『駐紐西蘭劉大使毓棠，因受世界道德重整會延聘為麥金諾大學教授兼政治系主任，有意辭去大使職務，此事如何發展，尚難臆測，請暫時保密。』我辭出後，心中暗想，難道部長難以「臆測」的，竟然讓范秘書「預拆」到了麼？

後來，五月間發表，六月到任，這「電」，不來時無影無蹤，來則不及掩耳。

※　　※　　※　　※　　※　　※　　※　　※

上面所說的，并不是我初次「拆字」的經驗，早在一九四五年，抗戰勝利前約半年的光景，在重慶外交部任專員。有一天，秋高氣爽，風和日麗，同事們午膳後相約到外交部後面中央公園散步，因園址窄小，很快走到出口處，外面就是一個拆字攤。據說，這位拆字先生的攤位，佔了地利，外交部是近水樓台，他看到我們便猜得出是部裡的職員，來拆字，必定是問外放的機會。當時，大後方對外交通受阻，南洋一帶遭日軍佔領，歐洲戰火未熄，外放機會甚少，所以對來問外放消息的顧客，他什九是搖頭。和我同行的幾位都已經試過，他們鼓勵我試一次。

我上前拈了一個紙捲，打開來是個「圓」字。拆字先生立刻喜上眉梢，他說是個好兆頭，引他的話：『在這方框裡，也就是說在國內，無法開展，關在辦公室裡是個小科員（其實我是個小專員），一出國便是大員。』他接着說：『既然你打開了這籤，走出國門的機會，已是近在眉睫了。』

我們在回程中，笑他信口開河，因為我到部還不夠外放年資，而且一個專員外放，「大」不了是個二等秘書，何能成為「大員」呢？

不久，駐印度加爾各答陳總領事質平，請本部選派一位英文基礎較好的同仁去補一個「領事」的缺，我幸運的獲選，很快就發表。到任後，總領事館工作繁重，陳總領事、沈領事祖徵、陳領事以源和我，有時全體動員，分頭辦事。當我代表總領事出席僑團僑校的活動時，常被稱為「父母官」，還要登台致訓詞。我想：這等「威風」，也可以算得上「大員」了吧！

※　※　※　※　※　※　※　※　※

再說一段我的閱歷。

一九五五年，甫從印尼返國，在條約司辦事。一位同事約我去「摸骨」，他說，部裡很多人都去過，我是初從海外歸來，看他怎麼說。

到了大師的寓所，一面請人通報，一面我們就在客廳坐下閒聊。這位同事問我：『今晚還要趕回北投去麼？』（註：我自印尼返台，一家七口，等宿舍，一時無缺，租房屋，租金過昂，經由崔昌政伉儷介紹，買了胡伯翰先生在北投的住宅。地近永樂莊宿舍，每天搭外交部交通車比較方便。）我說：『摸完骨，就搭公車返北投。』

言猶未已，大師出來了。經我的同事介紹後，大師表示歡迎，一面摸我的頸後骨，一面說：『先生，你身體虛弱，色情場所，偶去則可，常去傷身啊！』我的同事立刻體會到，他聽我們的談話中，說要去北投，因而大大的誤解，於是插口相告：『大師，這位同事是我們朋友中的「聖人」，你可不要摸走了板。』師連忙改口說：『我是說，他的夫人必定是又賢慧，又姣媚，所以勸他要保重身體。』越說越離譜，我們很快付了費，走出來。

從這次摸骨的經驗，可以悟出一些道理來。按說這位大師，好多年前，便已很有名氣，在台北開業，也有十多年，何以會如此出岔呢？

一般說來，人的命運，固然各有不同，但是所謂「青雲直上」，「一步登天」畢竟是極少極少，而那些「家破人亡」，「暴斃道旁」也不會多見。絕大多數是既無「鴻運」，也又未逢「災害」，平平常常的。但是一個以相命為職業的人，就難了。如果照直說，說這來問凶吉的顧客，現在做這種工作，三年後依然故我，這樣他以後如何會有顧客上門呢？於是，為了招攬顧客，不得不誇大一些，說得動聽一些，要想打知名度，便必須在正科之外，另耍花招。或則憑經驗，探口氣，察顏觀色，當機立斷—推斷，或則多佈眼線，暗中探聽，顧客臨門，劈口來兩句驚人之語，傳揚出去，自然生意興隆。

※ ※ ※ ※ ※ ※ ※ ※ ※ ※

抗戰期間在四川某縣城裡，有一位胡鐵嘴，在一家大旅館開業，便囑徒弟們找一些旅舍茶館的小二作眼線，也交結一兩位曾經在上流社會圈子裡混過的失意人物。因為初到一個碼頭，通常會遇到地頭蛇來開玩笑的，必須要提防。

開張不久，便有兩位公子哥兒模樣的少年扶着一個活寶上門，說他是當地的紳士，某字號的掌櫃。胡鐵嘴一望便知其中定有蹊蹺，向徒弟施了個眼色，去找混混和一些小二來，看個清楚，確定是冒牌以後，一面看相摸骨，一面作一個全身打量，突然轉身將批八字的朱筆向地下一扔，對他們三人厲聲說道：『看他面相，斗大的字認識不了幾個，怎麼會是紳士？摸他的骨，家中無隔宿之糧，馬能是位掌櫃的！』接着叫徒弟們把他們攆出去，把相命的掛號金，撒在旅社大門外，讓大街玩童爭着撿。事後小二們在旅舍茶館傳揚一番，從此胡鐵嘴聲名大譁，日進斗金。

笑談

英國兩位紳士，以吝嗇見稱，一日兩人打賭，究竟誰執牛耳，兩人約定前往市區中最豪華餐館用餐一次，甲先到，仔細看了菜單，點了價格最廉的土司兩片，冰水一杯，乙到後，吩咐侍者照樣點了土司，但因需減肥，土司祇要一片，侍者謂：一片與兩片同價，甲在旁微笑。

臨行時，在衣帽間取大衣和禮帽，甲早有準備，在身中取出一便士為小費，心想乙不可能找出比一便士更小的硬幣，結果大吃一驚，原來乙指着那一便士向女服務生說，『這是我們兩人的一點小意思！』

六〇、看手相，論賢愚

前節標題：「看官運，先相命」，但是沒有談到「相面」和「算命」，祇是以「相命」二字，代表命相學而已。

在算命，相面，看手相和拆字之中，我對算命的興趣較差，原因之一是我祇知道我出生年、月、日，而不知時辰，拿不出「八字」來，我生於辛亥年閏六月十五，在黃花崗之役後不久，在南京城內，滿清政府到處搜捕革命黨人，街坊則傳說革命志士要在中秋節殺韃子，滿城風雨。我出生時，家貧無時鐘，稍後便逢武昌起義，和中華民國誕生。在這個大變動之後，家人便無法確定我出生的時辰。

其次，在一個讀數理的學子看來，單憑出生年月日時，便可推斷一個人的終身禍福，似乎有些虛玄，同時，一般批八字的批文中，引用術語，頗多難解之處，不易令人置信，這幷非我對算命術置評，祇解釋我對它無興趣的原因。

我覺得相面、看手相，比較容易體會，俗稱：相隨心轉，頗有道理，比如：一位軍人，從軍多年，由士兵做到團長或營長，經過長期操練，自然會目光炯炯，胸挺背直，如果在退役以後，從事文藝寫作，時日一久，那雄赳赳的氣質便漸見消失，而代之以文質彬彬的氣度了。

我最愛談手相，說不上有什麼研究，但祇對這一門，我曾經看過書。

一九三七年暑，我在華盛頓國會圖書館趕寫論文，其實也是在避暑，因為我所租的一間房在三樓，夏季裡炎熱異常，所以我經常是留在圖書館，直到晚間圖書館打烊前離開，和幾位中國同學去吃消夜。其中有一位蔣以綿兄，說起來還是金陵大學同學，但他高了我好幾班，在南京時不曾相識。他也在寫論文，他是在華盛頓的約翰霍布金斯大學修博士學位，所以他對華府相當熟悉，他是爪哇僑生，有小轎車代步，所以大家都跟着他走，平時吃了消夜以後，到公園草坪上席地聊天，如果月光好，便開車漫遊。

有一晚，蔣學長多喝了兩瓶啤酒，把車子開進黑人區，繞不出來，最後闖進了一個貧民院落，進去出不來，四圍數十家男女老幼走出來，高舉雙拳，大聲嚷叫，似乎怒不可遏。幸而此時蔣兄酒醒，把車前後迂曲了四五次，才把車頭調轉來，急駛而出，是一場十分驚險的遭遇。

蔣兄平時在圖書館停留一二小時，便要出去買冷飲，有一次他問我：『小老弟，你每天一順序七八小時埋在書堆裡，難道不感厭倦麼？其實你可以每隔兩小時，另外找點有趣味的書看看，換換味口，比如：這邊的手相術書籍，就有好幾百種。』

我接受了他的建議，找到了手相術書架，的確有好幾百甚至超過千冊，我看中了一部手相術入門，三大冊，每冊一千五百餘頁，第一冊講述普通型掌紋，三條線分明——心向線、智慧線和健康線，百分九十以上的人都屬於這一型，第二冊專講非普通型，分為一百餘種，看得懂，記不住，第三冊解釋五指型態和紋路。我祇看完了第一冊的四分之三。因為到七月七日，蘆溝橋事件爆發，國難家愁，湧上心頭，連寫論文都沒有心情，如何看得下手相術書籍呢？

第一册開頭幾章，專講智慧線，書內刊出英國近代首相和其他國家一些元首和大文豪手相的照片，有些是當代偉人，他們的智慧線全都是自姆指同邊的手掌邊緣，橫貫掌心，直趨小指一邊的邊緣，微帶下垂。這是說手相術的論據也是從統計推論出來，好比醫學上的臨床紀錄一般，智慧極高的人，線紋必長，愚魯者一定短。書中且說明，所指的智慧是天賦、學歷和經驗的累積，換句話說，不包括天才兒童，因為在兒童時代，學歷和經驗的因素還未曾記入。可見西方手相術，主要的是看過去，對於未來是溶和其他條件來推論。

從內容來說，側重一個人的賢與愚，保守與開放，猶豫與快斷，有無恒心，優越感與自卑感，健康與否等等。不談父母兄弟，但婚姻關係則講述甚詳，因婚姻影響心情，可以出現於掌紋。

我知道自己對於相術祇是一點「入門」的知識，所以從不主動的替人看手相，但仍然闖了禍。

抗戰勝利後，在一次餐會後，大家不想散，興緻很高，突然有人提起我在留學時間，研究過手相術，大家便嚷着說我懷才不露，一定要我替大家看看，我勉強答應祇看一位，而且聲明祇是湊興而已，此時坐在我身旁的一位仁兄把手伸到我胸前說：『那就是我。』這位仁兄年約四十，其夫人年齡相若，已是兒女成行，有個美滿的家庭，我一看他的手紋，他有兩次婚姻，大出意外，臉上露出驚訝的神情，大家說：『是不是他要走桃花運？』我匆忙中答謂：『沒有什麼桃花運，他這次的婚姻，十分圓滿，定是擧案齊眉，白頭偕老。』大家聽出來我這話有語病，於是又問：『這次婚姻？是不是還有另一次婚姻呢？』我一時不知所措，祇得說：『這次婚姻是美滿的，以後沒有另一次婚姻的，照手相上看，可能從前曾經父母指腹為婚吧，或者是童養媳，為時短暫，早已成為過去。』

我話說完之後，這位仁兄滿面通紅。聽說，回去以後，兩口子吵了一宵，我後悔莫及，即令是相書上說對，我也不應該多嘴。人家多年相安無事，又何必把他的隱私抖出來呢？如果根本上弄錯了，等於陷朋友於不白之寃！每次想到這件事，便忐忑不安。從這次以後整整十三年沒有替人看過手相。

※　※　※　※　※　※　※　※

十三年後，我已調職到夏威夷，忽然收到部電，有一位老友攜眷路過檀香山轉往中美洲赴任，囑予照料。我與這位老友，在重慶相識多年，從未見過他的夫人，據說早已分居，看來必定已和好，所以攜眷上任。但是在機場見面時，老友介紹說是他的新婚夫人，晚間在家中便餐招待後送他們回旅社，老友送他夫人回房休息後，請我到咖啡廳一敘，他問我：『現在還看不看手相？我特地約你單獨談，就是怕你有顧忌，同時，我也不是那麼迷信的人，祇是想問問你，在手相上來看，我這次的婚姻能否持續，人過中年，就想求個安定。你不用躭心，照手相直說好了！』我實在無法推脫，仔細一看，大有問題。他命中有三次婚姻，第二次特短，第三次方能安定下來。

那麼，這位新夫人是第二任還是第三任呢？不好隨便說啊。

他見我有為難之處，叫我大膽的先說，說完後他再告訴我他的婚姻史。我就照直說了。他笑着說，你這手相倒是有點準。他說：『我猜你不會知道我三次結婚，因為在重慶和後來在台北，你知道我始終是孤家寡人，可是戰後在南京我曾結婚一次，祇維持了九個月，現在是第三次，既然你說這次能持久，我頗覺心安，卽令相書不一定可靠，也就姑妄聽之吧，謝謝你。』

※　※　※　※　※　※　※　※　※

又隔了好多年，因公隨團去東京，參加一位日本議員的晚宴—在一家藝妓館，我起初不想去的，因為不會說日語，很不自在。到時，果不出所料，藝妓看我不會說日語，她亦不會說華語或英語，祇好不斷的勸酒，我又表示不勝酒力，她祇好夾菜給我，我對日本料理也不習慣，變成很窘的局面，我舉目四望，別人也是如此，餐室內一片寂靜，主人也覺得難以安排，於是他問我們的翻譯朋友：有沒有那一位會歌唱，說笑話，或者替藝妓們看看相。這位朋友就對我說：『老兄，來一曲如何？』我說：『沒有這份天才呀！』他說：『記得外交部有人說過，你會看相呀！』藝妓們聽了後，興高彩烈，一齊圍到我身邊來，其實她們何嘗愛看相，祇不過覺得有了話題如釋重負而已。翻譯仁兄也湊過來，低聲向我說，在這裡沒有人認真的，說點好笑的就成。

我說，我不會看面相，祇對手相略知一二而已。

第一位伸手過來的藝妓是年紀最輕的，大約在卅五至四十之間，手相上顯示她已婚，紋路深，智慧中上，有果斷，幷且相當富有，我就半推斷半猜的說：『已婚，幷且是第一次婚姻，夫婦相親相愛』，藝妓們齊聲喝采。我又說：『對內對外，都能應付得當，夫君聽命。』大家又鼓掌。我再說：『善於理財，外面的收入，遠超藝妓館的所得。』藝妓們稱讚不已。這第一回合圓滿結束。

第二位年約五十，智慧平平，手紋上顯示：婚姻二度。奇怪的是第二次婚姻線不如第一次顯着，情緒上不穩定。我說：『目前是第二次婚姻』藝妓們同聲說『對』，我又說：『但是舊情難忘，所以不免有些煩惱。』她自己緊跟着問：『那會如何演變呢？』我想了一想說：『不用忙，不要作匆促的決定，船到橋頭自然直。』她聽了有點眼水汪汪的樣子。第三位已年逾五旬，姿色平平，智慧也差，婚姻線紊亂。我心想，怎麼一代不如一代。我說：『尚未婚。』其他藝妓搶着問：『是不是最近會結婚？大家等着喝喜酒呢！』我一想，這可不好隨便說了，這藝妓大概是在單戀，我就說：『現在是秋天，來年有望。』這位藝妓滿懷心思，稱謝而退。

我們繼續用餐，這三位藝妓走到稍遠處嘰嘰咕咕好一會，回席後，每人送我一條手帕，裡面各包了二百日圓。我問翻譯老兄：可否將手帕收下，錢退還。他說：『你想得好，要破財啦，每人要賞二千元！』我臨時借了六千元才打發掉。

席散時，藝妓們說：如果我有一天要退出政壇，最好來東京開業，一定發財，朋友們在歸途中也打趣的說：『公務員退休後，這也是一條出路』，我說：『是的，這叫做英雄末路！』

六一、紐西蘭見聞㈠

沒有到過紐西蘭的人，也能夠想像得到，它和中華民國復興基地的情況不大相同；去了以後，才知道是「大不相同」。

最重要的因素是兩方面的人口密度懸殊，紐西蘭的人口特別稀少。一九六六年，全國人口二百七十五萬，祇有我國台灣地區人口的六分之一，而它的土地面積比我們大六倍，所以兩方人口密度是三十六比一。

紐西蘭是一個農業國家，每一農戶佔有牧場面積頗廣，同時公路通達各地，居住又分散，格外顯得人口「稀」「少」。

我初抵紐西蘭時，曾分訪各僑團，並由僑領陪同，走訪若干住郊區的僑賢，他們大多數經營菜園，在我前往訪問時，往往從一處轉往同地區另一僑胞家園，要車行廿分鐘，整個下午，祇能走訪三家，這還是紐京威靈頓近郊僑胞比較密集的地帶。

有一次，一位國內實業界鉅子來訪，我約他在辦公室晤談，然後同車在市區巡禮，到家中便餐。席間，他問我，為何未曾帶他去鬧區 Downtown 觀光？我說：大使館辦公室就座落於鬧區，離使館後，所經過的街道皆屬鬧區也。他驚訝的問：『怎麼，鬧區裡也看不見人？』實際上，在威靈頓鬧區，祇有在中午看到不少的行人奔走於辦公室與飲食店之間，其他時間，行人原即稀少，如果在下班以後，更是寥若晨星，在週末或假日，行人可以安全的在鬧區街道中央蹀步的。

一九六六年，經濟部靳叔彥先生率領考察團來紐參觀紐西蘭北島地熱的研究和開採，紐京中華會館有意舉行茶會歡迎，但時間上至為迫促，我立卽代表他們謙辭。因為我知道平時僑胞集會，十分困難，寄發郊區菜園的通知，三至五日始能送達，而僑胞們於接到通知後能夠把工作放下進城出席者極少。至於市區內僑胞經營之水果店、餐館、雜貨鋪等，很多是唱獨脚戲，根本走不開，因此我建議改由考察團人員來會館拜訪，由主席接見晤談。但總會主席和秘書認為難得祖國有人來，不論參加人數多寡，總得表示一番心意。分手時他們叮囑我：『使館各位同仁，務必都要參加。』

開會時，我和全體館員——計四人——陪同考察團四位團員，共八人依時到達會館，主席和秘書親切相迎。入座後，總共十二人，換句話說，僑界祇來了四人。除主席和秘書外，到了兩人，場面冷靜，突然間秘書起立舉手搖鈴，鈴聲大作，很像小學上課一般，我深感詫異，還以為樓上下還有參加的僑胞尚未及入席，秘書看到我的表情，連忙解釋：『搖鈴開會，沿襲已久，不可廢也！』

次日讀報，紐西蘭正值大選，總理—執政黨黨魁親自出馬，為執政黨候選人助選，發表演說，聽衆八十人。我笑對靳兄說，紐西蘭人烟稀少，由此可見一斑。

耶誕前數日，因國內印製的賀卡用完，我便到辦公室對街書店選購若干來補充，滿以為在這熱鬧的季節裡，書鋪內定必是顧客盈門。一進門，除老板外，幷無一人。結賬時，我順便問一聲：『生意忙否？』出我意料的，他說：『忙得緊啊！』正說話間，大門處有人推門而入，老板聞鈴聲而嘆曰：『你來以前，一位顧客剛剛離去，現在我正替你結帳，那邊又來顧客，我差不多要同時接應三位顧客，真是應接不暇！』我心想，如果他去台北在年關前看到百貨公司的人潮，恐怕要嚇破了膽。

我國新聞局邀請國外記者訪華，我介紹了一位日報的攝影記者前往，歸來後，有多幅照片，在報上連載了好幾天。當他來館晤談時，他說：『在台北拍街景，不簡單，有時等了一二小時，都拍不成。』經我詢問後，才知道：他要拍商店橱窗內的陳設，要想等行人清場才拍。他覺得驚訝的原因是在威靈頓大街鋪面前，不需一二分鐘，便有「行人絕跡」的機會，可以「安心拍照」的。

紐西蘭房屋部部長John Ray（實際主管國營事業），對我國素極友好，在部長任內曾兩度訪問我國，退休後曾任紐西蘭自由中國友好協會名義會長，曾偕夫人來台觀光兩次，返紐後，對我國建設進步，人民勤奮，頗加讚揚。最後一次東亞之遊，曾在東京及香港盤桓數日，他們看到「到處是人潮」，街道上，餐館內，百貨公司裡，人山人海，印象深刻，他笑稱：『倘若紐西蘭對亞洲移民無限制的開放，恐怕紐西蘭人很快就要被擠到海裡去了。』

有一次，我和叔純應邀前往南島訪問，幷在英威卡哥城（Invercargill）演講，主辦單位是英城的English Speaking Club，是紐西蘭歷史悠久而最具聲望的民間學術團體。是夕，出席者達一百五十人，據主持人告稱：這是他們數年來出席最踴躍的一次。講演完畢後在答問時期，有人詢問：我國國民黨為國內唯一最大政黨，連續執政多年，而其他小黨，無力與之競爭，長此以往，會給外界一種印象，好似一黨專政，而乏競爭對手。我說：『我國曾流傳一則民間故事，有母子二人，相依為命，媳賢淑但係獨眼，結縭十載，病歿。其夫決意終身不再娶。其母深恐乏嗣無後，曾相勸：媳婦賢淑，吾亦愛之，但已病故，且係獨眼，吾兒何自苦乃耳？其子曰：『兒與媳，朝夕相處者十年於茲，不知不覺中以獨眼為美，反視世人皆多一眼以為怪！』

『各國政體有一黨專政者，有如英美制兩黨政治者，有如法國與義大利多黨制者，亦有如我國及印度等國，因受時代背景影響，雖容許多數政黨，迄仍由一個較大政黨連續執政者，凡習於兩黨實力相埒，輪流執政者，皆以其他非兩黨逐角之政治為怪，亦屬情理之常。

『我中國國民黨早年領導國民，推翻滿清建立共和，其後領導抗戰，實施憲政，推進經濟建設，謀求人民福利，每一階段，均曾吸收有志之士，於是黨的群眾日增，黨的組織與力量日強。其他政黨，尚無此背景，自然欲振乏力。可見政黨之產生與成長，亦需時日，並非一蹴可幾也。

『譬如，採兩黨制國家，亦有其中一黨，執政期間遠較另一政黨為長（紐西蘭國民黨執政期間遠較工黨為長），是否此一政黨宜適時放棄競選，庶另一政黨可獲大體相同之執政期間，以構成均等形勢？』聽眾一致呼：『Oh No！』

『我國國民黨重民主，黨內可以有不同意見，亦不時批評政府，指責執政當局。在目前情況下，如急求國內產生兩大政黨，勢均力敵，唯有國民黨本身一分為二，便可造成「兩黨政治」的假想，試問此計行得否？』聽衆又是一遍『Oh, No！』和掌聲。

紐西蘭人口，鮮有增加，其自然成長率，有時反有減退。原因之一是中產階級以上家庭，多有送子女出國求學或深造，前往英倫者最多，美國加拿大澳洲其次，一般青年認為在紐西蘭這小天地裡，難有發展機會。而出國求學者中，其在國外定居者亦比學成回國者為多，這不僅影響人口的成長，也有人才外流的隱憂。

紐西蘭是限制有色人種入境的，但鼓勵歐洲的移民，可是他們想吸收的英法等國移民，實際移入久居者極少，比較上還是波蘭、捷克、南斯拉夫、希臘人較多。這些移民到紐西蘭定居後，要先接受英語訓練，然後方能謀職，故對紐西蘭而言，貢獻不大。

多數亞洲國家，顧慮人口過多，要推行家庭計劃，這和紐西蘭的情況是「大大的不同」。

六二、紐西蘭見聞(二)

初到紐西蘭時，翻閱報章，感到十分驚奇，頭五六頁，全部是「徵人」廣告，大字標明：不需要學歷，也不要工作經驗，那就是說：迫切需人，粗工細工都成。有許多行業，都是在唱獨脚戲，或者靠師徒二三人撐持，營業稍有起色，便感人手缺乏，較大企業如奶品製造廠、造紙廠等規模相當大，畢竟是少數。大使館要訂製一張圓桌面，找了幾家木器行，都是師徒各一人的規模，師傅兼老板，最後選了一家，一個半月交貨，製品倒也精美結實。紐西蘭難以維持較大規模的傢俱工廠，原因是國人普遍喜愛進口的英國傢俱，而且要仿古的。

紐西蘭雖說是一個農業國家，實際上是以畜牧事業為主，牧羊場牧牛場比比皆是，遠比一般農作物的農田或農地要遼濶得多。統計全國牛羊，平均每一國民擁有廿七頭羊、五頭牛、一隻猪，全國出產以羊毛、牛羊肉、牛羊奶產品為大宗，這些也都是紐西蘭主要出口物資，所以平時全國上下所關心的是羊毛和牛羊肉的國際市場，如果牛羊肉和羊毛滯銷或市價大跌，便覺得厄運當頭，百業不振。而羊毛羊肉的國際市場價格，隨時大漲大跌，這也就成為政府當局最大挑戰，政府曾協助產銷各界成立組織，設置基金，以資挹注，但有時不景氣情況嚴重，或拖時過久，連政府都無法因應。

在一九六六—七年間，羊毛和羊肉價格，大幅跌落，紐廠商獲得政府支持，決定停止拋售，但準備金已耗盡，連國庫也都負擔不起，很多人主張按時價拋售一部分，但也有人反對，在國會中引起激辯。當時財政部長力排衆議，主張再苦撐一時，不數月，價格回升，財長聲望日隆，不久，獲選為總理，連任以迄於今（一九八四年），誠然，他在財長任內，為改革幣制——由英鎊制改為十進位制，有功，但他的名望還是那次領導產業界渡過羊毛危機後直線上升的。

紐西蘭工業不發達，原因很多。首先，它地廣人稀。它南北兩島，細長型，北島北端屬亞熱帶氣候，而南島則伸至南半球的寒帶，所以各種農作物，應有盡有。而養羊人家，牧場廣濶，多數分為六個牧區，每年一區飼養牛羊，五區休閒，如此輪流使用，飼料的培植不難，尤省人工。如果畜牧產品外銷穩定，農民維持生計有餘，是相當富裕的。因此，缺乏振興實業的推動力。

其次，人口稀少，也是重要因素，比如說，機械工業汽車製造業等，國內消費量過小，必需依靠出口來維持，但是紐西蘭位於南太平洋的極南端，對歐、美、東亞國家而言，可算是海角天涯，向外打開市場不易，而且起步過晚，自難與工業先進國家競爭，它缺乏人力資源，工資高，又無法與開發中國家爭一日之長短。

再其次，紐西蘭有好多地方繼承英國的傳統，工會組織龐大，罷工頻仍，工資已提高到使資方祇求維持不求發展的境地，同時，紐西蘭重視社會福利，因此稅收頗重，也使企業者對新興工業望而却步。

在一九六〇年代，有一次罷工持續經年，嚴重影響全國生產。國內剪羊毛工人，傳統上被視為國家最重要的一群技術工人。但這畢竟是一種季節性的行業，每年有三至四個月工作，待遇優厚，但其餘歲月賦閒，也不願找其他工作，時常發生犯罪酗酒案件。工會認為這些都是資方不合理待遇所致，要求對這些工人，應付給全年待遇，協議無成，便舉行罷工，這和夏威夷糖廠工人稍早舉行的大罷工一般。在資方看來，此項要求，殊不合理，且此項龐大支出，必然大大提高生產成本，而削弱了在國際市場的競爭力。但在長久僵持之餘，資方終於讓步。

另一件轟動一時的罷工事件，是一艘英國貨輪，在紐西蘭港口裝貨，歷時一週，全部裝船完畢，正待關艙啓程時，忽有一工人揚聲說，有一滴雨點落在他的額上，於是全體停工，依規定，「關艙」雖僅係一舉手之勞，但非工會工人，不得操作。但是，不關艙便不能啓航。船長認為這是工會在故意為難，忿然自行閉艙，啓航離去，於是工會令碼頭工人，全部罷工，促政府迫令該船公司就範，接受多種要求，包括永遠開除這名船長及一些保證和賠償，否則，該公司所屬貨輪，一律不得停靠紐西蘭任何碼頭。隨後，他們又獲得澳洲碼頭工人工會的響應，終於逼使該英國輪船公司低頭。

我初到紐西蘭時，接到新聞局一項通告：我國一九六五年進出口貿易總額突破了十億美元大關」，我當時想到這是一件有價值的宣傳資料。但經我查閱紐西蘭年鑑，紐國同年對外貿易總值超過十五億美元，較我高出百分之五十，我就想，用這個數字在當地宣傳，尚不足以給予聽衆或讀者一個深刻的印象。

如今，我國一九八四年對外貿易總額已達四百一十億美元，紐西蘭僅及一百一十億美元，可見我經濟成長與對外貿易已超前紐西蘭多多矣！

片斷

紐西蘭前總理荷里沃克口才好，連任外長和總理多年，平素致詞，不備講稿，出口成章。

在駐紐各國大使館的國慶酒會中，往往一開始便說紐西蘭和這個友邦有許多相同之處，所以關係密切。久而久之，成了他的習慣用語。

有一次，他參加澳國大使館國慶酒會，照樣一開始便說澳紐之間，有許多相同的地方，引起聽衆一片笑聲，因為這是人人都知道，而且說也說不完的事。他立刻向大家說：『你們以為我要講：兩國是同文同種，有共同歷史和傳統等等？你們錯了，這些都不需要我說的，』他接着說：『澳國總理姓Holt，祇有四個字母，頭三個却與我的姓Holyoake相同，有四分之三相同，自然關係密切了。』聽衆報以熱烈掌聲。

一九六七年我國國慶，他致詞時也說：『中華民國與紐西蘭有許多相同之處』聽衆一片笑聲，因為來賓們在酒會中都猜他是晚將改口，蓋中紐之間相同之處不多也，他說完了這句話後，感到不易接下去說，停了一會兒，他很風趣的說：『你們看，剛才大使致歡迎詞，和我現在的賀詞，不都用相同的語言（Same Language）麼？』全場哄然大笑。

六三、紐西蘭見聞(三)

紐西蘭人民保守、節儉、平實，多少是沿襲了英國農村社會的傳統和風尚。如果和現在英國、美國、加拿大和歐洲大陸各國相比，紐西蘭人民，要保守得多，他們習於安定的家庭生活，少有狂歡的場面，崇尚節儉，而無奢侈浪費的習慣。

交遊以茶會為主，大規模餐會和舞會很少。記得叔純曾參加總理夫人的茶會，參加者有兩位部長夫人和七八位使節夫人，在首相官邸舉行，沒有一個侍者，就祇有這兩位部長夫人協助，主要工作，都由總理夫人獨自承擔。

總理每日上班下班，大部分是步行，從官邸到國會大廈也要走廿幾分鐘，他經常行至中途在一家水果店或飲料店小坐片刻，然後再走到國會大廈。

國會大廈有餐廳兩三處，供議員們用午餐，總理和閣員們在二樓餐廳用膳，可以就若干公務，在午餐中決定，比如，新任大使抵任之初，總理須請他參加午餐，并請他即席作十分鐘講話，席間總理及閣員們表示歡迎之意，就這樣，紐政府就不必另行安排宴會了。又如，外國使節舉行國慶酒會，柬邀各部會首長，也經常由外交部部長提出報告，在餐會中推定一位閣員參加，逕由外交部告知該使館，其他閣員不必參加，也不需函復婉謝。

偶有外國貴賓來訪，也在國會大廈舉行午餐會歡迎，人數自二三十人至一百人。例如，美國詹森總統，和澳洲荷爾特總理來訪，午宴席上約一百人至一百廿人，包括七八十位議員和外國駐使，及少數政府官員與社會賢達，這些議員原本每日在國會大廈用膳，所以對他們非常便利，節省時間，也免除交通上的困難。

我祇看到一次特別的情況，那是日本佐藤首相來訪，隨行人員亦多，政府決定晚宴款待，預計賓主三百人，全城轟動，報章撰論，深恐無適當處所容納如此規模之晚宴，更顧慮沒有適當餐館或厨師可以承擔下來，結果，政府租用了客輪碼頭乘客候船處為餐廳，面積足敷應用，祇是當晚上菜，每一道要等上一小時，一頓晚餐整整吃了四小時。

當我駐節紐西蘭時，各城市裡是沒有夜總會或舞廳的，電影院不多，看電影的人寥寥無幾；普通居民入夜以後的消遣是居家看電視，週末則駕車遊海濱，體育運動方面最感興趣的是賽馬和rugby（一種近似美國football的橄欖球，而不是我們所通稱的英國式足球）。

我前面曾說過，在紐西蘭，無論是城市裡或郊區，都看不到太多的人，可是到了賽馬季節，馬場裡倒是人山人海。賽馬是巡迴舉行的，有時輪到一個居民不到七八千人的小城，賽馬場裡照樣有一兩萬人，原因是四面八方的人都趕來，有些興緻特高的人，駕車跟着巡迴，有一場賭一場。至於英式橄欖球比賽時，觀衆亦極踴躍。

另一項沿襲英國的傳統是所謂「飲茶時間」，無論政府機關，商業行號或工廠，每日上午十時和下午三時，都是飲茶時間，一律停止工作，可以在本機關內餐廳飲茶，也可以到街面咖啡館去坐坐，依不成文法是半小時時間，但有時半小時回不來，各機關管理緊弛不一。有一天，當地日報著論攻擊，文中說，好多公務員每次飲茶要耗費一個小時，且有人利用飲茶時間出去參加一次橄欖球比賽，賽玩才回辦公室，太不像話！

我初到紐西蘭的第一週，要約見外長，遞送國書副本，秘書替我安排時間，久久不得結果，後來我親自與外長秘書談話，我說上午十時或下午三時均可，她笑起來，她說：『你該不是開玩笑吧！這兩個時間都是我們的飲茶時間啊！』

紐西蘭的社會福利是辦得相當好的，婦女有了身孕，自第一次到醫院檢查開始，便由社會福利機構負責安排：定期檢查，住院生產，及至嬰兒出生以後，按年齡發給補助，此外，還有義務教育，疾病保險，失業救濟等等。這些，當初大致也是仿效英國社會福利設施而來。

社會福利辦得好，稅收也就重，影響到創業的意願，也使得一部份人依賴福利，依賴失業救助，不肯從事艱苦的工作。不少人工作一段時期後，便貪圖一段休閒，藉失業救濟金渡日，傳說，還有人寧願入獄，可以安享一日三餐，依國會立法，獄內伙食，須符營養標準，並規定每週有一次牛排大餐。

早年，英人移殖紐西蘭時期，曾多年與土著毛利人作戰，毛利人逐漸退到北島山區，在最後一次戰爭裡，毛利人死亡慘重，終於投降，隨後紐西蘭白人便以此日為國慶日，每年由半官方機構，在北島山地舉行慶祝，展出戰勝毛利人的歷史文物，慶祝節目中，還有一項表演，由毛利人扮演祖先英勇抗拒奮戰不已終於失敗情景，唱出亡國之音，被邀參加的外國使節，聞之悽然，現在毛利人大約不足二十萬人，據一位曾經來台訪問的紐西蘭內政部毛利人事務處負責人說，我國高山族與毛利人同屬玻里尼西亞（Pololysian）人種，言語上約有百分之五十相似云。

在紐西蘭全境華僑約萬餘人，多數在北島阿克蘭埠，一般經營菜園、水果店、餐館，年輕一代，從事各種行業或出任公職，勤勞守法，頗受紐西蘭人尊重，愛好自由，對自由祖國至為關切，所感困苦者為受當地移民法限制，青年男女前往香港或其他紐西蘭以外地區結婚，配偶入境問題，不易解決。

片斷

紐西蘭分南北兩大島，首都威靈頓位於北島南端，憑臨海峽，海風過境，海峽內氣流激蕩，故經常有陣風，風向不定，時而自東向西，時而由西向東，有時自上往下，有時自下向上捲，所以雨傘功效有限，因此，威靈頓有風城之稱。

據傳說，早年英國王后訪紐，在威靈頓登岸時，一陣風，捲起了她的長裙，連三角褲都露了出來，攝影記者搶到鏡頭，在日報刊出，舉國譁然，呼籲政府嗣後要加以管束，警告出版界：言論出版自由，是有限度的。紐西蘭一向尊重言論自由的，也都認為如果出版物太離譜的話，應該加以干涉的。

六四、外交大樓籌建經過

我出使紐西蘭，共一年十一個月又十六天，紐西蘭外交團因此遭遇到一個小小的難題，依照過去的規定，使團要致送一個銀盤予駐滿兩年離職的大使，以為紀念。現在我兩年差兩週奉調返國，使團便感到為難，在我返台一個月以後，駐紐京外交團寄來了一個銀盤，團長信內說，按理是要作滿兩年，依情差兩週也可以看做兩年。因此，使團一致通過致送我這紀念品，我飛函（航空信）申謝，謝他們這份「情」意。

回國後，部令發表我出任常務次長，上班第一天，魏部長對我說：『現在本部分開在台北賓館和博愛路兩處辦公，很不方便，而博愛路辦公處又已十分侷促，亟需另建大樓，合署辦公。建築大樓事，已籌劃多時，希望你加緊推動，愈早完成愈好。』我欣然表示：『願全力去辦』。

我為何用了這「欣然」二字呢？說來話長。在一九五五—七年間，我任職條約司幫辦時，不時走訪其他各司處，洽談公事，看到同仁辦公桌上所置放的卷宗、卷夾、字典、書籍，及各式稿紙，十分零亂，而櫃頂上也堆滿了報紙和卷夾，頗有滿坑滿谷之感。後來，我外放到夏威夷，三年半奉調回部，任美洲司司長，偶爾到其他各司處去，看到三年前放在櫃頂上的卷夾和舊報紙，依然故我，絲毫未動，祇不過是加了一層灰塵而已，不禁慨然久之。

我回到北美司約集同仁，希望他們儘量的「卷入櫃，書上架」，尤其不能放置在櫃頂以上，因為時日長久以後，很容易把應辦的公文夾雜在內而遺忘，觀瞻尚屬其次也。其後，大家照辦，雖然辦公室內照樣擁擠，但不零亂。誠然，基本上，辦公室過狹，而人員不斷增加，欲求整齊清潔，勢須另行增建辦公處所。所以，我聽了部長的指示以後，有「欣然」之感，也就是想達成我這個宿願。

當我初次與總務司司長晤談後，方知以往的籌備工作，尚未成立專卷，實祗幾份建議書，所謂「籌備」，一直停留在「談」的階段。我首先查問，本案已否呈准了預算，他說：『本部和院方都希望加速進行，看來經費是沒有問題的。』我說：『這是一件大事，安能等籌備就緒後，再來申請預算？』我又問，建築基地已否商定？他說：『原先大家所屬意的基地是台北賓館對面位於介壽路旁的空地，但現已查明是美國大使館的財產。』

我聽了很感納悶，預算事尚可趕辦，而基地沒着落，則茲事體大矣！因在市區以內，覓購適合建築外交大樓各項條件的基地，十分困難，看來這籌建案是要從頭做起。

※　※　※　※　※　※　※　※　※

經向省政府與台北市政府洽詢結果，在市區以內，已無適合之公地，可以提供，至於向民間採購，因所需土地面積較大，可能涉及十位八位地主，往往勞而無功。

最後，唯有洽請美國大使館將介壽路基地讓售，洽商了大半年，終於獲得美方同意。隨後又以土地交換方式成交，我方係以愛國西路公地與美方交換，也費時數月。幸於此時，預算亦獲核准—大樓建築經費經核定為四千萬新台幣，不包括基地價款，這是一九七〇年間事。

在交涉換購基地的同時，我向魏部長建議設置一個籌建委員會。因為將來大樓應由何家營造商承建，是以公開招標方式決定，但是延聘建築師設計，似不宜公開徵選。如果組織一籌建委員會，邀請有關機關首長或副首長為委員，來協同商議一些有關大樓建築的重要事項，是會有幫助的。魏部長同意，隨後又核可委員十人名單，內中包括葉政務委員公超。在魏部長主持的第一、二次會議中，曾決定：㈠大樓不需採用宮殿式，但求實用，外形莊嚴雅緻。㈡大樓連地下室共五層，高度應不超過總統府四樓屋頂。㈢聘請王大閎、張德霖兩位建築師共同設計。

後來，兩位建築師提出大樓建築藍圖及模型後，籌建委員會在第三次會議中通過。

※　※　※　※　※　※　※　※

隨後，我另請建築師增製一區域模型，包括總統府大樓、台北賓館、外交大樓與景福門——全部介壽路在內，如此，可對外交大樓將來所佔部位、面積、高度、外形等，一目了然，與其他建築間之距離，相對高度，一望便知。如此，在送呈總統和院長親閱時，便於說明，總統仔細察閱後稱：『善』，隨即詢問，建築大樓預算已否呈奉核定，幷於聆悉業已核准後，囑即速辦理，我辭出後，想到總統思慮週詳，要建築大樓必須先有預算也。

六五、外交大樓設計經過

當我和兩位建築師初次會談時，曾提幾個要點，徵詢他們的意見：

一、大樓不需採用我國宮殿式，外觀須莊嚴雅緻，內部求其實用。

二、有三個建築的外形，可做參考：

㈠美國國務院舊址

㈡羅馬市政府大樓

㈢波士敦市政府大樓

三、因基地地形關係，大樓面對介壽路，採馬蹄型，四週以灌木樹籬代替圍牆。

正面沿介壽路之入口處與出口處間之距離放長，應使車輛進入後之弧形車道曲度小，行車轉向平穩，車道外為草坪。

大樓兩翼各有公用大門，分別為總務司與護照科對外進出之用。

四、大樓在地面以上四層，高度不超過總統府之四樓，地下室約四分之三在地下，四分之一在地面以上，庶地下室可獲部分陽光，而第一層建築高出地面數呎，因此自下車處進入正大門，需登台階若干級。

五、進入正大門後之大廳，其高度延伸至二樓屋頂。

我說明這五點中，有的係籌建會之決定，須照辦；有的係我個人之建議，提供參考。二位建築師均甚謙虛，認為所提各點均甚具體，將慎加研議，儘量配合。

※　※　※　※　※　※　※　※　※　※　※　※

當二位建築師草圖製成後，我們曾作第二次會談，他們的設計，頗合要求，因此我們便就細節上多加討論，並作如下之數項決定：

一、大樓後面設後大門兩處，便利乘兩部交通車同仁同時上下班進出之用。因此，電梯亦宜分別位置在後大門進口附近，保留一部電梯為自正大門進出之同仁或賓客之用，其部位應係自正大門進入後，向前穿過大廳，進入類似玄關處左向或右向進入電梯，在大廳與玄關之間，設虛隔間，使進入正大門，不至即行面對電梯，而在大廳內走動者亦不能見及候電梯之人。

二、大樓限於地形，左右伸延較長，但深度有限，故進入正大門以後正前方穿過大廳後之玻璃窗，宜用中國古式窗格並配毛玻璃，庶不致透過玻窗見及後門外之街景。

三、除五樓用地毯外，其餘各樓均採磨石子地板，便於清洗，但牆與地板交接處，不用直角交接，採多數醫院中所用弧形，庶不致有積垢。

四、五樓之會客室、宴會廳、會議室及禮堂應特別注意，灯光要柔和，隔音要良好。

※　※　※　※　※　※　※　※　※　※　※　※

兩位建築師對大樓設計，也有一些是分工的，內部隔間和裝璜部分由張建築師負較多責任，所以，在後期工程進行期間，我和張建築師合作較密切。

我覺得幸運的是，兩位建築師和我合作無間，他們的設計，都能符合要求，所以自開工之日起至完工時，沒有需要變更設計的地方，節省時間和經費不少。

其次，他們設計在建築的外表用瓷磚，使灰塵不致凝結而有礙觀瞻，冲洗亦較便利。

第三，一般外形，包括正大門、車道、台階等的設計，均切合實用，大方而壯觀；進入正大門後，大廳採用大理石及右壁「禮運大同篇」浮雕之設計，頗受讚揚。

第四，五樓宴會廳，灯光優雅，使賓客進入後，頓有色澤調和、怡然心境之感。架樑式天花板，四週幃幔，和地毯的設計，使隔音完善。大樓落成後第一次舉行之餐會中，排位一百六十席，賓主致詞時，未曾使用麥克風，收效良好，實屬難能。

在室內設計方面，我曾提供若干建議，都被採用：

一、護照科櫃台內工作人員座位，提高一呎餘，庶辦公人員與立於櫃台外來人交談時，差距縮短，工作人員不需起立，櫃台外來人亦免彎腰（詢問台亦仿此設計）。

二、護照科櫃台工作人員可以不需離位，轉身卽可將文件傳遞至有關作業人員，而其間設有屏風式窗格，故櫃台以外人員不能對護照科內部工作情形盡收眼底，而護照科人員亦不致受櫃台前操作之干擾。

三、部次長會客室、宴會廳、會議室之掛灯，另請室內裝璜專家設計。

四、五樓宴會廳之衣帽間、備餐間等均有妥善之安排，惟有盥洗間在施工時發生一點困難，最初，我曾洽告建築師，平時餐會，宴男賓時多，女賓則較少，結果所設計之盥洗間女用者過小，僅厠所、化粧台、面盆各一，嚴格說，每次最多容納兩人。而男用者可同時容納六人，幸此二盥洗室毗連，最後我建議，將二者對換，女用盥洗室可同時容納四人。

五、各司處單位主管，均配置較大之辦公室，可以接見賓客，副主管辦公室原則上安排在各單位大辦公室之內，但加半身隔間，庶副司長坐定時，猶如與大辦公室相隔開，而起立時，則全司在望，便於指揮監督。

六、各司處辦公室所需面積，照當時實際工作人員員額另加「在可見將來」可能增加之人數計算。此項「可能增加」人數，各單位不相同，大致百分之十五至百分之廿之間。唯有領務處之護照科，在博愛路時期，僅五、六人而已。為顧及日見增加之業務需要，依卅六人座位設計，櫃台亦自博愛路時期之三個窗口增加至七個，其後護照科人手快速增長，尚足敷用，直至政府准發觀光護照以後，工作人數陡增，辦公室又顯侷促矣！

七、比較困難的問題是進入正大門後「禮運大同篇」浮雕對面牆壁上之設計，似乎我國古畫、湘綉，均不相襯，向各方徵求意見，亦無適合建議可資採用，最後，我遍閱建築叢書、旅行雜誌，看到一項以金屬線條製成之世界地圖輪廓，配以經緯度線條，似頗合用，因以此來配「立意世界大同」之雕刻，頗為相襯也。其後訂製時，略加修改，將我復興基地—台灣—位於圖之中央。

片斷

禮運大同篇

大道之行也天下為公選賢與能講信修睦故人不獨親其親不獨子其子使老有所終壯有所用幼有所長矜寡孤獨廢疾者皆有所養男有分女有歸貨惡其棄於地也不必藏於己力惡其不出於身也不必為己是謀閉而不興盜竊亂賊而不作故外戶而不閉是謂大同

六六、外交大樓建築經過　十三個月完工

外交大樓招標時，有廿餘家營造商投標，繆（景潮）記以最低價得標。這也是很幸運的，在我政府建都南京時，繆記承建首都第一條大馬路—中山路，來台後，它仍然是最著名營造商之一。

我第一次與繆景潮君晤談時，我說明本部希望他能如期完工，其次，更希望不超出預算，但本部已決定中途不變更設計，不致修改工程，他可以放手去做。我接着問他有無困難。

繆君為人忠厚篤實，他表示願盡力而為，但如遇到不尋常的颱風，人力不可抗拒，就難說，至於受普通因素帶來的困難，不難克服。但有一項請求，那便是：付款不要拖延。我問他多久便算拖延？他說依規定每兩週營造商按照工程進度，統計人工及進入場地建材，開具費用清單，經建築師審核後送部。如能在一週內領到款項，則幸甚矣。倘如每次拖延數週以至數月，則勢必要向外貸款週轉，營造商一向為此叫苦連天。

我直率的告訴他，如果清單上午送到，下午便可付款，決不超出廿四小時。他說，他不敢如此奢望。

隨後我與總務司商談此事，他們說，一週付款，可以辦到，我問他們：『為何需時一週呢？本部對清單所報人工及建材，是否尚需進入場地查對？對所報價格尚需審查？』他們說：『這不

可能，依規定是由監工的建築師審核的，不過，在習慣上沒有隨到隨付的。』我說：『這習慣是可以改的，祇要從清單上沒有發現不妥之處，自然可以儘速支付，我們應該拿我方的合作態度來換取對方的全面合作。』總務司同仁很合作，表示可以照辦。

當開工後繆記將第一次申請付款清單送來時，我便與總務司聯絡，囑照已決定的程序付款。當天下午，繆君來部，在出納科門前踱步，口稱有事來向總務司請示，並非前來領款，出納科便告知有支票一紙待領，問他有否將繆記營造商戳記及私章帶來，他大喜過望，連聲應道：『帶來了，帶來了。』

從那次以後，繆君全心全力督工，工程進展迅速，中途偶因陰雨停工數日，他主動加班，日夜趕工，追上預定進度。結果，果然在十三個月完工，也因為全部工程，一氣呵成，未遭受物價上漲影響，所以也沒有超出預算！施工期間，偶爾有些微困難，隨時會商，隨時解決，這也是工程進度快速的原因之一。

工程結束後，繆君來談，說他經營營造業三四十年間，從未遇到一位顧主是如此顧及營造商的困苦，如此迅速付款的，不僅公私機構，即令頗為富有的人建私人住宅，付款也要拖延，除了極少數是因為經辦人想提額外要求，或顧主週轉不靈外，很多是屋主心理作祟，總覺得錢是不應輕易出手的，拖延一個時期，才是正辦，他與本部合作愉快，本部按時付款，他一定要如期完工。

我十分感謝繆君，因為他不僅如期完工，而且施工沒有絲毫馬虎的地方。後來他曾約我餐敘，我因事忙，迄未能應邀，其後他不幸與世長辭，我想來十分咎歉，沒有能在他生前和他暢敘一番。

說笑

「說笑」有別於「笑談」。「笑談」是指一些故事或笑話，聽來的。「說笑」包括我所經歷的事，或是帶幽默的講話，都是在搏取聽衆的一笑而已。

民國七十三年返國述職，巧值曦社午餐會，弟兄們見面後，都誇獎我精神好，更年輕，以前稱我「老兄」，今後要改口叫「老弟」了。

次日，去石牌訪友，約定上午九時，外交部司機老譚提醒我：上班時間，車輛擁擠，要提早啓程，是日，我們八時出發，沿途車輛並不多，上了高架公路，很快便到了雙溪，時才八時一刻，心想早到四十分鐘，不合適，便停車到雙溪公園散步，當我信步走至入口處時，有一位管事模樣的中年婦人，迎面而來，似有「且慢」之意。我舉目四望，見大門旁懸有「入門券二元」字條。但我身邊無零錢，乃向老譚告貸，他很快找到一元，但另一元卻找不出來，正在為難時，管事的說：『先生，不必找了，您免費。』我心想或許她認出我是駐外大使，特別優待，不料她補了一句：『的確免費，這是市政府規定的老人福利啊！』

六七、遷入大樓以後

外交部順利遷入大樓以後，我每次想到這一段往事，便深深的感激長官對我的信任，和同事們的協助和諒解，特別是總務司劉司長達人和司裡的同仁，他們平時工作已夠繁重，加上建築大樓，真是忙得席不暇暖。

但是，俗語說得好，天下事那有盡如人意的？

遷入後正式辦公的第一天，周部長連續接聽記者們打來的電話，使他深感困擾，他便撥電話給我，接聽的是我的秘書，他便囑轉告我立即前往。當我步入部長辦公室，部長劈口問我：『何以我的電話，外間可以直接打進來，而你的電話却要由秘書轉接？』

我表示歉然，我還未曾來得及向部長的秘書解說：在部長電話機旁有按鈕，撥向一面，可以直接對外，撥向另一面，就要先經過秘書。

部長又說，聽說新裝的電梯，已經不斷的要修理，是什麼道理？他接着忿然的說：『這大樓，簡直蓋得一塌糊塗！』說着便把手中的鉛筆重重向桌面一擊，頓時筆尖折斷，飛出桌外。我簡單的說明，電梯在裝置之初，要試車，所以這兩星期內，電梯工人不時前來校正。

我看他面色不對，說完了便辭退，出門時，想必帶門稍重，顯有震動，部長以為我是冲冠一怒而去，其實不然。因當初設計，辦公室門口未裝自動關閉器，而門又重，關閉時，稍不留心，便有撞擊聲。次日，我便着總務司將所有辦公室門上一律加裝。

還入大樓之初，有一些同事和工友們，對電梯感覺新鮮，無事也乘電梯上下。一位女同事，發覺按第「三」號鈕，便到了三樓，按第「四」號，便到四樓，興之所至，按到警鈴上去，頓時鈴聲作而電梯停。她祇關在電梯內，出不來，驚惶之餘，大呼救命。因在晚間，同仁們都已下班。值班人員聞訊後，輾轉找到電梯工人前來把電梯門打開，已歷時一小時餘。

次日，周部長聞悉後，頗為震怒，立即找總務司馬副司長連捷，查詢此事。（註：劉司長達人適請假前往馬尼剌，參加博士論文考試，馬副司長到職不久，代理司務。）周部長問：『知否？昨晚電梯出事，差點鬧出人命來，這電梯到底是否原裝，還是「二手貨」？限三天內查明回報。』

※　※　※　※　※　※　※　※　※

馬副司長來看我時，的確全身發抖，他說：『我接任不久，不知從何查起，更不知如何方能證明這電梯不是「二手貨」！』我安慰他，不必驚慌，我說：『大樓的建築，我負的責任比任何人多，要回復部長，當然由我去。』馬副司長又說：『那您又如何能證明不是「二手貨」呢？』我說：『別急。』說着，我便撥電話給張德霖建築師，幸好，他在。我便將這件事約略的告訴他，問他能否來外交部一行，他說：『可以，立刻就到。』

張建築師來後，我們略談十幾分鐘，隨即偕同馬副司長一同去見部長。

部長驚訝的問：『這麼快就找出答案來了麼？』張建築師說：『大樓內的設備，如不屬於招標範圍不經由營造商採購的，按手續要由本部公開招標採購（註：當時規定，凡價值在三十萬新台幣以上者，均需經過招標手續），如需向國外採購，則必須委託中央信託局招國際標，這次所要採購電梯的說明，是我們建築師所提供的，送請中央信託局登報招國際標，參加投標者有美國和日本廠商各三家。得標者為美國 Dover 廠，然後由中央信託局代為簽約訂購，開具信用狀，由廠商自美國裝運來台，這其間付款並非外交部直接辦理，而貨品亦必須是原廠商自美裝運來台，決無可能是在台所買之「二手貨」。』

張建築師陳述清晰而有條理，部長聽完後說：『就是這麼簡單？』張建築師答稱：『剛才所說，祇是一個簡扼的報告，電梯的採購，經過招標、訂合同、裝運、安裝，也化了差不多大半年的時間，如果貴部同仁不任意的按警鈴，就無事，以後部內技士一定要稍稍接受訓練，遇有此類情事，便可料理，並不需特別技術。同時，電梯裝有安全設備，也不會因錯按警鈴，便從空中落地，致人於死的。』

這事就此結束，馬副司長如釋重負。

※　※　※　※　※　※　※　※

遷入大樓以後兩年，忽奉楊次長之召，據告進入正大門後右手牆壁上之「禮運大同篇」雕刻，全文裡漏了一個字，甚為不妥，囑速將雕刻「挖下來」，我聽了後大吃一驚，因為當初這雕刻用大理石百餘塊砌成，施工極不簡單，在每塊石背用鋼絲扣牢在一些特別配置的鋼筋上，然後用水泥覆蓋於牆壁之內，是一項頗費周章的工程，要撬開、修改、再復原，真是工程浩大。我立刻請求暫緩囑總務司去辦，等查詢清楚再說。

我記得當初在設計時，就有兩種不同的見解，對這一字之差，也請過幾位黨國元老代為斟酌，然後決定用現所採用之文字。我離開楊次長後，便請當時總務司李司長善中查卷，終於找出施工時經黨國先進研商後同意用　國父墨寶，即現時採用之文字，經呈報沈部長後，始免予取下，可說是有驚無險。

遭遇

在華府某次一個盛大酒會中，有一位年輕的男士來和我攀談，說他曾經到過南韓，越南和黎巴嫩，他很欣賞帶有刺激性的工作，我說他很幸運能有這樣多彩多姿的經歷，他俯首向我耳語：『我是在中央情報局(CIA)工作。』我也告訴他我到過印度、印尼、夏威夷和紐西蘭，他問我在那方面工作，我也向他耳語：『聯邦調查局』（FBI），說完後，我們相對大笑。

六八、廿四小時發照

當我奉調常務次長之初，各機關、社團、學校不時來洽—為所屬人員提辦護照，庶能及時趕赴國外出席會議，參加展覽，或應邀參加球類比賽等。我每次都交給領事事務處趕辦，後來，類似案件日增，有時一日有四五次之多，我便約領務處蔡處長以典晤談，問他：我每天催辦四五批人的護照，是否給護照科同仁帶來不少困擾？蔡處長說：除部次長交辦者外，還有許多直接請他趕辦的，但因申請人都確有公務上需要，祇好儘力協助；但是這些提辦的案件，猶如醫院的急診，每日急診愈多，掛普通號的愈須延後。

我進一步問，普通的申請，多久可以發照？處長說：一個星期。我表示，凡前來本部申請護照者，均已經過出入境管理處核可，本部已無需另作安全調查，何以僅僅製作護照的程序，需時一週之久？處長說：申請出國人數，年有增加，原先可以三日發照，如今積壓已多，非一週不可。我說：這完全是人手短缺的問題，在人員未能增加以前，能否着護照科同仁加夜班趕辦，清除積壓？處長答：護照科同仁，每日自晨至昏，無片刻休閒，辛勞之至，如再令加夜班，實有困難。

※　※　※　※　※　※　※　※　※　※　※

在當時，各部會增加員額，至為困難，雇用臨時人員，難獲合乎要求的人手，而籌措經費支應，亦非易事。但增加護照科人手，以清除積壓，刻不容緩。爰擬訂計劃，招考雇用人員六人，編列預算呈核，幸獲部長全力支持，卒奉核准。於是我約蔡處長作第二次晤談。處長表示：增加雇用人員，自可有助於清理積壓，但有若干工作，需對護照業務稍有經驗人員承擔。因此，我決定呈報部長自其他單位另調數位職員來配合，全力推動。處長表示，如此，則助力甚大，當努力以赴。我請他就人員之配搭，預先有所安排，以免在工作進行中因某一程序發生擁塞，而影響整個操作。

嗣後，護照科增加了工作人員八人。大約在兩個月期間，以往積壓案件，大部清理完畢。於是我又約蔡處長作第三次談話，并予慰勉。

※ ※ ※ ※ ※ ※ ※ ※ ※ ※

在第三次談話中，重點在研議嗣後如何縮短製作護照時間，庶申請人無需要求趕辦，免掛急診。處長說：照當時情形，三日發照可無問題。我不同意，我說：如今登陸月球，返往不過數日，製作護照，何以竟要三天時間？我的意向是廿四小時發照。

蔡處長聽後愕然。他說：這要等待操作熟練以後，方可試辦，全部工作要數十人搭配，一時不易適應這麼大幅度的改變，至少，他們還沒有做這樣的心理準備。他建議改為兩天發照。

我了解，他覺得我這樣作有點過猛，尤其怕說了做不到。我告訴他：要改進，必須要富有革命性的改進，而這縮短發照時間是一項便民措施，極為重要，祇要簡化程序，增加人手，配搭得宜，提高效率，並非不可能之事。但我也同意他的顧慮，必需要有一個試辦期間。我建議：在所有積壓全部清理之後，以兩週為試辦期，暫不對外宣佈，祗囑申請人可以在廿四小時之後，試行前來領照。處長表示願全力以赴。

在試辦期間，蔡處長率領護照科同仁，不折不扣的「全力以赴」，結果完滿，所有申領護照者，均能在廿四小時屆滿時領取護照，本部隨卽宣佈：「廿四小時發照」。以後，便鮮有前來洽請趕辦者。

據悉，自政府開放觀光護照以後，護照科業務大增。維持廿四小時發照，困難在所難免。

笑談

三位年逾八旬的老太太在閒聊，大家都感到年邁，常常有所遺忘，米勒太太說，她最近有時打開冰箱後便忘記原來想在冰箱內要取何物，祇好把冰箱關上再細想；培根太太說，她也常常走進浴室，但進入後幷不需要如厠，頗覺茫然。

華生太太聽了後，便在桌上「嘟，嘟」的敲了幾下說，她還算幸運，不曾如此會遺忘，說着便站起來向外走，另二位太太問她要去那裡？華生太太說：『剛才不是有人「嘟，嘟」在敲門麼？』

六九、電台、檔庫、宿舍、官邸　一連串的建築工程

外交部的電台，原先是在和平東路二段，民國四十年間，就像在郊區，一間平房，四週都是菜園。電桿是木質的，豎立在後院，可是用以固定電桿的鋼纜栓樁却插在鄰居的菜園裡，起初相安無事，因為栓樁佔地小，對農作物影響甚微。到了五十年代，和平東路地價上漲，鄰舍有意將園地出售，但購主見有官署電台在旁，又有栓樁在園地內，望而却步，地主情急，在盛怒之下，竟用大斧砍伐電桿，幸經電台工作人員及時勸阻。我接獲報告後，覺得栓樁插在鄰戶地界內，殊屬不合，同時，電台所在地，轉眼便成鬧區，亦不相宜，勢須及早遷移，幸復興崗致遠新村基地內，尚可容納，經呈准後，迅卽開工，數月完成。電台自遷入新址後，環境安靜，亦少安全顧慮。

※　※　※　※　※　※　※　※　※

外交部遷台之初，所購置或租押之辦公處與宿舍，多數是一些舊式小旅舍，窄狹異常。故自南京搬運來台之檔卷，祇好在汐止覓屋存放，而汐止距台北稍遠，查閱檔案不便，各單位便儘量將已經結案訂成卷宗之公文，存在辦公室內。在博愛路時期，各辦公室原已擁擠，而存卷之鐵櫃，又與日俱增，且有若干單位，已開始將鐵櫃置放在走廊上。這種情形，非設法改善不可。因為，卽令建築大樓，亦不容在辦公室內各別設置檔庫也。

事實上，檔卷放在汐止，原屬臨時性質，卷箱均未曾開啓，祇是堆放。台北陰雨時多，且潮濕，倘不及早妥予置放，檔卷有受損之虞。因此籌建檔庫，便為另一項刻不容緩的工程，經設計，檔庫所佔面積不大，致遠新村內尚可容納。不數月，檔庫落成，所有檔卷上架，設置除濕機，以保持乾燥。自此調閱卷宗便利多多，因本部與致遠新村之間，每日有交通車往返也。

※　※　※　※　※　※　※　※　※

外交部同仁宿舍中，以致遠新村之設計最為出色。每幢二層樓，住八戶，分別自前面後面進出，各不相擾。幢與幢之間保留一片草坪，距離適度，共十幢，容納八十戶。四週有圍牆，進出須經過管理員辦公室，空氣新鮮，又無噪音汚染，上下班有交通車。村內有幼稚園、籃球場。此外，大禮堂可供聚餐或集會之用，每屆歲尾，同仁排演平劇，鑼鼓喧天。這座宿舍是在我以前王之珍次長任內完成的，幷由王次長命名：「致遠新村」，確是居家的理想環境。

此外，在北投民族街另建有宿舍一所，係四層樓房一排，可住數十戶。惟興工期間，受颱風影響，逾期未能完工，我接任次長以後，工程已進至最後階段。一日，忽據報：整個建築傾斜，且有人登四樓以繩繫石垂至地面，加以證實，一經傳出，同仁奔走相告，其已申請民族街宿舍者，紛紛要求撤銷。

據報後，我立卽會同建築師前往勘察。建築師承認大樓有些微傾斜。據稱：任何建築物，除非打樁在石層之上，均有少許坐沉。如全部建築四週坐沉度均等，則非一般人所能察覺。如一面坐沉略大，則傾斜在所難免，但決不致影響安全。

我問：如嗣後傾斜度增大，何能保安全？建築師告以：通常建築之坐沉，大都在建成初期，此宿舍自開工迄今已逾一年，坐沉已達定點，嗣後應不致繼續傾斜。我再問，尚有無補救辦法？他歙然的說，在理論上可以在坐沉較多之一面，強化其地基，但在當時，我國營造業，尚無此種工具與技術，且工程之浩大，不可想像。

我另請兩位建築師共同研議，他們認為：在這原先是梯田的基地上，建築四層樓房屋，應在設計之初，在打樁和屋基上多加考慮，以防坐沉。至於已有傾斜現象以後，即難以補救。他們也同意原建築師看法，繼續傾斜甚至倒塌的情況不致發生，但住戶之恐懼，則難以祛除。

我查閱檔卷，這座宿舍，原計劃是在該基地上建同型樓房兩排，其後，因限於預算，先建一幢。是以現建築之前方，尚有空地。經過一番考慮後，我向幾位建築師提出兩項辦法，請他們研議：第一，在空地上樹立二至三個鋼筋水泥支柱，撐持已傾斜之大樓。第二，提早興建第二排大樓，因係平行建築，在兩樓之間，每層均建兩道天橋，表面上是便利兩樓住戶之交往，實際上是以天橋來撐持第一幢樓房，防止其繼續傾斜。

大家都贊成第二案。因第一案之支柱，固具有撐持作用，但難以消除住戶之恐懼。第二案之天橋構想甚佳，其撐持之效果較支柱為佳，且足以帶給住戶一種安全感，如果就這第二幢大樓，在設計上作週密之安排，則第一幢大樓之安全，可保無虞。

經定議後，趕速循序完成籌建手續，迅卽施工。第二幢樓房落成以後，幸如所料，無論在結構上或心理上，都顯出是一座堅固的複式建築。同仁們紛紛遷入，共慶新居。

※　※　※　※　※　※　※　※　※　※

同仁們遷入新宿舍時，本部司機工友都出力支援。及至同仁們安頓妥當以後，司機和工友們就有一種感覺：他們的宿舍問題，好像被人遺忘。

外交部的司機和工友們，很多是隨本部自大陸遷移來台的，也有些是在台灣覓雇的，但同樣的，都是一經被雇，便長期留任，全心全意的工作，殊屬難能。起初多數是單身，其後陸續成家，漸漸感受到房租的壓力，迫切需要宿舍。

我原先也準備在同仁宿舍問題解決後，便着手籌劃司機工友宿舍的興建，故在民族街宿舍完成後不久，便着總務司辦理登記，統計需要宿舍的司機工友戶數，預計在致遠新村旁建造。登記結束後，按實際需要延請建築師設計，所需基地面積不大，致遠新村街對面土地可以闢用，順利施工，如期完成。幷請王大使之珍命名「懷遠新村」。

詎料在登記時，少數人因在市區內已自置住所，或因子女就學便利，家人就業關係，無意遷出市區，故未前來登記。嗣後部分的人改變意向又前來補辦登記。可是司機工友鮮有外放的，移動性極小，易言之，一經遷入，便是常住，是以補行申請者，極難有遷入之機會。因此，有人議論：當初籌建時，如能顧及隨後需要，增建若干單位，則不致有人向隅矣！

我想很多行政首長都會面臨這一類的問題的，局外人不知其中困難，各機關籌建辦公處所也好，宿舍也好，都得依需要來作計劃，編列預算，或可寬列一點，但不能依照預估在未來歲月中可能增長之員額為準。其次，以宿舍論，遇有短缺或多出空餘房舍，同樣會遭遇困難，譬如，當時需要宿舍一百間，建造一百卅間，房屋落成時，這多餘之三十間便成問題。其家中人口較多深感宿舍狹小者，必將前來呈請暫時借住，其子女在外地求學假期來台省親者，也會作同樣申請，甚至若干與外交部有關人員但已非正式員工者，亦來情商，如一律婉拒，頗費唇舌，一經通融，不數月，三十間已住滿矣。

在北投舊有宿舍尚有興華和永樂莊兩處，均為日式舊屋，破爛不堪，興華宿舍在本部成員遷入新宿舍後不久，便遭火災，就此結束，永樂莊宿舍，最令人頭痛，年年修理，依然是危樓一幢，遇有狂風暴雨，危樓搖動且發雜音，倘有不測，人命攸關，故自職工們遷入新宿舍後，原欲早日將之歸還屋主，不料尚有少數已退休職工，既不能搬進新宿舍，又無他處可遷，紛紛陳情。在不得已情況下，決定暫予保留。不數月，另有現職工友人等因懷遠新村無空屋，或以其他原因，呈准遷入，永樂莊又迅告客滿。遇有颱風來臨，為安全計，發給補助金，着住戶進住旅舍暫避。惟有少數住戶，鑒於數度颱風過境，永樂莊均安全渡過，隨後雖領補助金，並不避入旅舍，原先嚷「身居危樓」者，斯則改口「聽天由命」矣。

※　※　※　※　※　※　※　※　※

魏部長官邸原在羅斯福路後街，由羅斯福路轉入後的一個弄堂，汽車進出不易，停車更難。官邸本身是一幢日式平房，相當陳舊，無論如何修補，屋簷、天花和門楣低矮是無法改進的，身長五呎七吋者，進出便需彎腰，如宴請體格高大外賓，進出時須似步入重慶時代之防空洞一般。四壁懸國畫，頗費周章，因畫頂與人齊，必須坐地觀賞也。在民國六十年代，因為外交部部長官邸，雖說是節約克難，仍屬寒酸，尤不得體。

魏部長住用三年多，有意搬遷，但市區內「單門獨院」住宅難尋；在郊區租賃，大都通道狹窄，且不合需要，如自建，則預算無著，因此，就擱置下來。

外交部另有一處次長官邸，位於台北火車站對面，生意人稱為黃金地帶，不知自何年何月，向台北市政府借用而來，但祇借了半幢作為次長官邸，另半幢為市府職員宿舍，全幢房屋的基地連花園在內，面積可觀，市政府早想收回，另作別用，祇是碍於這半幢是外交部次長棲身之所，未便啓齒，一日，市府高級官員來洽，說明：市府有意為本部次長興建官舍一所，以收回這半幢宿舍，或則由市府核撥經費，由外交部自建，數額在二百萬新台幣以內。

當我將市政府意向呈報魏部長以後，部長指示：興建宿舍，以由本部自行辦理為宜，其次，市政府願提供造價一節，宜先向有關機關洽詢，是否可行？

我遵命向有關機關主辦單位請教，歷時約三個月，所獲結論：本案係政府部門之間之收支行為，自需經規定程序辦理，外交部於收到款項後，連同建築計劃一併呈報，如經核准，自無不妥。

適於此時，外交部三位次長官邸，均已覓定，魏部長屬意以此款興建部長官邸，故當我將洽詢結果呈報部長時，即奉指示進行覓地，籌建部長官邸，并說明，部長官邸，要注意合用，大方。至於他個人喜愛與否，并不重要，因任期屆滿，官邸即將為下任部長住用也。

為部長官邸找地，相當困難，因為沒有購置基地的經費，祗能租借公地，而部長屬意的外雙溪一帶，已無公地可撥，最後陽明山管理局在仰德大道美國協防司令官舍旁有一片土地，可以借讓，魏部長看了以後，稍覺其距城略遠，但管理局表示，他們詳細查過，合用的土地祗此一處，別無選擇，部長終於同意，適此時，以市府提供之經費興建部長官邸案奉核准，於是籌建工作，加速推進。

實際上說，從基地到陽明山中山樓或士林，方向不同，但均為車行六七分鐘距離，至圓山約十二分鐘。故自外交部前往，雖需時廿五分鐘，大部分時間是用於外交部至圓山之一段。所以，自城中心前往任何方向之郊區，車行必定在廿分鐘以上，因出城的一段，就要佔去十餘分鐘也。

新官邸仍請王大閎建築師設計，係一西式二層樓房舍，樓下為客廳與餐廳，頗寬敞，足敷接待兩圓棹賓客之用，室外有草坪花圃，院內可停車七至八輛，門外道路亦寬，可容較多車輛停放，基此，堪稱：實用，大方。

房屋落成後，魏部長呈辭奉准。

周部長返國之日，他與楊次長同車自機場直駛新官邸。周部長的看法，這新官邸過於奢華，如住入，無異走進象牙之塔，他對我說，他素重「工作」，要隨時到部，無分晝夜，官邸如此遙遠，往返不便，因此，決定不用。

部長既決定不用，則部長官邸形同廢棄。其後，周部長決定定居博愛賓館，需添置窗型冷氣機，總務司奉部長命自新官邸拆卸移用。總務司因防風雨侵襲，將所有冷氣機移去之洞口以木板封閉，不幸是年颱風特強，木板被吹開二三處，所有新製窗帘、地毯與傢俱均遭殃，思之痛心。因所有窗帘、地毯與傢俱，均係經裝璜設計專家精心研究後訂製者，在質料、顏色等方面，均曾花費不少心思也。

其後新官舍，廢棄經年，園地荒蕪，最後租賃予南非駐華大使館，以迄於今。

七〇、處理公文是一門專科學問

從前節看來，似乎我在七年次長任內，都在忙於建築；其實不然。回想起來，佔我時間最多的是：核閱公文和延見賓客。

平均每天要看一百八十件到兩百件公文，不包括外館來電，國內中央社電訊，參考消息，各單位呈閱的剪報和有關機關贈閱的資料。

每天到辦公室後，先取出前一日晚間遺留下來的公文，分別處理，大約有廿件左右，其中三分之一是已核閱完畢尚未送呈或交繕的，儘先交出去。另有三分之一文稿，是需要查對，或重核，或約談，或請示以後始能定稿的，大致在半小時以內，可以清理完畢。最後的六七件，是需時間細核或者要重擬無法趕辦的。但是我照例要翻閱一遍，儘可能選出二三件來，準備在當日抽暇予以處理，這是我防止積壓的要訣。因為每天都可能有幾件類似的文稿，核批費時，因而積壓，倘不隨時清理，則積壓愈多，愈難清理矣！無論如何，週末加班，是清理一週來積壓最重要時刻。

所以，每日到辦公室第一任務，是清理前一日積存的案件。旋即閱讀電文，分別批交各單位擬辦。接着——大約在九時半至十時半之間——延見賓客，十時半以後，各單位文稿開始一疊一疊的送進來，處理的程序是：先將屬於其他兩位次長主核的文稿，快速的看過，快速的轉遞，如果我有意見，便加註後送出。其餘由我主核的公文，按電文，急件，普通件的順序核閱。

規定下班時間是五時半，我通常是七時半下班，在這五時半以後的兩小時裡，聚精會神的核閱一些案情比較複雜的文稿。因為在辦公時間內，要接電話，或有人來談，無法一氣呵成。

凡是當晚未能核閱完畢的文稿，都放在專用的鐵櫃內，次日清晨上班，第一件事便是清理這些文稿，卽令有若干件不是當日可以辦完的，也得要過目一遍。所以積壓日數愈多的文稿，我過目的次數愈多，依我的經驗，唯有如此，方能防止文件的散置，遺失，或長期積壓，在我五年司長，七年次長任內，未曾散置或遺失過一件公文。偶有各單位派員前來洽詢或尋覓一項文稿的下落時，沒有一次發現積壓在我處。

星期六，依規定十二時半下班，我大致工作到二時，星期日上午十時至下午一時，是我的週末加班，清理積存案件的時光。可是，偶有同仁，敲門而入，他說在星期日，乘我不忙，盼能與我詳談，我不得不敷衍一番，他那裡知道，這是我最不能分神的時刻。

我從不帶公文回家，第一是避免遺失，其次，一全天工作之餘，精力有限，如果硬撐到深夜，便難以成寐。

※　※　※　※　※　※　※　※　※　※

在我七年常務次長任期內，除了兩次短期出國（追隨嚴前總統，在他副總統任期內，一次前往西貢，參加阮文紹總統的就職慶典，一次是赴美參加杜魯門總統的追思禮拜）而外，從未請假。有人問我，在這漫長歲月裡，整日與公文為伍，想必會對它產生厭倦！實際上，看公文愈多，愈覺公文之重要，無論是擬辦或是核批，都要十分審慎。它是推行公務的工具，也是公務人員能力表現的管道。公文處理得宜，行政效率自然提高。

好多人以為公文就是官腔，等因奉此。有些高考及格公務人員初入政府機關工作，承辦一些較為簡單案件，便表示頹喪，外交特考及格人員，也以未能真正的折衝樽俎為憾。其實，這是一種訓練，主管級人員要了解這些新秀辦理案件和文字表達的能力，祇能逐漸將較繁複的案件交辦。如果這位新秀在辦理簡單公文之初，便感覺乏味，粗心大意，遺漏叢生，則他接觸重要案件之機會，恐將愈來愈少。

研辦一項文稿，承辦人必須細心了解案情，掌握重點，然後作有條理的剖析，揣摩適當的處理，其間要須注意符合國策，符合法令規章，也要顧及各案的特殊情況和執行上不致遭遇困難。最後用簡明易解的文字擬辦文稿。

總之，要擬辦一項文稿，或者擬辦復文，必定是先有一項問題存在，決非無病呻吟。因此擬辦一件公文，便是解決一個案件，解答一個問題，有如醫師診斷病情處方一樣，也似法官審判案件一般。一位公務人員，一天內擬辦五六件文稿，就猶如解決了五六個案件，是一項業績，也是一種滿足。經年累月，處理了許多案件，對公提供了不少貢獻，對自己也增加了不少歷練，其重要可想而知。有時同仁們看到上級主管的核改，便視為吹毛求疵，他不能了解，這文稿一經核定，便是某某機關的公文，而非某某科員的大作，不得不求其文字與體裁之適合也。

※　※　※　※　※　※　※　※　※

我到任不久，部長秘書黃新壁君奉命送來有關行政案一宗，已積壓多時，因主辦單位原稿中的敍述和建議，洋洋近萬言，嗣經交由專家審核，提供審核意見多種，各數千言，部次長審閱費時，尤難核奪。我化了三數日時間，細讀全案，最後用一張十行紙，前半頁是分析，後半頁是一個完整的建議，終於呈奉核定。

黃秘書隨後又送來類似積壓已久的案件若干件，經一一研辦，呈奉核定施行。

有人說，公務機關如對有關行政、人事、經費等問題的處理，一一擬訂辦法，以為準繩，無異自加束縛，隨後辦案時便缺乏彈性，這說法確有道理，不過，在當時，各有關單位，簽具意見呈請批示時，大都引述往例援辦，可是以往時代不同，歷任首長看法不同，因之，引一例，可以從嚴辦理，但也不難另引一例從寬辦理，是以援往例反無標準，而易於引起爭論。因此，在我七年任期內，曾擬訂辦法十餘種，對於有關單位簽辦案件時便利多多。

※　※　※　※　※　※　※　※　※

說到延見賓客，除了接談以外，還需要預作若干準備，也頗費時，因訪客性質各不相同，有係應邀訪華，來訪祗是拜會性質，幷無專題討論，但亦宜針對其職位，預行研議，蒐集最新資料，作主動的解釋闡明。有係新聞記者前來採訪，則應揣摩其可能提出之詢問，準備扼要之答覆，使會談有內容，有系統。有些是我國民意代表，或國內機關或民間團體代表前來就具體問題提出詢問或商討的，便需與本部有關單位預先研商，準備因應。有些是有事相託，則難以預測，而需隨機應對。我追隨沈部長多年，他會客時我有時奉命陪見，深知他每次見客，都事先有週詳準備，陳述意見或解答問題時，層次井然，聽者動容，對我而言，獲益匪淺。

如果是接見本部同仁，或係外放即將啓程者，或係甫自國外奉調回部者，均先聽取其意見，然後就出任駐外人員應注意事項或部內工作情況，詳予解說，庶能對彼等對新環境的適應，有所幫助。同仁們有時提出若干意見，皆詳予闡釋，其不能立即解答者，咸作成記錄，適時另行約談。偶有同仁，意見特多，嘗稱本部要多方面作全盤改革，大部分內容，全憑其個人之論斷，而涉及之範圍，又非其本人所熟知者，在此種情況下，祇好約他改日再談了。

七一、邀宴外賓有待改進

一般說來，遇有外賓來訪，主辦單位都要盛宴招待一次。自有關機關推行邀訪計劃後，來訪外賓日見增多。訪問日程中，除迎送而外，有拜會，簡報，參觀，遊覽，宴會，甚至採購國產等活動，都要派陪同人員，遇有數批外賓同時抵達，安排頗費周章。可是在這許多日程中，最迫切需要檢討者，首推宴會的安排。

照理，外賓來訪，由主辦單位設宴款待，是人情之常。至於有關單位，甚或一些無關單位，都爭取邀宴，實無必要。主辦單位應酌情加以限制，否則，天天有宴會，餐餐要作客，外賓也感受困擾。外賓中，有係因公務而來，有些是順道來訪，有些係前來渡假，決非準備來台後遍嚐我國佳肴。以往不少外賓，訪台後的批評是：『台灣確是美麗之島，中華民國朝野接待週到，唯一缺陷是宴會太多，令人有吃不消之感。』事實上，如果我人出國訪問，整天忙於赴宴也會有同樣的感覺，雖然如此，我主辦單位，既不願拂了其他機關的雅意，也不願客人有一餐獨酌，那便有損於中國人待客之道，這些都是為自己着想，從不考慮客人的內心願望，致使這種特殊禮遇，產生反作用。

其次，我國機關或民間團體，安排這一類的宴會，必定是賓主共十人或十二人，縱令客人祗一位，照樣十二人一棹。實際上，在一次餐會中，客人無法與十一位建立友誼，甚至連姓名都弄不清楚。如果改為四五人的小酌，反而可以深談。如果在多次宴會中，每次情況雷同，客人的感覺：這是中國人機械化客套，奉命行事。

同時，所邀的陪客，大多是忙人，難免遲到早退，有時，他們奉邀作陪，一連數次，也頗以為苦。

這當然與餐廳訂座問題有關。目前在台北，不是一桌就不能預訂房間，甚至根本不能訂位，這是全世界罕見的習慣。所以準備邀請四五人時，祇有改訂西餐。

第三，外賓參加宴會時，頗感頭痛的是中國菜道數多，份量重，而且主人也非常關懷主客食用多寡，這在西方國家是不多見的，固然客人吃得多，主人頗獲安慰，但如客人吃得少，鮮有力勸加餐的。

歐美國家的盛宴，除湯、生菜、甜點而外，大都二三道菜而已，所以他們參加我們的晚宴，差不多在第三道以後，便嚷着說已食飽矣，但我國主人仍然不斷相勸，逼着人家吃遍十二道才能干休。

國際間通常了解，一項官式訪問中，總有一個高潮，以晉見地主國高級官員，或參加地主國高級官員的款宴，或地主國接待單位首長的邀宴，或係由與外賓同官階人員的邀宴，這些宴會，無論就賓客人數、場面、或菜肴的豐盛來論，都高過於其他宴會，是謂「高潮」。但在我國是高潮迭起，餐餐盛宴。

目前我國宴會，開頭是四冷盤或熱炒，如儘量進食，其份量已達一客西餐的全部。試問隨後的十道八道菜，外賓如何消受？到了尾聲，甜點水菓，還要來一個「好事成雙」。

誠然，在我國傳統上，一席菜，總有十道八道的，不過早年筵席，每道菜平底淺裝，每人一口的份量，如今大鍋大碗，高高堆起，如果全棹十人，十道菜，平均每人消受一道菜的全份，不僅客人吃不消，主人也無法招架。結果，每道菜，三分之二是浪費。有些外賓在用餐時便直率的指出：『這麼好的菜，浪費掉，實在可惜！』

這又牽涉到餐館的習氣，他們祇知道一席菜便是十道到十二道，主人要少點幾樣，他們說不夠吃，那副神情好像他們是主人，也祇有他們才知道客人的食量。餐廳經理甚至說，菜雖減少，價錢一樣。有一次，我做主人，我直截了當的說，錢照付，祇要五道菜，經理無話可說了。但結果照樣上了十二道。席散後，我查問究竟。經理說：『全餐廳四五十桌，每桌十二道，唯獨你一桌，上五道，無法吩咐廚師和侍者，但所增加的幾道，免費。』換句話說，一切仍然照他的意思做！

我的經驗，國內宴客，午餐與晚餐同樣豐盛，台北以外地區，尤有過之。儘管政府提倡節約，也不發生作用。因此我便聯想到：當全國國民愁食愁衣之時，政府難為，可是老百姓「富」了，富而好禮，政府要講求節約更困難，因為勸人有錢少用，談何容易？

第四，以往我國餐館菜牌，列明「魚翅席」，「海參席」，「烤鴨席」等等，意思是此一席菜肴，是以魚翅或海參或烤鴨為主菜，但現時風行魚翅、海參、烤鴨、燕窠一齊來，有時還加特別海鮮和乳猪。如果主人還要表示濶綽些，便把份量增大，道數加多，無以名之，喻為仿滿漢全席。據說真正滿漢全席，要有五十道至一百道，真是胡謅一通。總之，主人面子第一，客人吃得消否，不予考慮。

事實上，很少外賓能欣賞魚翅，他們稱之為橡皮圈（文具用），他們更怕吃海參，他們聽說海參是動物，但看不出頭眼在那一端，頗有恐懼感。他們也不慣吃油淋鴿，我國人撕而食之，但撕的時候，油滴可以濺到自己的身上或鄰座女客的華貴衣服上，同樣的，我們常用的水果是橙子切塊，咬而食之，如果其中央了一瓣未經切開，咬食時橙汁四射，也是很狼狽的場面。

第五，我們在用餐之初，主人舉杯敬客，然後又個別的向客人一一致敬。隨後全棹的客人，起而仿效，很週到的，向主人及其他同棹人員，一一舉杯。換句話說，除自己而外，要敬十一人，在互敬之下，全棹共有一百廿一次。外賓看到別人舉杯，他也舉，後來發現，對方不是敬他的酒，祗好放下，接着又有人依序輪到敬他，他又趕快舉杯，結果，他看東望西，手中杯時起時落，不知所措，如是者鬧了七八分鐘。依理說，主人敬酒，全體舉杯，也就夠了，然後再一一依次敬酒，實屬多餘，其餘人員一窩蜂跟進，更是莫名其妙。全餐有兩三小時，有的是時間，可以慢慢來，為何要爭先恐後像趕路一般刻板式走完一圈？

第六，初次來中國的外賓，對於「乾杯」多少有點了解。有許多人爭着解釋，說明就是飲得精光。其實，這不是外賓所要了解的，在國外，也常有邀對方乾杯的，比如某位客人新婚，或是順利獲得學位，或是中獎，或在體育競賽中獲勝，都值得大家為他乾杯祝賀，可是在這種情況下，受賀的并不飲酒，同時，他們雖然說乾杯，乾與不乾聽便。在我國，却很認真，多少要勉強對方乾杯，還要檢查一番，杯中酒已空否。

在我國，作主人的常邀幾位好友，同僚或部屬中之有酒量者作陪，如主人第一次敬外賓「乾杯」，外賓照辦，主人便向陪酒的客人以目示意，意思是說這位客人能「乾杯」，於是陪酒的幾位，奮勇爭先，向外賓敬酒，而且要乾杯，外賓幾乎連喘氣的機會都沒有，一連串乾了四五杯。如果我坐在他身旁，他會低聲問我，他是不是『已受人圍攻？』

外國人和我們一樣，有人能喝，有人不能喝，他們不曾喝過紹興酒，也無法揣度自己紹興酒的酒量，再有，東方餐廳侍者那種不斷加酒的殷勤程度，西方國家罕見，所以外賓不知不覺中飲得過量，有的比較謹慎，適時中止，有的便醉倒，因此要取消下午或次日拜會節目，他們知道飲酒過量而誤了日程是不太好看的，更因此而對我國這種勸酒的方式，頗有微詞。

更突出的是：有些主人，自己不善飲，請他人替代敬酒，但外賓却不能，在西方人看來，頗不公平，更有預先關照侍者，用濃度適當的紅茶代酒，專供主人飲用，外賓知道後認為這是欺騙。這種惡習，一經傳開，外賓多有知之者，我們還認為聰明高人一等，其實，這是自己欺騙自己。

邀宴外賓，原本是表示友情，但像以上這些作為待客，所得的是反效果，其愚不可及也。

有些主人好酒，常以飲量大自豪，一席消費酒多，便引為成功，嘗有人對我說：『今晚一共飲了十瓶酒，你看，這次的國民外交辦的如何？』如果，飲酒多少，就代表外交的失敗或成功，外交官特考科目就要全部換過了。

有些場合，越來越不像話，不用中國酒，改用威士忌，白蘭地，而且不加水，要乾杯。西方國家的習慣：餐前酒，可以飲烈酒如威士忌，琴酒，bourbon等，也可以飲汽水，可樂。用餐時，一律用紅酒或白酒，均非烈酒，各人自理，不飲也行。將要上甜點時，在侍者即將收取酒杯前，主人有時請大家把未喝完的酒乾杯，或者就某種原因建議乾杯，譬如：國慶、勝利、主客將有遠行或有可慶賀之事，為之乾杯，事實上也是隨意，不乾杯的大有人在，也不用解釋或表歉意。至於飯後酒也有多種，白蘭地是其中之一。飲白蘭地者以手掌把杯，以溫杯中白蘭地，先聞其芬芳，然後以品嚐的姿態緩飲，以欣賞其味。我們的乾杯，在他們看來，是牛飲，是表演，是競賽。據悉法國白蘭地最大銷路在新加坡，香港和台灣，換句話說，都是我國人士的乾杯狂幫了大忙。

總之，在宴外賓場合裡，原本是聯誼，應該依我國傳統在邊飲邊談氣氛中進行，而不宜窮凶極惡的鬧酒。

第七，在餐會中，自不宜多談公務，因為外賓在拜會、簡報或研討會中，都已充分的交換意見，用餐時，祇宜詢問對方民情風俗，風景，特產，一般時尚及生活情形，或者介紹本國的習俗。但是，在我參加的好多宴會中，常有人提到怕老婆的笑話，PTT不絕於口。外國習用的縮寫字，如哥倫比亞廣播公司National Broadcasting Company，縮寫為NBC。但是沒有像我國將怕太太三個字用英文依音讀為Pow Tai Tai，再來縮寫為PTT的。外人一時不能了解，而且在他們訪問期中，可以連續在幾次宴會裡都聽到PTT的故事，更覺得莫名其妙，好像我國除了怕太太的故事以外，別無幽默可談一般。

第八，我有時被邀作陪客，奉命坐於外賓身旁，主人在舉杯表示歡迎之餘，便與其他客人以國語交談，有時聲色俱厲，有時笑聲盈耳，外賓睜大眼睛觀賞之餘，希望我能傳譯一二，事實上大家談話內容，均不足為外人道，我祇得簡單的說個大意，然後另找話題和他攀談。席散後，他說今天開了眼界，旁聽了一次華語討論會，他祇是未說：他不覺得他今天是作客。

七二、執行長

我擔任公職四十年，做過專員、科長、專門委員、幫辦、秘書、司長、主任、次長等。我還有一個很少人知道的頭銜——執行長。這是在常務次長任內，遇有大典時，奉派為接待外賓的總聯絡人，協調各機關團體的。

先總統蔣公辭世後舉行追思禮拜，我奉派擔任執行長，忙了不少時間，大體就序。在追思禮拜前一日晚間，看午夜電視新聞，看到某國女特使在機場下機，體格丰碩無比，不禁「哎唷」的叫了出來。叔純在旁，問我是否觸電，還是神經失常，我說：『你看，這位女特使體格，比常人大一倍有餘。』叔純說：『這也用不着如此驚慌！』

我解釋給她聽：『明日在國父紀念館舉行追思禮拜，那座椅是固定的，她如何能坐得下去？』

我立卽和有關單位通電話，請他們漏夜找工匠，將這位特使座位之一面扶手拆除。同時，與禮賓司值夜同仁商量，將特使鄰座之賓客移開。可以想像得到的，這比拆除座椅扶手困難得多，在外賓席地區內，都是外賓。在座位排定，座位卡已隨同請柬、日程表、來賓證等等，一併置入封套內，分發予機場接待人員，於貴賓抵達時，或在機場，或在旅舍內面遞。雖然祇是要抽調一人，牽動甚多，我請他們勿論如何把座次安排好，次晨於早餐前到旅舍，將座位更改通知送達。

追思禮拜開始前，我遠見那位女特使安然坐在椅上，兩個座位恰恰好，才鬆了一口氣。

試想，倘前一日未能預作安排，則次日當女特使被引至座位前，無法就座，在衆目睽睽之下，其窘狀不難想像。若要臨時補救，難上加難。

笑談

某次，美國一家銀行經理接見一批應屆大學畢業生，準備選用。當他見了七人以後，看到名單上所列第八位姓氏是多爾賓斯基，料定他是俄裔或波蘭裔，可是走進來的却是東方人，便問他如何會有一個斯拉夫民族的姓。

這學生說，他是華裔，姓丁，早年，他祖父從廣州來美國，聽說很多華人在入境時便被移民局換了姓，他便去請教一位美國傳教士，傳教士說，這是因為華人姓陳，程，張，鍾的特別多，移民局辦事人點名，叫到 Chang, Chen, Chung 時，總有七八人舉手。後來他隨便指定一個人登台，這人名陳財興，便問衆人：『你們如何叫他？』衆人說：『他是阿興哪！』稍後，移民局官員在晚餐時，突然點名，高聲叫 Ahina（就是「阿興哪」的英文拼音），結果，祇陳財興一人起立，從此以後，便有好多華人的姓改成 Ahina（阿興哪），Ahona（洪），Afona（芳），Awana（旺），都是採自名字當中的一個字。

傳教士說完了以後，就說如果你有一個很容易辨識的姓名的話，就不會有問題，所以他替丁生的祖父取名 Samual Ting，簡單點兒，就報名 Sam Ting。

（下轉三二五頁）

七三、兩件百思不解的往事

在立法院某委員會的一次會議中，好幾位委員批評我國駐外人員外語能力差，而且對於駐在國的國情欠了解，於是他們認為外交特考及格人員僅在外交人員訓練所接受短期訓練是不夠的，應該派到國外學習外國語文，平時與外國人士生活在一起，這樣的訓練，要比在國內實在得多。

實際上，外交部也考慮到派員出國進修一事，不過，這畢竟是新創項目，需要另編預算呈核，同時，部裡工作人員短缺，每屆特考雖已從寬錄取，仍不敷需求；往往應屆特考及格人員在外訓所尚未結業，各單位已紛紛申請分派，彌補缺額，如決定將全部結業人員同時外派進修，不無困難，但各委員的建議，頗切需要，所以我即席表示隨即草擬計劃呈核。

在次一年度裡，專案編列之預算，順利核准並經立法院通過，旋即付諸實施，將特考及格人員分別派往英語、法語、西班牙語及阿拉伯語國家，學習語文。一年間實習情況良好，但在再次一年度立法院審查預算時，有好幾位委員，對本案表示強烈反對，其中多數是上年在委員會中大力支持本案者，有幾位可以說是本案的發起人，使我百思不解，他們對我在報告中敘述本案實施順利各節，全然不加理睬，且質問我：如果學習外語，都要到外國去學，那麼，台灣大學、政治大學……的外文系，都可以取銷了。

其實，這完全是兩回事，大學的外文系，固然也教授外語，還是以研讀外國文學為主。同樣的，外國大學裡雖有中文系，照樣也選送學生來台修中文、學華語。但是這幾位委員好像已脫胎換骨，顯然要對本案反對到底，因此，本案在預算委員會裡討論多時，不獲解決，整個外交部預算，無法通過。結果，外交部祇好同意中止此項訓練計劃。

不過，外交部在當年外交人員特考的公告中，曾經說明應屆考試及格人員將選送國外學習外語一年，已有承諾在先，必須實施，易言之，本案祇能在第三年度中止，這算是一個折中解決辦法，旋獲委員會通過。

外間人士和本部同仁始終不了解何以這項計劃甫經實施便予中輟。老實說，就是我這本案經辦人，到今天依然百思不解。

※　※　※　※　※　※　※　※

在我求學時代，常聽說招商局盛衰的經過：它有幾十年歷史，營業量也大，祇是冗員過多，積習太深，很多衙門機關，和一些有權勢的人，搭乘客輪或搬運物品，都不付票價和運費，就這樣把招商局拖垮了。

戰後，我自南洋返台，平素與各方接觸，也聽到一些關於中華航空公司的營業情形，不禁心裡為它擔憂，怕它會步招商局後塵，但是我所知究屬有限，所以從未表示過意見。後來，在我任外交部常務次長以後，不斷的接獲報告，說我國駐外高級人員搭乘華航班機，不但超重行李可觀，甚且搬運傢俱，託帶水果返台，一律免費，嗣經查明屬實後，立即向長官提出報告：本部派駐國外官員，應屬本部管轄範圍，倘不及時加予制止，所有駐外人員，群起效尤，問題會日益嚴重，於是我奉命與華航商獲協議，除對我駐外人員及家屬自費返國，其票價可享受某種優待外，一律按規定付費，同時通令駐外各館，嗣後凡有公物交由華航寄運，其運費概由本部撥款支付，如係私人寄運傢俱或禮品，運費均應自理，不得洽享免費待遇。

通令發出後，曾收效一時。沒想到華航當局反因此遭遇困擾，有關人士認為此事必係由於華航暗中告洋狀而起，群加責難。據悉，華航因前此已給予若干人士優待者，難以因其轉任外交官而撤銷。

我不能了解的是：一度享受特別禮遇的人，就要終身享受麼？我政府自遷台以還，多方革新，何以公務人員中，仍有人意欲保持如民國初年官場惡習，不能享受特殊優遇，便感到有失顏面？

同時，一個國營事業機構，要革除積習，必須要拿出勇氣來。

七四、「多一事不如少一事」

我國在五十年代末期，經建計劃，順利實施，國民所得有顯著的提高，對外貿易也自入超轉為出超，因此，政府財政困難舒減，外滙亦較鬆動，在此以前，情況十分困難，公務員待遇微薄，駐外人員生活艱苦，時時捉襟見肘。

大約在民國五十九年間，本部先就駐外各館所在地生活費用作詳細調查，然後釐訂調整駐外人員待遇方案，由魏部長親至行政院向嚴前院長面陳，我奉命作口頭說明，主計長在座，院長表示願作同情考慮，嗣後本案編入次一年度預算，幷獲通過，全案經費是五十萬美元。

內部作業方面，我將這五十萬美元，按以下四項分配：(1)新俸，(2)地域加給，(3)雇員退職金，(4)眷屬津貼。這四個項目中，新俸的調整所佔比重最大，至於地域加給，係依據：物價指數（特別注重房租）、駐外人員子女教育費用及醫藥設施等因素，一併考慮，研議結果，發現生活費用特高地區，子女就學與醫療比較便利，而生活費用低廉地區，子女須送往他國就學，嚴重疾病更須返國治療，因此釐定地域加給時，倘將極少數情況特殊者除外，各地區加給數額，幷不如想像之懸殊。事後，凡派駐物價較高地區者，認為本部所訂加給，幷未以各地物價為準繩，表示不滿。而派駐比較落後地區者，則又以子女教育問題及當地衛生設施甚差為由，亦多煩言，且有人當面陳情：願與物價特高地區同仁對調，他們說：物價高尚可節省支應，子女在外國學費和易地醫療的費用，是無可通融的。可見常說的：「兼籌並顧」，實非易事也。

其次是雇員退職金問題。早年，外館雇員，稱為當地雇員，因一般奉派出國之外交領事人員，對當地情形，一時不易熟悉，因此，擧凡與僑界聯絡，與當地機關基層人員接洽，與民間社團溝通等，依賴當地雇員之處甚多。早年，當地雇員之名額甚少，於是，一位雇員工作負荷十分龐雜，除了與警局、海關、移民局及僑界之聯繫而外，諸如：採購、機場接送、為同仁洽租住所、申請駕車執照等等，他都要兼辦。

使領館對於當地雇員的要求，可以說是相當的嚴，除僑界習用的語言—廣東話或福建話而外，也需要他能說當地語言，和少許國語，略識中文，因此，所選雇的對象，大多數是曾任僑團秘書職務者，因為僑團秘書，比較上都具有以上各條件也。

此外，自政府對駐外人員實施內外互調以還，駐外各館常面臨「熟手內調，新手初到」的情形。於是館長對當地雇員依賴加重，但是雇員的薪俸，遠不及外交人員，所幸外館之當地雇員中，頗多努力從公，任勞任怨，繼續工作數十年者，深值吾人讚佩。可是也有人深感經辦事務繁多，而待遇偏低，心存不滿；或則，因辦事熟練，逐漸自作主張，養成先辦後報的習氣，同仁們看他職小權大，與雇員之身分不稱，時日既久，難免發生齟齬，如果館長也覺難以忍受時，唯有予以解雇。

解雇當地雇員，雖事例不多，但往往會帶來極大的困擾。因為他們經常為館務對外接觸，一經被解雇，便到處訴苦，攻擊館長和其他同仁。最頭痛的是在民國五十八年以前，解雇當地雇員時，幷無資遣的預算，最多額外支付一個月薪俸，在講求勞工保障和社會福利的國家裡，看來好似一種掃地出門的懲罰，人人都會同情當地雇員，而對使領館印象惡劣。

因此，在這次調整待遇時，我草擬一項設置外館當地雇員退職金辦法，依年資計算，於雇員呈辭或被解雇時，一次發給。對於本辦法實施以後所雇用者退職金之儲存，自無困難，但對原已在館供職者之已往年資退職金，則須在本辦法實施之時，加以伸算幷籌款補存，因此，在調整待遇案中，雇員退職金一項，所需可觀。

以上新俸，地域加給，及雇員退職金三項所需金額確定以後，五十萬美元，已所餘無幾。但當初草擬調整待遇案時，尚列有眷屬補助費一項。原因是：我國駐外人員眷屬，除於配偶外放時，支領川資及製裝費而外，幷無任何補助，可是眷屬們經常協同接待，安排宴會，參加婦女活動及慈善義賣等工作，均不無花費也。

可是，當我就餘數勉強試作分配時，每一位眷屬祇能攤到每月美元十元。幾度想從前三項中勻用少許，又感到扯一髮而動全身，難以下手。也想到乾脆取消這個項目，又覺得這項創新的項目，好不容易納入全案幷獲核准，棄之可惜，祇好寄望於未來調整待遇時，逐漸增加，詎料我這番熱忱，這片苦心，反被譏為藐視女性，雖然並未曾遭遇到聲色俱厲的指責，但常聽到同仁們的夫人問我：『難道我們祇值十塊錢麼？』我無法細述根由，事後回想，常言道：「多一事不如少

「一事」，雖然是要不得的消極作風，却也不無道理。

（上接三一八頁）

船到了夏威夷，他一直在牢記：Name 就是問姓名，他的姓名就是：Sam Ting，可是下船之初，紛亂異常，一位移民局管事的，斯拉夫裔，身材高大，態度粗暴，大聲問他姓名時，他嚇得說不出話來，移民官員指着自己辦公桌上名牌上的「多爾賓斯基」說，這是我的姓，你的姓是什麼？這時Sam Ting聽到了 name 這個字，恍然大悟，一面也用手指着多爾賓斯基的名牌，一面說：『Sam Ting』意思是說：『桑姆丁』，移民局聽成了『Same thing』（相同的），很感驚訝，怎麼會有一個華人會和他有相同的姓氏，再問一句：Your name, my name, same thing？此時桑姆丁，連連點頭，又用手指着名牌，說了兩三遍 Sam Ting，移民局官員也沒時間來細問，隨卽讓桑姆丁過關，口裡還說，沒想到我祖先還有這麼一支流落在中國，說罷，便登錄這華人姓氏為：多爾賓斯基。

＊　＊　＊　＊　＊　＊

國父早年在檀香山成立興中會時，同志中出力最多的是一位鍾宇老先生，當他入境時，也被移民局替他換了姓，因為「鍾」字太容易和「張」「陳」混淆，就以「阿宇」為他的姓，英文是（Ai.先生），這A字讀阿，i字讀宇，所以兩個字母要分開來讀。鍾老先生在民國五十年去世，享年九十餘歲，他的長公子繼承他經營的木廠，叫大衛阿宇（David Ai），鍾宇不見了。

七五、做了七年管家

有人對我說：『做了七年管家，也夠辛苦了』，其實，一個常務次長，并不具有「管家」的資格，預算是呈奉核定的，有指定的用途和範圍，有上級機關審核，部長督導，有會計處專責執行，分層負責，一切制度化。所以，這個「家」是大家「管」的。依我的經驗，外交部的會計處，一向工作認真，效率高，很少讓部次長傷腦筋的。所以，在我七年次長任內，單以經費一項而論，意外的困苦常有，特別辛勞之處却少。

也有人說，我這個南京人，沒見過大場面，手筆小，許多請款案件，都經我循撙節原則，未予核准。可是，在七年中，并沒有一年外交部預算有剩餘的，而且年年都要動用行政院第一及第二準備金。當時政府財政困難，外滙尤緊，所撥經費，都有確定科目，大部分不能移用，誰也不能放開手花費，擺出有氣魄的作風來，話說回來，在那些年度裡，外交上遇有確切需要，政府都會設法支應的，所以，如果外交上有挫折，或工作上未能達成預期目標時，便推咎於經費之不充裕，是沒有根據的。反過來說，待遇調整經費增加以後，辦事是要便利些，也並非必然的會有顯着的績效。

民國五十年代，駐外人員待遇確需改善，但很多同仁都以若干已開發國家為例，希望向美國駐外人員待遇看齊，而從未有例舉情況與我相若之開發中國家為參考者，本部舉辦駐外各地生活調查時，所得報告，大都偏重於物價最昂貴與生活最痛苦的一面，其實，外交人員，并不需過着最昂貴的生活，也未必嚐盡了駐在地的人間痛苦。使領館所在地，多數是大都市，有舒適的一面，也有困苦的地方，很少可以打滿分的，也很少地區是幾乎活不下去的，部內編列預算，從未閉門造車，時時在設法顧及各地區的特殊情況，就政府財力，作公正之分配，倘參加編製預算工作人員對某某地區情況欠了解時，嘗約請曾在該地區服務同仁提供意見，以為參考。

就駐外各館經費而言，我遭遇困難較大的是：在年度中期，外館館長要求增加經常費，或則別出心裁，呈送計劃，要求撥專款支應。

早年編列預算時，部次長曾保留一部分款項，以備在年度中期，若干外館遇有特別需要時，可用以挹注。這種安排，原應保密，但外館館長中之消息靈通者，大有人在，於其呈請增加經常費時，指明：請在保留款項下核撥。我就任常次後，認為此種安排會造成不公允的結果：奉公守法撙節使用者從不曾對保留款動念頭，而少數耳線長的館長却一請再請，佔了便宜還自命有辦法。因此，經呈奉部長核可後，保留款取銷，編製預算時，全部分配完畢。

因此之故，其於年度中期續來呈請增加經費者，均不獲核准，但如確因事出突然，無法以原有經費因應者，或有關開拓外交機運，因應外交危機，維持我國代表權等而確有所需者，自仍可分別自行政院第一、二準備金項下核撥支應。不過，隨後我的處境，就越來越困難了。

試舉一例。某次，某大使返國述職，來訪時，提出他的要求：增加經費。他說明：請我不要用「駐外八十餘館」的大帽子壓他。繼稱，他的駐在國國際地位重要，他要作的工作，重要性非別館業務可比……。我始終未有表示，因為他說的很「玄」，不知所指。他看我沒有反應，便正色的說：『要增加便要有氣魄的增加，才能有作為，三、四百美元，就不必談！』，說着還用手在茶几上拍了一下。

他口氣未免太大，他的館並非大館（指人數幷不多），增加三、四百美元還不在眼下，看情形非將經費加一倍不可。他接着說，如果我認為辦不到，他便去見部長。我原本就無意和他談下去，就此起身送客。回到座上，立卽以電話將這位大使來談的神情向部長先容。部長說：『不用擔心，讓我來處理好了。』其後，部長果然把他打發掉，沒有增加他的經費，他也不曾再來看過我。

另有一位大使，計劃在任所興建一所宮殿式四層樓房屋，據說是：為招待國內高級官員前往訪問，為外交部同仁過境歇脚，也為接待當地政府官員及友邦人士之用。他還延聘建築師繪圖，有公寓、餐廳、游泳池，是一幢完備的招待所，請政府撥專款支應。我問他將來由何人來經營這餐廳和招待所？他說：大使館。我直率的說，這萬萬辦不到。我說得太直率了，他也面色變了，說我太主觀，很不愉快地離去，必然的，他要到好多長官處去報告的。

就是由於這些案件被揹罵，我的：「手筆小」，「做事沒有氣魄」……的「稱譽」，便不脛而走了。

這一些事，也算不了什麼大事，可是每每在事後飲食無心，入夜不能成寐。

說笑

民國七十三年，我國新聞界代表團應邀訪問沙烏地，一夕，由中華工程公司邀宴，我和叔純準時（晚間七時）到達，進門後便獲悉全體團員被前一項節目接待人——麥定拉日報董事長懇切留他們多參觀一個小時，易言之，要八時才能開宴。

主人何副總經理辦事週到，立即發動公司同仁持攝影機前來，為我和叔純拍照，半身，全身，單人，或多人合影，拍上了不下七八十幀，目的是在打發時間，事後想來，那晚大家不及買底片，相機都空着肚子的，因為事後，未曾收到一張照片，我也從未問起，以示合作。

新聞團全體團員終於抵步，聞悉後都稱贊我們為人隨和，有人問，是不是巧逢我們的結婚紀念？我率性表示隨和，連說：『正是』，又有人問是否五十週年？叔純隨口答道：『還沒有那麼久』，另一位便說：『那麼打九折，就算四十五週年吧』，我說：『正是』。

飯後，我應邀發言，我便說：『這數目字原本就不是那麼呆板的，譬如，我們說今年是民國七十三年，對。要說是西曆一九八四年，也對。說是回曆一四〇四年，也對。

『我國平劇裡，為了發音便利，青衣花旦的排行，不是三姐，便是八妹。這比二姐七妹唱出來要響亮得多。說不定，也是為了這原故，婦女節就叫三八節。

（下轉三五九頁）

七六、班門弄斧

民國六十四年，奉命轉任國際關係研究中心主任，也就是說要離開我曾任職卅二年的外交崗位，不免有依依不捨之情，離部之日，向沈部長告辭，對他多年來的領導和指點，表示敬佩和感謝，辭出時，沈部長堅持要送我下樓，當電梯到樓下時，突聞一片掌聲。原來同仁們、工友們，都齊集大廳為我送別，把大廳擠得滿滿的，好多位排在大門外台階上，場面動人，我深深引為殊榮。我準備和每一位握手言謝，因此想先和部長道別，並請部長回辦公室。沈部長笑着說：『這樣熱鬧的場面，我也要參加啊！』接着便和大家，一一道別致謝，歷時廿分鐘，始行離去。

以往部次長離去，多數是奉派出使異邦，同仁們機場送別，因路途較遠，且有時與辦公時間衝突，人數上受限制。我這次是在國內轉任新職，大家送別，祇要踏出辦公室便可，這也是人數多的原因之一，可是我對同仁們這番盛情，迄難忘懷。

當我就任國際關係研究中心職務時，中心正在改組。它原先是一個獨立的研究機構，稱國際關係研究所，在杭前所長立武時期，一度改為財團法人。迨杭所長離職時，已改隸國立政治大學，故杭所長與我交接時，是由前教育部部長蔣彥士監交的。

國研中心的研究部門分：大陸匪情、俄情、國際關係及國際經濟四組，最初研究所以研究匪情為主，故匪情組歷史長，人才多。我到任以後，勤加學習，匪情方面，向郭乾輝、張鎮邦、裘孔淵諸先生討教；俄情方面，向尹慶耀先生學習；中東問題方面，請石樂三先生指點；國際經濟問題方面，向陳元先生就教。

經過一年多以後，對匪情方面，也祇了解了一個大概。有一次應世盟大會之邀，報告匪情，是張鎮邦先生準備的演稿。後來，台北報章用我的姓名把全文刊載，大家也就說隨後我也將排入匪情專家之列了。其實，我要想成為匪情專家，還差上一大截。

有一天，政工幹校王昇將軍，請我出席幹校應屆畢業典禮幷就匪情發表演講，我謙辭未遂，終於承允。翌日，接王將軍來函，請我就「如何因應匪共統戰花招」為題。我大吃一驚。我說，這不是我力所能及的，而且在幹校師生面前談這個問題，真正是「班門弄斧」！王將軍說，幹校師生也想聽聽各方面的意見和看法，他們才不致於過於主觀，情意懇切。

萬不得已，我接下了這門差使。惡補了約一個星期，蒐集資料，排列大綱，仔細的琢磨，認真的研析。完稿後，影印多份，分請各位匪情專家指教、修改。結果，我頗感失望，因為他們都說沒有什麼可以修改的地方，還稱讚我這演稿深入淺出，讀起來也順口。我平素歡迎朋友們對我的作品大改特改，因為隨後我還可以選擇，中意的地方，採用；不中意的地方，還可以斟酌。對我而言，有益無損，最怕的就是他們不改。

隨卽我送一份給王將軍，請教他有無不妥之處，他的回答也是一樣。

在結業典禮中，一面講演，一面將演辭分發給同學們，歡迎他們提供意見。事後，幹校也增印若干份，分發給其他同學。國研中心編譯組譯成英文後在「問題與研究」月刊英文版發表。我要向編譯組同仁致謝，因為雖然是我自己的文稿，我可無法英譯出來，編譯組同仁翻譯匪情資料，經驗豐富，文筆流暢，加上沈劍虹兄潤色後，比原文更出色。文中有關中共清算地主、剝奪農民財產一段的資料，是邢國強先生提供的，省我時間不少。

茲將「認識中共的統戰花招」一文，附錄如后：

認識中共的統戰花招

蔡維屏

中共所叫喊的「統戰」，或者是「統一戰線」，祇是它所製造的一個名詞，一項術語，實際上是它所製造的幾千項術語中的一個。一九七八年國際關係研究中心出版的「中共名詞術語辭典」中，一共搜集了二、二八七項術語①。

一般說來，「術語」是用簡單明瞭的詞句來表達一些經常需要表達的意思。譬如：公文裏有常用的公文用語，商場上也有通用的術語。許多共產國家更流行着一些術語，來歌頌馬列思想，咀咒資本主義社會的一切。可是中共的術語特別多。中共要爭取知識水準較低的農工大衆的支持，必須使用最簡單最淺易的術語來宣傳、領導和煽動。中共尤其需要農工大衆作傳聲筒，希望做到一呼百應，所以特別要製造一些叫得響、喊得出的口號式的術語。譬如：「窮人翻身」，「一面倒」等。

另一方面，在對敵人鬥爭時，爲了隱藏其陰謀，爲了歪曲事實，爲了顯示敵人罪行，爲了激發大衆對敵人的憤恨，乃用惡毒名詞，把敵人鬥臭、鬥垮，比如：「政治騙子」，「走資派」，「毒草」，「四人幫」等。在中共發動的大規模批鬥中，這些術語，這些名詞，是可以發生作用的。譬如在全面的喊罵「四人幫」的熱浪中，江青、王洪文、張春橋、姚文元的一羣，很自然成爲衆口一詞的人民公敵。

一、統戰是中共要打倒敵人的伎倆，並無深文奧義

「統戰」，「統一戰線」，祇是中共打倒敵人的謀略和伎倆，沒有什麼奧妙的地方，簡單的說，就是把自己所能支配的勢力統統結合起來，把各種力量花招，統統使用出來，打倒敵人，消滅敵人。如果有過多的敵人，無力一次打倒他們，便縮小打擊面，聯合次要敵人，打倒主要的敵人，然後再各個擊破。如果敵人過强，無力與敵人作主力戰，便採用游擊戰術，心理戰術，用分

註① *A Comprehensive Glossary of Chinese Communist Terminology.* 1978. IIR. Taipei Taiwan ROC.

化挑撥滲透顛覆的手段，來削弱敵人。這一切的一切，都可以包括在統戰一詞之內。反正中共術語的內涵，隨時可以改變的，如果今後又有新的陰謀和花招，都可以把它們一一納入統戰的範疇之內，其目的：打倒敵人，消滅敵人。

傳統上早有所謂「總體戰」，那就是在武裝戰鬥之外，還包括經濟戰、心理戰等。又有所謂「全民戰爭」，便是呼籲全國上下協力對外作戰的意思。不過，中共的統戰，以它自己為中心，按不同階段面臨的形勢而訂定的不同的「革命路線」所採行的鬥爭手段。換句話說，對中共言，「統戰」一詞是它專用的，「統戰」的意義，也由它基於環境而隨時改變、隨時確定的。

其次，中共特別強調：欲求達到目的，可以不擇手段。它的欺騙，是公然的欺騙；可以欺騙敵人，可以欺騙友軍，也可以欺騙部屬和老百姓。它的手段的殘酷是公開的。納粹德國屠殺猶太人，多少要隱瞞一些，而中共屠殺反對它的人，則是用公審的辦法，當着羣衆槍斃！

二、中共無力犯臺，不得不改變花招

中共一再宣傳，它要解放臺灣，不排除使用武力②。這話是多餘的，中共在任何時期估計它的武裝力量足以犯臺，它會毫不猶豫的來侵。因為自由基地是它的眼中刺，是大陸人民所嚮往的地方。魏京生等青年自由鬥士嘗向中共質詢：何以大陸不能像臺灣那樣的進步？但是當它無力達成侵佔目的時，便採用其他花招了。

民國卅八年，中共曾妄圖奪佔古寧頭，遭到澈底的失敗。四十七年它發動的金門砲戰和臺海空戰，亦復如此③。因此，它深知武力「解放臺灣」辦不到，也沒臉再唱這口號！

從前西方國家以砲艦跨海遠征，敵前登陸，掠奪要塞，佔領城市是有先例的，那是以進步的武器——戰艦大砲——對弓箭和大刀。在今天，如果雙方都擁有現代化的海陸空軍，那可就不多見了。我們可舉的僅有的先例是在第二次世界大戰中聯軍登陸諾曼地。其時，聯軍掌握了英倫海峽的制空權和制海權。在對諾曼地灘頭陣地施予地毯式轟炸和砲擊以後，由五千六百艘聯軍軍艦全部出動，支援登陸，使在灘頭倖存的德國守軍士兵從戰壕內伸出頭來張望時，幾乎見不到大西洋的海面。聯軍軍容如此壯大，

註② 〈合衆國際社〉一九八〇年九月十三日三藩市電，中共駐美大使柴澤民在加州俱樂部發表演說，聲稱為了使臺灣「回到祖國的懷抱，說不定會對臺灣動武」，又同社十月十五日北平電，一名高層中國消息人士說「倘若華盛頓繼續出售軍火給臺灣，美國將迫使中國放棄同臺灣和平統一」。

註③ 民國卅八年十月，中共渡海進攻金門，在古寧頭一役中，損失慘重，被國軍生俘者七千餘人，擊斃者七千餘人，共計損失一萬五千餘人，國軍僅負傷官兵一九〇〇餘人，陣亡一二〇〇餘人，合計損失三一〇〇餘人。民國四十七年中共發動「八二三」臺海砲戰，共計向金門發射砲彈四十七萬餘發，未能對金門有所影響，同時，在空戰方面，雙方損失為中共三十一比國軍一、海軍方面，中共亦有多艘魚雷快艇為國軍擊沉。

還是在極大傷亡之下才成功登陸。還有値得注意的是，英倫海峽的寬度祇是卅五哩。

臺灣海峽的寬度是一百哩，三倍於英倫海峽。在目前，中共並不能掌握海峽上空的制空權。試看在一九七九年，中共發動對越南攻擊時，部署在中越邊境的軍機近一千架。但是顧及越共政權所擁有戰鬥機性能較高，在那一場苦戰裏，不敢動用空軍來掩護，以致傷亡慘重。從這一點看來，中共也知道沒有空軍的優勢，是不能奢談渡海作戰的。

第二次世界大戰初期，德軍幾乎席捲整個西歐，也使用了火箭轟炸倫敦，但始終未敢冒險渡海進攻英倫三島。有人說，英國軍隊在殖民地作戰，士氣不高，但是在英倫三島的保衞戰裏，可以以一當十。因爲，這等於背水之戰，如果讓敵人成功登陸，便無可退，而是不列顚的覆亡。因此，戰略家們嘗認爲與島國作戰，是攻堅，是極難成功的。在第二次世界大戰後期，麥帥在太平洋逐島收復，節節勝利，成功的回到菲律賓。但是犧牲特大，而且與日本守軍人數相較，犧牲的代價尤高。

今天在臺澎金馬，國軍士氣高昂，裝備精良，中共頭頭們知道軍事來犯，無機可逞，祇好另換花招了。

三、中共對我發動統戰的三大戰場

中共對我發動的統戰陰謀，大體上是分別在大陸，臺灣，和海外三個戰場同時推進。

在大陸，中共在一九七八年在中央統戰部中設立「對臺工作小組」，在各省也設立了分組，並召集一些所謂民主黨派人士開會，動員了一些遺留在大陸的臺、港同胞，積極參加工作。在同年年尾，開始在北平等地戲院放映臺灣風景和生活影片④，想掀起大陸同胞「解放」臺灣的熱潮。但是經過差不多半年的時間，不但未獲羣衆的響應，反而引起爭自由的一批青年在大字報上提出「經濟學臺灣」的呼聲，中共有鑒於此，便迅速停止放映。

許多到過大陸訪問的外國記者和學人，和大陸人民交談時，從不曾聽說要「解放」臺灣，也沒有見到希望臺灣同意「回歸」而「和平統一」的表示，大陸人民連談論這類問題的興趣都沒有。如果主動的向他們提出這些問題，農工大衆表示他們祇知道臺灣人民生活比他們過得好，但是他們目前祇關心能否得到較好生活與較多量的配給。至於青年學生們則異口同聲的說，與臺灣和談是絕對談不成的，臺灣生活比大陸好，要他們放棄現在的生活方式是不可能的，同時臺灣要我們放棄共產制度也是辦不到的。所以這「和談」祇不過說說而已。

在復興基地，不能說所有潛伏的共產分子，已全部消滅，但是他們是無法活動，是不會獲得老百姓的庇護的。因爲在自由基

註④ 臺灣風光紀錄片，包括「啊！臺灣」，「阿敏的故事」，「骨肉親」以及「愛國一家」等四部，曾於一九七九年八月廿八日在北平上映，見一九七九年八月廿九日香港〔大公報〕。

地的人民，對大陸情況十分了解，不僅國內報章有報導有分析，而且海外的報章雜誌，是隨時可購買閱讀的。他們還可以出國觀光，到香港可以親自和大陸難胞面對面的交談，至少對於大陸的貧窮，和中共的派系鬬爭與社會混亂所帶給人民的痛苦，十分清楚。他們絕對看不出和大陸和談有何益處。近年來，臺灣經濟繁榮，人人都在謀求事業的開展，生活的改善，對前途充滿希望，自然沒有改變目前生活方式的念頭。

在海外，有些地區的僑胞，經常感受到當地的排華思想的威脅，或則受到住在國的歧視，自然希望祖國的强大。在以前大陸關閉時期，他們對大陸的情形是相當模糊的。近年來，到過大陸的人很多，所看到都使他們失望。他們在臺灣看到的是：在安定中求進步；大陸則是卅年貧困依然，所見到的，都是比以前陳舊了三十年。連中共當局也公開承認：家醜是無法永遠瞞過世人的。一連串的官方宣佈說明：大陸人民生活不比三十年前好，而且還有一億人民在半饑餓狀況下過活。鄧小平等，更是到處求援，說中國大陸缺乏資金與人才，樣樣需要資本主義國家支助。

僑胞們有許多是到過大陸也到過臺灣的，他們不難理解，祖國的强大，是靠臺灣而不是大陸。因此，中共對海外僑胞的統戰，始終未能發生預期的作用。

至於外國人士，一般說來，他們有他們的問題待解決，有他們的困難待克服，對於中共統戰花招不感興趣。不過，令人遺憾的是，西方國家的部份大衆傳播工具，視中國大陸是一個十億人口的國家，是以蘇聯爲首的共產集團中叛亂者，給予中共遠超過它應得的重視。對中共的宣傳文字，統戰言論，大幅刊載，而對吾人的辯正，則極少披露，這是我們反統戰工作，不易在海外展開的重要原因之一。

四、我們拒絕和談是堅定的表示

中共曾經擺出低姿態，對我們進行統戰，說什麼如果臺灣同意和談，可以不變更當前的制度，維持現在的生活水準，甚至可以維持軍隊；但是要改國名改國旗。人人可以看得出這是糖衣毒藥。改國號，改國旗的意義是要我們自動放棄我們的獨立和主權，自願地降爲中共統治下的省級政府。這是要我們投降，和談便是談投降的條件，談地方自治的條件。

奇怪的是少數國外來訪人士，包括國人自國外歸來，竟詢問我爲何拒絕和談？似乎他們對中共所提和談的先決條件，全然不曉。如果他們確實不知道，便是他們愚魯糊塗而且發言輕率。如果知而發問，便是居心叵測。

有人也以爲我們可以同意和談，而不接受它們的條件，那便是中了中共的圈套了。中共可以在我作此表示的一剎那間，用一切宣傳工具，散佈我接受投降的謠言。即令我終能予以澄清，已使我民心士氣和國際聲望，遭受極大打擊。

在戰後戡亂時期，在李宗仁代總統期間，我政府曾同意中共的要求，派員北上和談，中共所提出的，是十足的招降條件，接着便宣佈戰犯名單，大肆宣傳催促我政府解送戰犯。實際上根本沒有談，我已受辱。中共這類慣施的陰謀，對方一經上鈎，便無法脫身。

先總統　蔣公說過：「他們（中共）今日要和我談判，就是要用政治方式來完成他武力所不能達到的目的。」

有人說，我們拒絕和談，便是居於被動。其實，在戰略上，談是一種戰略，不談同樣的也是一種戰略。目前我們看穿了中共的陰謀，拒絕和談，是立場堅定的表示；我們次次嚴加拒絕，是我們政策一貫的證明。如此，使中共的笑臉攻勢，無由得逞，使中共想達成它無法以武力完成的目的的陰謀，無法實現。

據悉，鄧小平訪美期間，美方詢問他是否容許異己分子出國，用意在試探中共尊重人權的程度。鄧某答稱，中共可以核准二千萬人出國，問美國可以接納多少？美方發問的人，一時竟不知如何應對。從這一類中共頭們的言行，對中共可有一比，比他們是混身污濁無惡不作的地痞流氓，沾惹不得。所以，對那些懷疑我拒絕和談是否良策的人們，我要問：難道拒絕與地痞流氓打交道，便是居於下風麼？難道中共要談，我們便和它談，就算是主動麼？

中共說它可以容許臺灣老百姓維持現有生活狀況，那是一派胡言，試問中共竊據大陸初期先向地主開刀，以清算鬪爭、掃地出門方式，沒收地主們土地七億畝⑤。同時聲稱「保存富農經濟」，「不侵犯中農利益」⑥，以便孤立地主，團結中農。曾幾何時，即實施人民公社暴政，剝奪全部農民資財。一九五六年，毛澤東的「百花齊放，百家爭鳴」⑦，鼓勵所謂民主黨派人士及自由分子自由發表政見，並提出「長期共存，互相監督」的承諾，結果，又發動「反右派鬪爭」，將反對中共暴政者一網打盡。後來，毛還說這是一種「陽謀」⑧，而不是陰謀。中共對大陸十億人民如此殘酷，又何能獨對臺灣老百姓特別優待呢？所以我行政院孫院長在民國六十八年元月十二日的聲明中具體的說明：中共要先接受大陸人民爭自由爭民主，排除馬列思想，發還人民財產的願望以後，才够格向我們提和談⑨。

註⑤　毛澤東「七屆三中全會報告」，一九五〇年六月六日，〔毛澤東選集〕卷五，頁二〇，人民出版社，一九七七年版，北平。

註⑥　同註⑤，頁一八。

註⑦　毛澤東，「在中央政治局擴大會議上的講話」，一九五六年四月，〔毛澤東思想萬歲〕，中華民國國際關係研究所複印，一九六九年八月版，臺北，頁三八。

註⑧　毛澤東，「文滙報的資產階級方向應當批判」，一九五七年七月一日，〔毛澤東選集〕卷五，頁四三四。

註⑨　孫院長說：「假如共匪敢於面對現實，它們就應該立即接受大陸人民已明白表示的願望，排除馬列主義，放棄世界革命、廢棄共產獨裁、保障民權自由，取消人民公社、發還人民財產，讓大陸受難的中國人民，能够享受我們在臺灣所發展的自由富足生活方式」。

五、通商通航無非是想進行分化的慣技

中共聲稱要和我們通商、通郵、通航，明明是想對我進行分化陰謀。大陸人民沒有私營商業的自由，最近中共許可的那些修皮鞋補輪胎，養鷄養鴨，三五個工人工作的手工業和舖地攤的所謂個體經濟，也無力插手對外貿易的。到目前爲止，大陸人民吃飯要糧票，出門要路條，一切生產都在中共控制之下，那麼，中共所倡議的通商、通郵、通航自然與大陸人民無關，而是要我們老百姓與中共政權打交道，這不顯然的是中共的另一陰謀嗎？

我政府禁止進口匪貨是一貫的政策，從未改變。但是海外嘗有一種謠言，硬說我們與中共間的貿易，正在逐年增長。香港方面傳說每年有三四千萬美元之多⑳，因此推論大陸市場必定會被我國貿易界重視。這些消息中還具體的指出我進口的項目包括人參、鹿茸等。其實臺灣市面上高麗參供應不缺，鹿茸臺灣也有生產，除去旅客私帶和走私的少量外，並無幾千萬美元的匪貨通關進口的。目前自港輸臺祇限於中藥藥材，是應人民治療疾病之需的，而這些藥材都是港商自東南亞各地及大陸採購加工並包裝後輸臺的，每年不過數百萬美元，而其中究有多少是屬於匪貨頗不易作準確的估計。

至於我出口紡織品等大宗工業品，經銷香港等地商家以後，我即無法加以控制，究有多少轉銷大陸，自亦無從估計。據悉，中共急於爭取外滙，設廠製造成衣及運動鞋出口，需要輸入棉毛紡織衣料及帆布，因爲大陸或因所產布料品質差，不够外銷標準，或則尚無出產，但它在香港採購時，並不限於臺灣產品，同樣也選購東南亞其他國家同類產品。其實，我國紡織界，逐漸改製高級產品及成衣出口，所以經中共在香港採購的，都不是目前國內出產外銷產品的主流。

總之，這些從香港進口的中國藥材和自港銷大陸我國產品全部加起來，也到不了每年四千萬美元。即令以四千萬美元來計算，在我國今年進出口總值四百億美元中，祇佔千分之一。因此，如中共欲利用通商來向我國工商界進行統戰，是不會發生作用的。

六、「一中一臺」的想法，無異自毀長城

在中共發動的統戰陰謀中，有一項發展值得特別注意的是：國際間有少數人獻議由我宣佈獨立，也就是說走「一中一臺」的路線。他們認爲如此可使若干國家免受依國際法傳統在中共與中華民國之間祇能承認一個主權國家的困擾。如此，許多已承認中共的國家便可以同時承認我爲「臺灣國」。這種想法的人，目前已愈來愈少，因爲他們漸漸了解，這是行不通而我也決不會接受

註⑳　一九八〇年六月十三日香港《文滙報》曾訛稱臺灣經港轉入大陸的貨物爲美金二千一百三十萬元，而大陸間接銷臺之貨物爲五千七百八十萬。以後中共各報均以此爲宣傳資料。

的辦法，同時他們這種天眞的想法，卽令是對我善意的，並不能達到他們想像的效果。

在國內也有一些失意政客或偏激分子妄想渾水摸魚，以爲可以在夾縫中獲取政權，聯中共而使「國民黨垮臺」，然後求外援使「共產黨不來」。這種自己騙自己的如意算盤天眞而糊塗的想法，焉能獲得國內民衆的支持？但是，共產黨徒便認爲有機可乘，正是他們所祈求的「分化敵人」的良機。他們在統戰方面，感到對臺灣自外向內的作法失敗之時，轉而採取自內向外的所謂「島內革命」來對付我們，打擊我們。這樣，他們會很自然的把臺獨運動視爲今後統戰的重點。

對於那些還認爲可以暫時接受「一中一臺」的人們，我們要警告他們：一旦自願成爲一個獨立的臺灣國，則一千八百萬中華民國國民，一旦走出國門，便不能自稱爲中國人，因爲那時「中國人」是專指中國大陸人民而言。在我們遇到自大陸逃出的難胞，在他們的心目中，我們是外國人。我們堅持數十年之久的反共國策，和建立三民主義新中國的宏願，在他們看來，全是謊言。我們在僑胞面前抬不起頭來，我們在國際間也得不到任何國家的同情和信任。我們對身陷大陸的同胞，更是情斷義絕，我們對他們表示同情的資格都沒有。他們會認爲我們沉醉於富裕的生活享受，而對大陸同胞置之不顧。這樣，我們還算得上是黃帝子孫，還算得上是中國人麽？

對於那些想乘機陰謀奪取政權的臺獨分子，我們也要警告他們：世界上有許多國家有千千萬萬的人上了共產黨的當而後悔不及，妄想買空賣空的人，正是中共最好利用和欺騙的對象，一旦被其所惑，恐怕不需要等到中共來整肅你們，便已遭一千八百萬同胞的唾棄和國法的制裁。

七、結　語

前面說過，中共在目前雖然是無法用武裝力量來犯，但這不是說它永遠不會冒險來侵。因此，我們必須不斷壯大我們的軍力，鞏固我們的國防。

不久以前，在日本舉行的美日安保條約廿週年紀念研討會中，美方學者認爲日本應該增加國防預算，多分擔一些西太平洋和東北亞協防的任務。日本學者却說，美國祇敦促日本增强防務，但對國際安全事宜全不與日本磋商。當時有一位美國學者說：可能是因爲日本國防力量過小，對這一區域的安全貢獻太少，美國政府就未就若干國際安全問題向日本諮商。

由此可見，我們除了應該繼續加强經濟發展厚植國力外，要獲取國際間的重視，還得要看我們對這一地區的安全維護，能有多大的貢獻。因此，我們必須不斷的增强軍力，有效的防止中共來犯，打擊中共的統戰陰謀；自强不息，團結奮鬪，使我三軍能守能攻，對東北亞及西太平洋安全的維護，能肩負起一部分的責任；而在現階段，尤須認識中共的「和平統戰」的新花招，一一予以揭破，使它無所遁形，如此，必有助於大陸人權運動的興起，加速中共暴政的滅亡。

民國六十九年十一月四日完稿

七七、勞碌命

民國六十四年，我出任國際關係研究中心主任時，親友們都說，這是我在外交部忙了好多年後的一種報酬：工作清閒，又無壓力，是一份可以修身養性的公職。實際上，到任後，嘗感有作不完的工作，有時不能按時下班。回家時曾在門外聽到叔純和客人談話的聲音：『他是天生的勞碌命。』不用說，是在說我。

國研中心是一個研究機構，有二十餘年的歷史，定期出版物有六、七種，其中「匪情月報」和中英文版的「問題與研究」為月刊，前者刊載有關匪情論文，除外稿而外，大部份是匪情組研究人員的作品，當時是由郭副主任乾輝和匪情組召集人張鎮邦先生核閱，「問題與研究」中文版由鄭公使雲亭主編，文稿由我審閱，其中有俄情組、國際組和經濟組同仁的論文。在每月稿件收齊以後，我要忙上三、五天甚至一週，因為限期交印，有時很緊湊，「問題與研究」英文版的稿源來自匪情月報者居多，選自「問題與研究」中文版者較少，所以中英文版「問題與研究」的內容，並不全同，文稿英譯後由沈大使劍虹幫忙審閱。

※　※　※　※　※　※　※　※　※

國研中心為求與研究中國問題、蘇俄問題的美國學者專家加強聯繫起見，曾經由前任主任吳俊才、杭立武兩先生和我先後洽獲史坦福大學胡佛研究所、南卡羅萊納大學的國際關係研究所、喬治城大學的戰略及國際研究中心、喬治華盛頓大學的中蘇問題研究所、聖若望大學的亞洲問題研究所、塔夫次大學的福萊柴爾外文學院、加州大學的柏克萊分校國際研究所等合作，交換資料，交換研究生，以及資深研究員的交換訪問，此外，也和這些機構共同發起每年一度的「中國大陸問題研討會」，輪流在台北和美國舉行，今（一九八四）年已舉行到第十五屆了，每次會議，均有約一百位中美學者專家參加，就選定的專題提論文，作評論，在會議中認真檢討，有時引起辯論，是一項很有意義的盛會。

另一項是和日本的匪情專家和學者聯合舉行的中日「中國大陸問題研討會」，也是每年召開一次，輪流在台北和東京舉行，其歷史與規模，和中美會議差不多。

在我五年任期內，每年都要負責主辦或率團出國參加這兩項會議。此外，曾率團前往西德參加過一次類似的會議，也曾在台主辦過中韓和中菲同性質會議各一次。籌備這些會議，頗費時費力，有時也很傷腦筋。

譬如中美會議輪值在台北召開時，國研中心既為主辦單位，例須負擔出席人員的來回機票和在台宿食，雖然事先說定，中心開發的華航機票，不能改乘其他航空公司班機，更不能要求折付現款，但是每次都有少數人要求改道，轉搭他國航空公司班機或折現等問題，鬧得頗不愉快。

最困難的是國內各方對這項國際性學術會議的期望不同，使中心難以處理，若干方面認為：既然出席人員，都是被邀請而來，主辦單位就有權選邀。意思是說應該祇邀請對我友好的學者，有人甚至說：『總不能化錢請那些對我不友好的人來台北替中共講話！』但也有很多人表示：『如果我們每次開會祇想聽一些好聽的話，那還算得上學術研究麼？』

實際上，在那些年頭裡，每次準備邀請名單，我和郭副主任乾輝、魏鏞博士、張京育博士，都要研商好多次，有時還要向中心以外學者請教，在初步作業時，我們都要考慮到：⑴地域上的分配，也就是說，要能包括中、美兩國各地區著名大學及研究機構的學者。⑵要包括資歷深幷有聲望的學者，也要羅致若干位新進，很多人建議我們愼選一些「有潛力」的學者，意思是指：現時知名度不高而可能竄紅的人，這就很難了。⑶因為有分組討論，要注意對大陸政治、經濟、軍事、文教和對外關係等各方面的專家和學者。⑷要注意到對我友好和對我有成見的學者在人數上的適當比例。⑸也要注意對我國留美學人的選邀及其名額的分配，因為在這樣的中美學者會議中，總希望中美雙方人數相埒，如果在美方五十人中，留美學人所佔比例過高，則在一百人的會議中，看來像是以華人為主體，非華人祇是陪襯而已。

基於以上種種考慮，往往使邀請名單難產。何況被邀請者未必人人能到，中途要隨時補邀，因此，最後與會人員的實際情況，可能和原先的構想，很有出入。

※　※　※　※　※　※　※　※　※

有一年，因為未曾邀請一位已退休的教授與會，而引起一場風波。原因是早年邀請過的好多位教授，先後退休；如果一律繼續邀請，不是辦法，故經會商決定隔年邀請的原則，唯有如此，方能匀出名額，邀請新人，孰知，為了此事，引起某立法委員的不滿和憤怒。他強調這位教授是中國之友，責備國研中心不念舊情，幷一再提出質詢，以致政治大學的預算無法通過，整個教育部預算，也因而擱淺。最後，由某機關專案邀請這位教授訪華一行，幷安排與若干學術機構人員舉行座談，纔獲解決。

一方面有人責備我們未曾多多邀請友我人士，另一方面又有人警告我們：不要使這種學術研討會變成中國之友的年會。

其實，我們何嘗不想把這研討會辦好，使它富有學術研究氣氛，使研究中國問題的學者專家們，都以能參加為榮，凡由國研中心主辦的各次會議中，在籌備之初，便把這項因素，考慮在內，邀請對象，包括平素言論立場與我相近者，也包括其立場與我不盡相同者，但是各類學者的應邀率不等，與我友好者，什九接受邀請，與我對中國大陸事務看法有異者，泰半不克應邀，結果，出席人員中，仍以友我者佔多數。

此外，在會議期間，我國新聞界採訪時，咸以友我人士為對象，因此，如單純從報章或電視報導來衡度的話，會給人一種一面倒的印象。

經查在以往十餘屆會議中，有一半是在美國召開，由美國學術機構主辦，幷決定邀請名單，其出席人員的情況亦大致相同。在華府，在南卡羅萊納大學，和在加州大學所舉辦的幾次會議中，都有友我人士表示，他們原希望在會中能說服幾個親中共的自由派分子，但他們都未與會，使大家找不到說服的對象。

老實說，要說服他們，倒也不很容易，一九八一年在加州大學舉行的研討會中，鮑大可擔任某分組討論的評論員，通常評論員是事先洽定的，主辦單位還要事先提供由他置評的論文稿，同時，評論員出席時，也要準備書面發言稿，交給主辦單位，可是那次，鮑大可以大牌學者姿態出現，沒有書面評論稿，隨便談談，不知道他根據什麼資料。他在會中表示：多年來，中共糧食生產，年增百分之三到百分之五，好多學者都不同意他的說法，會後兩週，匪酋如陳雲、李先念在北平公開宣稱：中共統治大陸三十年，糧食生產並無增加，人民生活不比三十年前好，而且還有一億人在半饑餓狀況下過活，我讀了這節新聞報導以後，以為這位中國通要好好的自省，少說話了，可是後來他照樣發表袒匪言論，要說服這樣的人是不可能的。

※　※　※　※　※　※　※　※　※　※

在國研中心，也有一些行政上的困難，不易處理，主要的是在公務機關工作較久的人和學術機構裡的學者們，對於許多行政事務的處理，看法大為不同。

我到中心之初，發現當時在中心兼任研究員的幾位有名望的學者，每月支領專任人員薪俸，同時又在其他公立機構任專職，亦領全薪。這在國際關係研究所（原為財團法人）改隸國立政治大學之後，是無法繼續下去的，我提議改支研究津貼，但不能超出專任人員薪俸之半，其中有一位深表不滿，說我一經到任，便將他的待遇，削減一半，憤而辭職，另一位在不久以後也離去，我覺得我的建議相當合理，因為兼任研究員并不每日上班，主要的是每二週參加研究會報一次，但是仍然有些同仁勸告我：到任不久，便讓兩位有知名度的學者離去，殊為不智。

國研中心好多位專家，兼任其他機構顧問或專門委員，那些機構，都有匪情研究單位并擁有寶貴資料。所以他們的兼職有助於資料和意見的交換，對中心而言，也有益處，可是有幾次，大陸發生重大變故，專家們都應邀到外面去出席緊急會議，記者們來中心採訪，竟找不到一位專家。

同仁在外兼課的也不少，祇要不超過四小時，是合乎規定的，可是中心座落在木柵，如果在陽明山或外雙溪一帶兼課，天南地北，一去便是全天了，如果在外兼職又兼課，那便難以專心於研究工作了。

在外交部有內外互調制度，流動性比較大，中心除每年選派二、三位同仁出國進修而外，變動少，正因這種關係，大家對每年考績和升級（指自助理員到助理研究員、副研究員、研究員的晉升），爭論特多。未獲晉升時，其風度較差者，終日訴述衷腸，聲達戶外。

中心同仁中，專心研究，寫作受人重視者，不乏其人，但也有外務較多者，閱讀思考時間少，撰文時，習於長篇引述匪報及匪偽出版物，有時超出分析和評論的篇幅，我雖不時提醒，收效不大，在我任期內，某機關委託中心作專題研究，便因執筆人在研究報告中直接引述部分過多，而拒絕接受。

七八、天旋地轉回家園

平時喜歡哼「長恨歌」，特別欣賞白居易的手法，全篇主體在描述唐玄宗在馬嵬坡一幕以後，如何的苦思，悲傷，飲恨終身。所以他把楊國忠掌權，大失民心，和安祿山藉口叛亂，這一串大事，祇用一句話：『漁陽鼙鼓動地來』帶過。後來玄宗在成都避難，安祿山之亂平息，肅宗就位，迎玄宗回長安做太上皇這許多變動，也是用『天旋地轉迴龍馭』一語帶過，有智慧，有魄力，勻出最多的篇幅，來描寫玄宗如何『此恨綿綿無絕期！』

因此，當我在驚天動地的中美斷交之後，奉命出任北美事務協調委員會主任委員時，我下意識的哼出：『天旋地轉回家園（指外交崗位）』。不過在這樣的大變動之餘，出任新職，感慨萬千！

回憶在我任北美司司長的五年期間，尼克森曾數度來我國訪問，我奉命為他安排日程，他最後一次訪問時，寓圓山飯店。我到圓山接他去立法院，在外交委員會講演。其時陳香梅女士亦寓圓山，事先約定同車前往。上車時，陳女士先登車，坐左位，我隨即請尼克森登車，後排右位原是主客的座位，不料尼克森謙辭，要我就座，我說我坐前排，他還要推讓。就在此時，他頭部撞在車門上，其慌忙之狀，出我意料。上車後，我回首看到他眉尖處擦破流血，他聞悉後，以手帕用力猛揩，結果愈用力血出愈多，手帕上已血跡斑斑，大家不免有點驚慌，因車行十分鐘，即達立法院也。我靈機一動，問陳女士有無携帶粉餅？陳女士應聲：『有』，立卽取出，替他在創傷處擦敷，果然止血，抵達立法院門前時，再用薄紙將粉揩去，總算渡過難關。

另一次，嚴前總統在其副總統任內以特使身份，赴美參加杜魯門總統追思禮拜，我奉命隨往。其間，美方安排晉見尼克森總統，晤談時，嚴特使述及我國經建近況，尼克森不時揚聲稱贊，揮手不停。繼談至我國際收支平衡，情況良好，祇對日本入超甚鉅，正與日方洽商中……尼克森不待嚴特使說完，便大聲說：『啊！他們是不可理喻的，和他們談，是緣木求魚啊！』說話時手舞足蹈，隨口而出，看去頗不具誠意，也不夠莊重。

其後，訪晤安格紐副總統，他在嚴特使談話時，傾耳靜聽，全沒有尼克森手舞足蹈情形，最後，他表示，中美邦交甚睦，應共同致力，使我國經濟更加繁榮，國防更加鞏固，協力維護遠東及西太平洋地區之安定和平。相形之下，安格紐之談吐，具有政治家風度與親切感。

其後，局勢轉變，季辛吉訪大陸，尼克森在答記者問時表示：『中國大陸關閉了廿年，大家都樂意去看看，如果有機會的話，我也願一行。』這句話引起我國各方面的震驚。適於此時，我奉派列席中國國民黨中常會，幷作外交報告。我想，在報告時，對這個大家關心的問題，不能避而不談，也不能說些模稜兩可的話。於是我便依照我所見尼克森那種不加思索輕率發言的情形，判斷他那次對記者的答問，是一時興之所至的應對，幷無認真訪問大陸意圖。或者，他是在爭取新聞報導，為下屆競選爭取選票。同時，我又就外交常理推論，一國元首出國訪問，卽令對方是親密友邦，也須事先作週詳安排，幷且要機密進行。當時美國與中共，不僅無外交關係，且多年處於敵對地位，在雙方外交政策尚未作大幅度轉變以前，此項訪問殊無可行，而尼克森如此輕率的在答記者問時做此表示，愈覺其尚未有實質的構想。

以上是我的看法，我的判斷，並非長官的指示，或同仁提供的意見。當時，我認為這是一個很審愼的研判，事後的發展，證明我這判斷是一個極大的錯誤，這件事，我是常記在心底，迄今未忘懷。

從那時起，我愈覺美國的外交政策，難以捉摸，美國總統，是可以翻雲覆雨的。

卡特一意孤行，與中共建交，也是一個例證，他把參院的決議當作耳邊風。

中美兩國，在戰後是廿幾年的盟邦，共同負擔台灣海峽與西太平洋安全的維護，並且經常舉行聯合軍事演習，以中共為假想敵。卡特決定廢約，與我斷交，為的是要與中美共同的敵人建立邦交，這種不講信義的作法，衡之於素以維護公理正義自炫的美國人的理想，不是倒行逆施麼？

我國的老百姓，用傳統的「義」的觀念來看，這等於是撕毀金蘭譜，與結義兄弟絕情，掉頭與仇家和親，這還有信義可言嗎？

舉世非共產國家，勿論是否業與中共建交，勿論其對美匪建交贊同與否，均對美國隨意與盟邦折夥，轉頭與敵人言好，感到震驚，感到與美國結盟是靠不住的。

當時，美國輿論，曾大加抨擊，自由派的紐約時報在社論中評卡特此一作為，無異把十九世紀歐洲列強任意調換敵友的作風搬出來，是極端危險的。

美國民意代表，包括執政黨—民主黨—的國會議員，也一致譴責卡特，力謀糾正，就這樣台灣關係法在國會中毫無反對的通過，一面遏止卡特一意孤行，一面也試圖挽救沉淪中的美國國際聲譽。

但是在今天，事實告訴我們，美國引為最可靠的盟邦—北大西洋公約國家，對美國的信任全都動搖了。當蘇俄增強在東歐的軍力和武器，美國因而要在西歐部署戰略武器時，西歐各國人民群起反對。他們認為這將導致以西歐成為美、蘇兩國將來攤牌的戰場，而避免在美國自己的領土內從事核子戰爭，於是「西歐中立化」及「宣佈西歐為原子戰中的不設防地帶」的呼聲，甚囂塵上，他們儼然要對美蘇持等距離的戒備，美國輿論譁然，認為西歐各國人民『似乎忘記了美國是他們的盟邦，而蘇聯是他們的敵人。』今天美國高唱「敵」「友」，恐怕不易為人重視了吧！

協調會成立之初，工作人數不多，但相處融洽和諧，有事大家一齊做，分工合作，有如家人。這是我任公職數十年來最愉快的一段，在協調會任職不久，便調任駐華府代表，沒有什麼建樹可言，後來在華府及沙烏地任職期間，每次返國述職，均承胡主任委員，吳、陳兩位委員和歷任秘書長的優遇，邀我在協調會內歇脚，處理一些公務，又獲許多同仁熱心協助，儼然是重回家門的情景，心感無已。

七九、所謂「實質關係」

北美事務協調委員會的主要任務是：推展中美間的實質關係與友好關係。

我國與無邦交國家維持實質關係，並非源自中日或中美斷交，而是在一九六〇年代，十幾個國家先後與我中止外交關係，我循對方國之請求并應我國需要所做之安排。

在第二次世界大戰以前，兩國間的斷交撤使，象徵着相互關係已惡化到戰爭的邊緣，其起因大都是歷史的仇恨，基本利益的衝突，或者是地緣政治的因素，危及國家安全；及至局勢已發展到無可挽回境地時，終於斷交閉館，撤使撤僑，意味着一切關係的中斷，鮮有外交關係中斷而一應實質關係繼續如常者。

可是，在一九六〇年代，這些國家與我終止外交關係時，并無新仇舊恨，亦無重大利益衝突，祇因對方國欲與中共建交不得不出此下策而已。因此，其中大部分國家主動向我表示：希望繼續維持實質交往，有些國家并要求我保留機構，處理業務，以為隨後聯繫溝通管道，至此種安排逐漸定型以後，其他無邦交國家也先後跟進。

我在常務次長任內，曾在動員月會中，解說我國接受此項安排之原因。國與國之交往，自以涉及實質關係事務較多，需要經常處理、協商和規劃，如貿易、投資、旅行、移民、交通運輸、學術交換、民間集會、體育活動等等，經緯萬端。立國於今日，與他國維持前述各種實質關係，自屬必要。實質關係原與實際交往相應而生，其發展端視其國防、經濟、貿易、學術、科技之總體力量而定，如其國力日益壯大，在國際間之影響力不斷增強，則與之建立實質關係者愈多，在此種情形下，縱有若干由於無邦交關係而產生之困難，亦不難克服。

譬如，在我與無邦交國家協議維持實質關係之初，國人出國及對方國人民來華，困難重重。但商務與旅行為不可分者，其欲與我維持商務關係者，自必與我合作，來克服此種困難，隨後，很快獲致協議，我以非官方機構出具書函替代簽證，對方國則以另紙簽發，遂獲解決。

近年來，我與世界一百餘國家通商，貿易額逐年增加，實質關係，日趨密切，前此未曾與我協議互設半官方或非官方機構者，什九已陸續跟進，若干國家且進而畀予該機構及其工作人員外交特權，中美間依台灣關係法規定辦理，在日本、菲律賓及若干歐美國家，均給予不同程度之優遇，大致相當於國際組織及其官員所享受之待遇。

至於便利兩國國民出入境，最近菲律賓、斯里蘭卡、印度和西歐各國，紛紛撤銷限制，簡化手續，庶我國國民可在短期申獲簽證。此種傾向，全屬自然之發展，自非中共所能阻撓。我們可以說，近十餘年來，我國推展與無邦交國家之實質關係，相當成功。

不過，要繼續推展與他國之實質關係，需要我國經濟成長長期持續，科技力求精進，因為發展中國家都已起步，工業進步國家也在力求提高工業與技術水準，正如在運動場上競賽，稍有停滯，便行落後。

要持續經濟成長，簡單的說，需要在科技方面力求精進，設備不斷更新，前者需求專門人才，作專業的研究，長期不斷的研究。我在國外閱讀國內報章，從許多採訪報導中，看出國內專門人才，不可勝數，但極少是對某項工業技術和產品，有過十年八年研究經驗的，在海外所見到的許多考察人員，也很少是對特定的技術和產品出國作在職訓練和專門性的研究的，很多是業者本人，作走馬看花式的考察，順道探視家人親友，觀光名勝，藉便購置一點產業，這樣考察的成效有限，也算不上投資。

說到更新設備，我也是有感而言，戰後英倫紡織業、造船業一蹶不振，主要原因是設備陳舊，一九五〇年代，德、法等國，因戰時遭破壞，戰後重建，一時工業復興，經濟繁榮，迨至一九八〇年代，經濟成長遲緩下來，原因之一是一九五〇年代之設備，與開發中國家新興工業相較，又已顯得陳舊，所以設備更新，是永無已時的，決不能抱着「拖一天算一天」的想法，等到產品已在國際市場被淘汰以後，再求整頓，為時已晚。依同一理由，今日我國與歐美國家及日本合作，引進技術，需要作最審慎的選擇，縱需付出高昂代價，亦在所不惜，長期來看，這遠較引進行將過時的技術與設備為合算也。

八〇、一針見血

前面說過，在華府服務期間的紀事，留到以後再談，現祇就一項挺有意義的對話，報導出來，以供我國駐外人員參考。

某年，我國立法委員分批出國考察，我在華府期間，曾接待過五批，有的是專門來美國訪問的，預先安排訪問節目，相當順利。有些是訪問歐洲以後，路過美國，訪問節目在安排上多少有點困難，不過每批都來協調會駐美辦事處聽取簡報。

有一批人數不多，在我的簡報結束後，一位青年立法委員提出質詢，首先請我和本處的幾位列席同仁見諒，因為他的詢問中沒有客套，是一針見血的，接着一連串提出三個問題：㈠為何駐美辦事處以往的報告，都是報喜不報憂？這種偏差的報告，會導致政府行政部門和立法機關對美國國情判斷錯誤。㈡為何我們邀請美國國會議員和州長等，偏重共和黨，忽略民主黨？須知：美國民主黨在衆院仍然是多數黨，對美國外交政策與共和黨具有不相上下的影響力。㈢邀請美國各界有影響力人士訪華，為何祇選邀一些友我人士？凡對我說好聽的話的，便予致邀，可是那些對我不甚了解甚至有成見的人，也應該邀請到我國來看看，我們在國內才能有機會和他們溝通，消除他們的誤解。這些都應當改進！

這一質詢，語氣沉重，用辭鋒利。

我首先請教他在啓程以前，有否到過外交部調閱駐華府辦事處每日電文、每週和每月的分析報告？這位委員沒有置答，我說：『在一、二十年前聽說過，有人指責少數駐外人員「報喜不報憂」。近年却沒有聽說過，因為目下國際電訊發達，我國中央社和國內各報社派駐美國各地採訪記者甚多。有關遠東，特別是有關我國和大陸的新聞、評論、或專欄作品，大家都爭先恐後的發電往台北，辦事處照樣的樣樣都得報，喜也報，憂也報，篇幅較短的全文拍出，過長的擇要電呈，剪報航寄。這還沒有完，』

『每週要把一週來的報刊，加以分析。分析這些報刊和作者的聲望和影響力，所發表的報導或評論在美國的反應，是否在他報也有轉載，以評估其正確性和影響力，庶國內對這一週來不可勝數的報導，在分析研判時有所參考。』我接着說，『這還沒有完』

『本處隨後還要在這些報告中，酌量其有無特別重要者，需要研議因應措施，應否發表談話，投書，以正視聽，報請核示，俟獲指復以便遵辦，這才算完成了報告的過程，每週如此，每月如此，經常要做，不斷的在做。所謂報喜不報憂，全無其事，如果沒有調閱過這些報告就發問，不是「一針見血」，而是「人云亦云」了。』

『第二，說到我們偏向共和黨人士，更非事實。本處隨時作統計，就以以往一年而論，訪華的美國兩黨議員中，各在一百位左右，民主黨議員多出兩三位，應邀訪華的議員助理屬兩黨籍的人數亦相若，共和黨略多幾位，平均起來恰好均等，至於平時聯繫接觸，不分共和黨民主黨，也不分自由派或保守派，有機會都要爭取，沒有機會也得要找機會，這所謂側重共和黨的批評，是廿年前的事，而且那一次外間對我們的指責，並無事實根據。』

『第三，我們同意：對我友好人士應該邀請，對我不甚友好的人士也要爭取，但是邀請和應邀是兩回事，不能一廂情願的，友好人士接受率高，對我不友好人士應邀率低，這是很自然的現象。』

『應邀人士訪華期間，我國新聞界爭相採訪，這些友人大都侃侃而談。至於對我不甚友好人士，被訪問的比較少，答問時有保留，或則語氣含蓄，模稜兩可。因此，從報導上看來，很容易誤以為我們邀請的幾乎全是友我人士，其實不然。』

我接着說，『不僅華府辦事處所經辦的情形如此，其他各分處亦然。』

這一番對話，好似「針」來「針」去，可是並未見血，隨後我們繼續談了兩小時，盡興而散。

八一、怎樣纔稱得上是一個優秀的外交官

一九八〇年，我應伊利諾大學政治系主任之邀，參加該系成立七十五週年紀念并發表演説。系主任希望我以數十年工作經驗，來論述如何改進政治系的教學，方能使有志於外交的畢業生適合外交工作的要求。

實際上在很多學術討論會裡，在記者採訪時，甚至在許多非正式談話中，都有人提到這一類的問題：一個優秀的外交官要具備些什麼條件？如何訓練外交工作人員？

要答復這個問題倒有點困難，如果一絲不漏的全都列出來，包括學識上的訓練或人格的修養，那無異指望他們「學貫中西」，而且是「古今完人」，可是也沒理由少列一些

我遇到這樣的問題時，設法化繁為簡：我説外交官必須具備一個良好國民應具備的條件——奉公守法，效忠國家。同時，他也要具備一個合格公務員應具備的學識和能力，除此而外，他們要：

㈠有適應的能力。一個外交工作人員的職務調動頻繁，外派時，每次都是到不同的國家或城市，內調時，很少調回原單位，所以每次調動，便要重新學起，是一個考驗，是一種挑釁，如果他是一位具有適應能力的人，便能迅速了解他的新任務，適應新環境，很快的工作上軌道，有表現。如果是外派，這位外交工作人員必須對駐在國的歷史、宗教、風俗習慣，儘快的去了解，對

駐在地的環境儘快的去認識，最好在到任之初，利用週末，帶着街道圖搭電車或公共汽車，在全城兜幾圈，對政府機關、商場、郵局、飛機場、體育中心的所在，探索得一清二楚，一旦奉派外出公洽，就知道方向。

㈡有外語的基礎。一個外交工作人員，總有一種外語的能力，如果奉派前往的地區，不屬於所習第一外國語適用地區，對於當地的語文，便要勤加學習，對於日用所需的語句，尤其要博聞強記，庶可在極短期內，作簡單的談話，這一點如果辦不到，見了當地人士，便如啞吧一般，凡事求人，在辦公室內，見有當地人士來洽詢，便急呼同仁來肆應，電話也不敢接，一次，我在動員月會中用兩句話來描述這種狼狽的情形：『望洋人而却步，聞鈴聲而心驚！』

如果一位外交工作人員很幸運的被放到自己所學習的外語國家，在初期也要留心學習。某次，一位新到任的副領事，大膽的接聽電話，發現對方說得特別快，話中又夾了些民衆團體名稱、人名和地址，實在聽不清楚，祇得連聲『是的、是的』（Yes），答復對方，次日，某社團來電話質問，先一日說定領事館要派人來參加年會，何以到時竟無人前來？不用問，是那位副領事沒有聽懂電話而出的岔子，相反的，如果勤加學習，能夠聽得明白，說得流暢，那就可以派上用場，受到重用。

㈢事事有準備，時時有警覺。一個外交官員，對外經常有接觸，被視為國家的代表，凡有關本國的歷史、宗教、民情風尚、政府的政策、行政上的規定，都要有正確的認識；對於當地人士所熱衷的話題，所最關切或具敏感性的問題，也要有相當程度的了解，如係應邀參加正式的集會，更要對大會的性質有所了解，並且作適當準備，庶幾與人交談或臨時應邀發言，才不致慌亂，又如奉派洽辦一個案件，就要了解案情，準備論據，到時可以說得扼要，有條理，有說服力，當應邀演講時，除講稿外，還要準備答復問題。

參加茶會或酒會，也要準備，俾能無話時找話講，如果有人問起大問題來，要知道如何長話短說，說得中肯，因為在這種場合，不能作冗長解釋，躭心你話未說完，對方就要離去。

㈣態度謙和，爭取同情了解。在一個比較嚴肅的會談或協商中，目的在達成一項協議或簽訂一個協定，最重要的是要維持着友好的氣氛，所以除了對談判內容有充分準備而外，更要態度謙和，不卑不亢，有時要據理力爭，但不宜憑恃辯才，企圖壓倒對方，以為對方辭窮，便是成功，其實不然。

在現代國際談判中，很少當場作決定的，對方會在下一輪談判中，態度轉趨強硬，使會談陷入僵局。反之，如以娓娓動聽之陳述，謙和的態度，把同樣的論點，一一提出，說之以理，動之以情，可能使會談進行順利，獲得較好成果。

在一次會談中，我奉派為出席代表，對方首先提出一項草案，言明其本國政府要就同一案件面對十幾個國家，所提出者係屬一些標準條款，無法接受任何一國之修正，乍聽之餘，似乎要求我方無異議接納，我隨即說明：廿年來，曾奉派參加與對方國代表之會談多次，了解對方國的處境。誠然，在多次會談中，對方國接受修正的事例甚少，但亦有數次，對方國洞悉我方情況特殊，而以變通方式接受我方修改的先例，旋將我方事先準備之修正提出，其後，大部分均獲對方同意。

對於這個問題，各人看法不同，以上所陳，可以說是我的經驗之談，聊供參考而已。

（上接三二九頁）

『再說，提到久別，總是說一十八載，可能是基於同一道理。譬如，蘇武在塞外牧羊，史載一十八年，才回歸中原，我就有點存疑。因為在李陵答蘇武書裡，說蘇武是丁年奉使，皓首而歸。這「丁年」是十六歲到廿歲。過了十八年，最多不過卅多歲，何以就鬚髮全白呢？

『再說，平貴回窯一齣裡，也說王寶川在寒窯苦熬了十八年。但是薛平貴說王三姐不致於那麼苦，因他臨行時曾留下十擔乾柴，八斗老米。薛平貴從軍之初是奉派為伙頭軍，專司軍中伙食的，難道不知道這十擔乾柴，八斗老米支持十八個月都不夠，還說得上十八年麼？

『所以數字在計算工程費用時，絲毫不能馬虎，其餘就不必認眞了，有人說我，看上去不過五十左右，我說：「五十就好，不必左右了」。』

八二、『不知生，焉知死』

在印度加爾各答的一位奧地利籍牙醫師，替我補牙完畢後，和我攀談起來。他說世界上許多偉人中，他最敬佩孔夫子。因為孔夫子說過：『未知生，焉知死。』還有，有人問他有關鬼怪之說，他不表示意見（子不語怪力亂神）。這牙醫師接着說：『在二千年後的今天，他這種說法依然站得住，了不起！』

我不是基督教徒，也不信回教或佛教，但並非無神論者。我覺得各宗教的教義，都是勸人為善，在法律的拘束力有所未逮時，可以發生防止犯罪的效用，和一般人所指的良心的說法相似，這對意圖犯罪或罪犯而言，是一種無法擺脫的拘束力，對社會有益。

同時，各教的創導人，都是極不平凡的人，他們看穿了人的私慾，為害無窮；妒忌、仇恨、爭權、奪利，引起殘殺和戰爭，為芸芸衆生，帶來無限痛苦，於是他們犧牲一切享受，拋棄一切慾念，冒險犯難，驅除邪惡，身體力行，勸人為善，值得吾人敬佩景仰，但是後世信徒引出的形式和迷信部分，我却不敢苟同。我嘗見牧師的祈禱，實是閉目演說，大聲疾呼，手舞足蹈，或則手持講稿，逐字唸出，全然不像與神通話。

現代科學發達，經典上有許多說法，確已不能適用，因此有人以為自然科學日益昌明，宗教在人們心目中的地位，將逐漸衰微，這說法有點武斷，本世紀人類在征服自然方面最大的成功是登陸月球，可是這在碩大無比的宇宙領域內，祇能算是一個小小的起步，在億萬個星球中，地球是很渺小的一粒，我們對於宇宙的由來，宇宙的境界，還在摸索中；對星球的運轉，祇能假定是由星球與星球間吸引力的均衡所造成，認識極為有限，我們對於生命的由來和它的歸宿，也都無法解答，對於神鬼靈魂之說，既不能證實其必有，也無法否定其存在。最現實的，還是追隨至聖先師，說老實話，承認「不知為不知」，既往幾千年不能瞭解的，還是留待後世繼續探求答案吧！

可是我一向不迷信，不信那些有關鬼怪的離奇事件，子女們在孩童時期，怕黑暗，聽到黑暗處有聲音便疑神疑鬼，我便立卽拿了燈火，帶她們實地去看，破除她們的疑慮和恐懼，聽說在倫敦和其他科學發達國家的都市裡，有許多專門研究鬼怪事蹟的機構和團體，有成千上萬的鬼怪故事，經調查後，什九是人為的，或是由於錯覺而產生的。

我在金陵大學讀書時，選修了一門宗教課程，王教授是神學博士，記憶中他的神學根底不深，上課時東扯西拉，混時間，一日，報載江蘇無錫附近一個村莊鬧鬼，全村人民在入晚以後，聽到附近山谷裡人聲喧嘩，熱鬧非常，好比上元佳節一般，白天裡，大家結隊而往，並無人煙，也無臧會痕跡。同學們根據這段新聞要求王教授帶隊，專程前往，查個明白，王教授招架不住，指着我說：『蔡維屏，你是讀理科的，能不能解釋一番？』

我知道王教授要我來解圍，我說：物理學上有「回音」，我國也常說：『空谷足音』，很可能在這村莊對面山谷的另一面，有其他村落，與本村列成直角，夜晚趕集，有鬧市，風順時把鬧市嘈雜聲音帶到山谷，回音由山谷直奔到這所村莊。聽起來很像發自山谷，而實際上山谷內空無所有也。王教授大為稱讚。

後來，王教授告訴我：他原先已決定給我F，不及格，因為我缺課過多（我在金陵中學教書，與這門宗教課時間衝突，每月祇上課一次，在中學請假），但這一次表現得好，給我一個B－八十分。

據說，倫敦鬼學研究所接受的鬼怪案件中，很多是用科學方法，獲得答案的，但仍然有許多無法解釋，其中多數是屬於顯聖、顯靈這一方面的，有些是一人單獨見到的，有些是多數人共睹的。

除顯聖而外，一般的顯靈是一個死者形象的出現，而這死者是鄰里皆知的曾受寃屈而死亡者，所顯示的是死者面部輪廓，很多披髮着白衫，面容或怒或戚，轉瞬消逝。

大陸淪陷後，我與家人隔絕音訊三十餘年。抗戰勝利時，我在印度加爾各答，或因思家心切，數度夢見父親，其後始獲悉老人家在重慶辭世，其餘家人包括：母親、大哥、大姐、二姐、二哥、四弟，都從重慶返回南京，在最初廿年中，我在印度、印尼、夏威夷和紐西蘭，其間曾兩次調部，雖日夜思念，未曾有一人入夢。但自一九七二年以後以迄我到華府赴任的十年中，先後在夢中單獨的、各別的見到大哥、母親、大姐和二姐，他們幷無異狀，祇表示要和我見一面而已，醒來後，祇記得他們的面貌，其餘一無印象，隨後自逃離大陸的親友處，得知大哥、母親、大姐、二姐均已去世，年代和順序和我的夢遇，頗相符合，我從未夢見二哥（七十五歲）和四弟（七十一歲），他們二人都健在，如果說這些都是巧合，也難令人相信。

因此，我對鬼怪之說不信，對靈魂一事則有保留。近年來，我曾經細心就古今中外有關靈魂的記載和報導，加以分析，獲得以下幾點構想：

㈠人在有生之年，有肉體，有靈魂。死亡後，肉體腐爛，靈魂未必卽行消逝。

㈡靈魂的顯示，大都在死者死亡後不久（英國千年古宅中的冤魂的傳說除外），鮮有在長期以後，十年廿年顯靈者，可見靈魂亦不能長存，時間過久，便行渙散。

㈢顯靈者大都在死亡之前，有極大情緒的不平，有冤屈，有遺恨，有牽掛，足以維持魂靈的凝聚，至其與意願中人接觸以後，維繫力鬆弛，卽不再顯靈矣。

㈣魂靈與腦力有關，如係未成年稚子，或年邁人，在生前已體力衰竭，腦力退化，死亡後靈魂的凝聚力甚弱。

㈤魂靈可能類似電波，但必須與意願中人之波長配合，始能鑒及形象，或可稱之為神交，也可能與非意願中人猝遇。

㈥靈魂幷非物質，不可能傷人或損壞物體，至於因顯靈而使見者張惶失措，造成死亡，則未始不可。

以上是憑想像力的推論，是耶非耶？無意堅持

八三、人生在世，不可不知醫

父親常提起我國古訓：『為人子者，不可不知醫。』以及『父母在，不遠遊，遊必有方。』這是說，父母在晚年，多病痛，為人子者，應具備醫藥常識，知道如何減輕老人的痛苦；或則能隨時應召喚，為父母延醫診治。這是我國孝道中很感人的啟示。現在時代不同了，市面上嬰兒保健的書籍很多，照顧長者的著作却少見，其實，老人與嬰兒同樣的抵抗力較弱，都需要特別照料。

我最感遺憾的是：在求學時期，嘗聞母親夜晚需食餅干，以解胃中「火燒」的感覺，顯然是患胃潰瘍，服中藥未見效，我却未能替老人家延西醫治療，以解除她長期的病痛，過莫大焉！

抗戰末期，我在印度加爾各答時，孩子們經常生病，每晚應酬完畢歸來，叔純和我首先查看一番，有幾人發燒，幾人無事。有時三人全都病倒，深以為苦。尤其在深夜，嬰兒體溫過高，全家慌張，通宵不能成寐。於是我從美國訂購了好幾本最新的醫藥常識書籍，和叔純分別攻讀，有兩冊都是千頁以上的巨著，一冊專門描述各種疾病的起因和症狀，另一冊兼介紹特效藥（書中警告讀者，非經醫師配方，不得自行服用）。這兩本書很有幫助。

不久，我奉調前往印尼，正值印尼獨立，荷籍醫師，紛紛撤退，生病找醫生，困難萬分，上醫院掛號都是難事。這時，那幾本醫藥常識書籍，派上了用場，孩子們生病，先仔細觀察症狀，每兩小時量體溫一次，觀察她們的口腔，也紀錄大小解顏色和形狀。至少，由於這些紀錄，可以大略知道是否患了危險病症。那個時期，最可怕的是肺炎、傷寒、白喉等病症，如果是出牙、便秘、感冒、腸炎、瘧疾或扁桃腺發炎，比較好辦，市面上已可買到消炎片、止瀉特效藥和奎寧丸等，家中都有備存。

每次醫師來，看了我做的各項紀錄，笑着說，此行不像出診，倒像查病房。除了需要注射的針藥而外，他處方的藥，我家中大部份都有，可以立卽給病人服用。這位醫師，起初不肯收費，後來他說，祇要我把那幾本醫藥書籍借給他看便好。在戰後初期，在印尼找新版英文書籍，還不容易，荷文的較多。

一、胃潰瘍與胸部神經痛

我的胃潰瘍，使我遭遇的困擾特別多，在我任職司長和常務次長期間，不時引發胸部神經痛，有人稱之為神經末梢炎，亦有稱為神經痙攣者，我知道這與胃潰瘍有關，但多次體檢的結果，都是說十二指腸潰瘍已痊癒，祇是患潰瘍處變了形，因此我和叔純就懷疑這胸部疼痛是來自心臟。

第一次，到公保門診，一位著名的心臟科大夫一量了血壓，聽聽心臟。不到十分鐘，診斷是狹心症，缺氧，使我驚慌萬分，旋卽到榮總檢查，當時醫師初步的判斷，似乎並無心肌梗塞跡象，但仍囑小心，要作定期檢查，也配給我硝化甘油（Nitro-glycerin），以資防範，湊巧在體檢結束，正要離去時，忽覺胸部開始作痛，立即請醫師來診視，於是又量血壓，再做心電圖，並無異狀，檢查完畢，疼痛也止，這證明胸部神經痛，尚非源自心臟，但對於這疼痛，似乎一無辦法。

第二次，在一日黎明，胸部疼痛又發作，承夏功權兄幫忙，請了名醫陳約翰於清晨來舍，經診斷是痙攣，注射鎮定劑後，疼痛隨即中止入睡，醒來後，陣痛已過去。

第三次，中美教育基金會在台中開會，晚間在旅舍內又痛起來，來勢凶猛，痛得在床上打滾，美國大使館新聞處處長，特別約請了一位軍醫官來診視，他仔細聽我的心臟，量了血壓，也說不是心臟方面的問題，囑我安心，但對這疼痛，毫無辦法，他行前說，痛一會兒就會好，使我大失所望。

返台北後，走訪楊聞達學長，承他介紹去看榮總神經科施主任純仁，檢視後，配了一種特效藥，可以止痛，但這藥片對患胃潰瘍者不宜，我試用過幾次，有相當效用，但我原本就患胃潰瘍，也不敢多用。

第四次，在辦公室忽然胸部發痛，過去不曾有過——以往發痛都在夜晚或黎明，我立刻去三軍總醫院，進入急救病房，再一次檢查心臟，住了兩天，又一次證實心臟正常。外交部同事們都很關切，可是他們來探病時，我已出院。

一般人說，久病便成醫，我隨後自己細心觀察，發現這疼痛開始時，胃部有異感，有似飢餓的感覺，因此，在疼痛開始，我立卽略進食物，同時服鎮定劑 Valim 5，頗為有效，有時可以把陣痛停止，有時稍痛一會兒就好。

民國七十年，在華府，先後入院檢查腸胃和心臟。主治心臟的醫師，看了心電圖後，說我心臟情況，十分正常，他甚至說，台北檢查報告上說我心臟有些擴大，他不同意。我祇微有心悸，服藥便可控制。

腸胃檢查結果，也沒有毛病，祇是說台北醫院報告中說我有十二指腸潰瘍，其實是胃潰瘍，部位在幽門附近，與十二指腸很接近，他們也說，這潰瘍已痊愈（ inactive ），但對於我這神經末梢炎或痙攣，怎麼辦？照樣茫然。

到了沙烏地，又有一次發痛，更明顯是先胃痛，然後擴張到胸部，我和幾位台大和榮總大夫商議後判斷：我的胃潰瘍未曾澈底痊愈，只因我平時不斷服用立達賜康、gasgel 這些胃藥，所以也沒有惡化，而呈現時發時愈的狀況，愛克斯光不易辨識（我曾經照過胃鏡，結果也沒有什麼，隨後我便拒絕照胃鏡）。因此，這一次，我遵醫囑，照規定服 Tagamet 和 antacid 四週，飲食減少，我自己覺得總算找到了答案，大夫們又配了 Spasmo-ciba 專以治胃神經痙攣，不過，到現時還沒用過。回想起來，找病源足足找了廿年，真是，長到老，學到老。

據報載，美國醫學界發明了一種強過 Tagamet 的新藥叫 Zantag（ ranilidine ），一九八三年年底試驗完成，但尚未問世。

二、直腸鏡檢視

在華府期間，檢查腸胃，沒有發現任何病狀，醫生勸我照直腸鏡，他說檢視器具已有改進，不如以前痛苦，我被他說服了。但是照直腸時，打入腸內大量泡沫溶劑後，痛苦不減當年。完畢後，醫師去查病房，護士已走光，祇剩下一位助理護士，我問她醫師有無什麼交待，她表示不知情，祇說以往醫師通常關照病人在照直腸鏡後，要吃點瀉藥。

我回去後，照她說的做了，但兩天無大解，再去問醫師，回答是瀉藥份量加倍，以後兩天，祇覺腹部陣痛，但排泄不出來，第五天，醫師囑灌腸，照樣無效果，隨後每天減少食物，以流質和水果充飢。第七第八兩天，我要主持每年一度的全美各辦事處的會報，提起精神來撐過去，參加會議的仝仁覺得我有倦容，勸我多休息多保重，我未便告訴大家我已八日夜未曾大解。

第九天下午，我在辦公室忽然週身發抖，上下牙撞擊不已，說不出話來，祇好猛按電鈴，鮑秘書少櫻進入，見狀深感驚慌，就近急呼袁健生、鄧申生、馮寄台諸位秘書送我到醫院急救，車行約半小時，我抖勢不減，但抵達醫院急診處大門時，突然中止。醫師量了血壓，聽聽心臟，又量體溫，然後對我說，他查不出有何緊急症狀，然後用手指着許多因車禍斷腿折骨、血染衣褲的受傷者對我說：『他們的情況，比你緊急。』囑我坐在輪椅上稍待。

因為陪我同來者，不得入緊急病房診療室，醫師去後，剩了我獨自一人靜坐。廿分鐘後，忽覺腹痛，入廁所瀉了一次，隨後又接着瀉了兩次，病痛頓覺減退，當醫師來看我時，我說明這一切，他仍囑我躺上病床，在我腹部檢查一番，他說，尚有餘量未排清，恐怕還要瀉幾次，囑回家休養。實際上，隨後我繼續排泄那溶劑近兩週之久，每次排泄，猶如排強力膠一般，大解後，手紙膠着在肛門上，非用水洗滌不可。

後來我把這一場經過告知友人，兩位美國朋友告訴我（其中一位就是克萊恩博士）：若干年前，他們都嚐過這苦頭，沒想到幾年後醫院當局還是如此馬虎，他們曾經便結過六七天後，也是用了千方百計，才把那溶劑排泄出來，據說，如果逾時再久一點，這溶劑固結起來，就要動大手術，用器具去撬除，因此，我要鄭重告訴大家，照直腸鏡以後可能產生的嚴重後果，必須要先向醫生問個明白。

三、腎結石

一九八〇年，小兒佳平結婚之日，我正準備前往中山北路聯勤俱樂部，看一看禮堂佈置情形，忽覺腹痛，而且疼痛情況異於尋常，幸而迅卽消逝。趕往禮堂後，招待賓客，幷以主婚人身份參加婚禮儀式，自五時至七時，未曾休息片刻，接着主持喜宴，晚十時返家，倒也無事。

午夜時分，腹痛難忍，但無瀉肚現象，掙扎了半小時，幾於無法支持，不得已電話曦社老友戴逷醫師請敎，他先問我體溫，我說正常，幷未發燒，他又問痛在腹部左邊還是右邊，我說在左邊，他判斷是腎結石，囑先服一片百樂而精（Baralgin），放鬆內臟——特別是由腎至膀胱間之輸送管，使減少蠕動，緩和疼痛，叔純和皚如（小女皚如適返台探親）立卽購回，我服用後不出五分鐘，疼痛中止，好似死裡獲生一般，立刻報告戴醫師，幷請教：萬一深夜裡再度發痛如何處理，他說：再服百樂而精，份量加倍。我又問：倘止痛一會兒以後又痛呢？戴醫師說，祇有去醫院注射，天亮後，便可做檢查，以確定結石情況。

果不出所料，午夜後二時，腹部又發痛，立即服兩粒藥片，痛中止，黎明前四時許，再度發痛，立即由皚如伴我就近前往中心診所急診處，值班的恰巧是一位泌尿科大夫，注射後，痛漸消滅。

次日清晨趕赴榮總，作詳細檢查，照愛克斯光，沒有發現結石跡象，近數年來，也未再痛過，可能是結石在我不知不覺中滑了出來，但我每次旅行，都攜帶藥片，以資防備。

唯有曾經有過同樣遭遇的人，才能了解那種無法忍受的疼痛，為免遭受這種突擊，有所防備是必要的。

四、心臟病

十幾年前，叔純患心肌梗塞，在那以前，體檢時顯示血壓略高，血脂肪也高，醫囑服藥，要作定期檢查，小心防範，這些叔純都照做，某日午夜，叔純忽感胸部疼痛，立即靜臥，幷服急救藥，但未能使疼痛中止，不得已電話三軍總醫院心臟科魏大夫（劉誠同學的東床）求救。他非常熱心，深夜到總醫院搬了一部簡便心電圖測描器來舍，經測驗後，確認係冠狀動脈阻塞，我立即向老友郭俊鉌借了車，送至三軍總醫院，住入急救病房。我們緊張一整天，次日便脫離險境，叔純對我說，事實上第一天她也並未感覺病況嚴重，但見大家緊張，不便說，她始終怕祇是一場虛驚而已，四五天過後，她覺得精神很好，想早點出院，經醫師勸告，共住院十四天。

在家休養期間，一切照醫師囑咐，按時服藥，多靜臥，避免需用體力的任何操作，隨後的定期檢查，也顯示健康恢復迅速，十餘年來，心臟情況正常，到華府後，醫師介紹一種比較新的藥品Procardia，逐日服用迄今。

仔細研究叔這次心肌梗塞，「輕易過關」并復原很快的原因有：⑴在病前已照醫生指示，按時服藥。⑵病發時靜臥并服用急救藥。⑶魏大夫及時趕到診視并進入醫院。⑷最重要的她性情開朗，從不激怒，亦無憂鬱，這些都有很大的幫助。

叔純也曾在喬治城醫院檢查耳後血管阻塞情形，檢查報告說，有百分之七十五的堵塞，旋經血管科主任診視。他說：勿論器材如何精密，也祇能測出一個大概，據觀察所及，堵塞不到百分之六十，無須動手術，服藥也可以控制。嗣後，叔純按時服藥，一切如常。數月前，閱報載，美國醫藥界又有新藥將應世，對血管阻塞有消減功能，我去信問喬治城醫院醫師，據告稱：這Tissue Plasminogon Activater已證實對削減冠狀動脈及肺血管阻塞，很有功效，大致二三年後，方能供應市面。

我有時心臟跳動快速，忽來忽止，但我平時紀錄每分鐘跳動六十次，比較慢一點，有一次晚間心跳了差不多半小時，翌晨去看心臟科醫師，這也是在華府。醫師看了我的體檢紀錄，又替我做了心電圖，還親自透視我心臟跳動情形，他說，有人偶發這毛病，叫作心臟的騷擾，不必過於擔心，服點 Inderal 和 Valim 會有幫助。後來也就沒事。

到了沙烏地，忽然又發起來，經過一連串的檢查，發現我又有些微心悸，醫囑服用 Quinidine，有功效，可是對我而言，有副作用，會瀉肚，規定每日四粒，我服一粒便瀉起來。

隨後我留心觀察，發現這心跳和心悸，都與腸胃有關，心跳發生之前，大都進食略多，或大解不通暢，引起氣漲，就寢時，覺得腸胃壓住腹膜或橫隔膜，好似頂着了心臟。所以隨後我把晚餐份量減半，飯後散步一二十分鐘，入睡前再服一次胃藥，減少氣漲，就好多了，同時，如有大解不暢情形，就服輕微通便劑，加以清理，這樣做了幾個月，沒有心跳過，心悸的情況也大見改善，那「心臟提前跳動」由每分鐘七次減至二三次。

※　※　※　※　※　※　※　※　※

積數十年病痛的經驗，我覺得古訓『為人子者，不可不知醫。』一語，現在應改為『人生在世，不可不知醫』才對。或許青年們會笑我這種「病夫之談」。他們可能未曾患過嚴重疾病，或者尚未為人父母，或則家人有疾病時他從未過問，所以不知道疾病的痛苦，看病掛號和等待的痛苦，要作各種檢查的痛苦，和醫師找不到病因使你感到求醫無門的痛苦。

我想，如果一個人能把他打網球，打高爾夫球，玩橋牌，搓麻將，看電視，看武俠小說的時間抽出百分之一二出來，看幾本醫藥常識書籍，了解如何預防疾病，如何維持健康，如何觀察病情，如何覓醫求治，這會對自己對家人健康有很大的幫助。

一、對嬰兒和老人而言，應注重預防。亞熱帶氣候地區，溫暖潮濕，而無嚴寒，是農作物的暖房，也是細菌的溫床，兒童們要養成用膳前和外出歸來後洗手的習慣。如有家人患感冒，祗靠使用衞生筷不夠，要分開進膳，幷作適度的隔離，同時，家長亦不宜攜帶兒童到寺廟、劇場等公共場所或上小食店和街邊冷飲攤，感冒具有很大摧毁人體內抵抗力的威力，要嚴加防範。

老人感冒，和兒童一樣，易引發氣管炎，宜靜臥。平時做戶內體操或打太極拳，以替代晨跑或戶外散步，在都市裡有時連人行道都不安全，老人忌飲食逾量，與賓客談話，不宜連續過長時間，尤忌激動。

二、中年人應注重保養。不論是操何種行業，擔任何種職務，或主持家務，如果工作繁重，或用腦力較多，就需要充足睡眠，最忌熬夜。平素睡眠不足，在一週內尚可補救，逾此則功效不彰。

其次，要按時進食，果如經常枵腹從公，等於自己製造胃病。

烟酒能免最好，否則，應有節制。體質人各不同，烟酒為害程度有異，有人說邱吉爾整日抽雪茄不停，照樣長壽，但並非人人體質和他相同，不能一概而論，而烟對心臟有害，則已成定論。人說酒可以舒和血脈，有道理，但我國社會，每逢酬應，便鬧着乾杯，如果在宴會中，棋逢敵手，就有點比賽的味道，這種飲法，儘管是海量，仍對肝臟為害甚大。

更重要的是切忌緊張，養成習慣後，便遇事緊張，緊張時不僅神情緊張，內臟也緊張，四肢亦復如此，連面部肌肉也跟着緊張，長期如此，會傷害腸胃、神經和心臟，如緊張之餘，慌亂、激怒，更糟。

同樣的不宜求勝心切，不如意時便感失望、憂鬱、頹喪，甚至憤懣，對身體大大有害。

三、成年人與老年人都需要體檢，但不要妄以為檢查後沒有發現大毛病，便認為無事。體檢報告送達後，醫院的任務完成，沒有全科醫師向你解釋。接受體檢的人未必能看懂整個檢查結果，祇知道有沒有顯着病患，如果，報告書上提出警告，等於亮了紅燈，你得自己掛號去看專科大夫。同時，醫院裡每天體檢人數幾十人至百餘人，好比大量生產，你的眼耳鼻喉，肛門脚氣，有病無病，都得檢查一番，身高體重，也得量一量。受檢人體內有不對勁的地方，倒未必就查得出來，我認為：這全身檢查，大可以不必每年做一次，而對有病痛處，則必須請教醫師，指定作專門性的檢查，結果出來後再請醫師診斷，比較有意義。

四、我認為自己留心觀察是很重要的，如果自己或家人感到不舒適，要作病況紀錄，自己的感受祇有自己知道得最清楚，家人也是朝夕相見的，如果有幾天的完整紀錄，對醫師會有莫大幫助，比如說，敏感症，醫生是無法施其神技的，要靠病人自己或家人長期觀察的紀錄，才能做假定。

這些觀察紀錄，連同醫師處方和檢查報告，都應每人有一個卷夾，整理得有系統，所服的藥和備存的藥，都應有藥櫃，分類存放。

這些紀錄和你對醫師所作有系統的、扼要的病情報告，會使醫師們對你另眼相看，并且願意回答你的問題，因為他相信你聽得懂，不是空費唇舌。

五、時下人人都在打聽名醫，有病時非找名醫不可，但兩三天掛不上號，掛上了也要等二三小時，其實，並非所有病疼都非名醫不可，有時那些「非名醫」的病人少，可以多化點時間，看得仔細些，如果可能的話，選擇一位你對他有信心的醫師，經常去看他，時日既久，他對你和你家人的健康情形會比較熟悉，一打開病歷，便知梗概，無形中成為你的家庭醫藥顧問，平素可以請他指敎，危難時請他救急。

八四、兩千年來第一人

在夏威夷三年半期間，先後陪同國內來人訪問茂宜島五六次，瞻仰國父孫中山先生故居遺址。

國父在一八七九年赴檀香山，年十三歲，就居於茂宜島長兄處，距今一個世紀，已無遺跡可睹，每次前往，均由年長僑胞帶路，遙指一片園地中約略的所在而已。

國父在檀香山就讀於意奧蘭尼學校，該校係英國聖公會主辦，採行英國式教育，課程中無美國史地。其時夏威夷尚不屬美國版圖，故國父尚無法體驗美國民主政治實施情形，但在校三年，成績優異，卒業時，英文列為全班第二，故在檀島期間，由於勤學苦修，國父已吸收了自由思想，掌握了探討西方文化的工具和方法。

一八八六年，國父在廣州，進入廣濟學院，翌年，轉入香港西醫學院，一八九二年卒業，當他在兩地學醫之同時，廣結志士，密謀革命，因為他體察到：清廷腐敗無能，列強虎視眈眈，而國內知識分子，仍舊熱中科舉，盲然於國家面臨之危機，故爾立志喚起國人，發憤圖強，推翻滿清，建立共和。

由是可見：國父在他幼年和成長時期，便具有強烈的求知慾，敏銳的觀察力，和獻身革命的堅強意志，為億萬中國人中罕有的有為青年。

※　※　※　※　※　※　※　※　※

國父修畢醫學以後，曾在澳門短期懸壺濟世，但鑒於救亡圖存，時機迫切，如欲振聾發聵，唯有全力奔走鼓吹，日以繼夜，放棄個人的安定生活，破除士大夫「明哲保身」的觀念，身體力行，冒險犯難，方能奏效。

其時，國父倡導革命，不僅有殺身之禍，且可遭滅門之患，不僅在國內無棲身之地，在海外亦乏安居之所。清廷在世界各地佈網，國父有隨時被拘押解回國可能，這種公而忘私，犧牲奉獻精神，足與釋迦牟尼、耶穌基督媲美。

※　※　※　※　※　※　※　※　※

最難得者，國父不僅主張推翻清室，并且要建立共和政體，易言之，要推翻幾千年來的君主專制。

我國固有文化，值得吾人致力發揚光大，但提及我國歷史與傳統，却有其黑暗之一面，自文武周公以後，君權膨脹，構成政治改革經濟進步之最大障礙，歷代重臣學子，未見及此，囿於尊君之說，懾於皇室淫威，上朝覲見，入則匍伏叩首，三呼萬歲，出則歌功頌德，感道皇恩浩蕩，習以為常。帝王下令，稱為聖旨，受命者須跪接，至上權威，世所罕見，異族入主中原，亦羨慕不已，無怪其元戎悉主沿襲舊制也。

豈不聞開國之君，多有殺戮功臣，以遂其「全權在握，唯我至尊」之心願？豈不聞君王建宮殿，築陵寢，耗費無算，揮霍無度乎？阿房宮賦有云：『蜀山兀，阿房出。』宮殿落成，蜀省森林耗盡，為害社稷，有如是者！

若係承襲王位者，更不知國家安危，民間疾苦，其生活糜爛者，十之七八，雖有三宮六院，尤以為未足，諸葛亮膽敢直諫蜀後主：『陛下亦宜自課』，又謂：『親賢臣，遠小人，此先漢所以興隆也；親小人，遠賢臣，此後漢所以傾頹也。』惟後主在襁褓中，即習於享樂，又安能識別賢臣與小人耶?!

※　※　※　※　※　※　※　※　※

最使國人痛心者，為歷代朝臣，多有結黨營私，相互攻訐，君主得以運用其間，凡不遂其意者，任意遣之貶之，甚至繫之於獄，戮之於市，而不患無人爭先進諫，肆意彈劾，為皇上鋪路也。

漢文帝欲重用賈誼，周勃等讒之，遂疏而不用，賈誼鬱悶而死，周勃父子，先後為漢相，子亞夫遭孝王讒，初免相，繼下獄，嘔血而死。

又如太史公，為李陵進言，「遂下於理」。

宰相李斯，廢除封建，實行郡縣之制，簡化文字，統一國道，卽所謂「書同文，車同軌」，功在社稷，惟受趙高誣，腰斬咸陽。

李陵答蘇武書中，駁「漢與功臣不薄」一語時，例舉多人，謂：『皆信命世之才，抱將相之具，而受小人之讒，並受禍敗之辱。』

其實，生殺之權，操之君王，將相才子遭禍敗，不在有人進讒，而實因君王隨其好惡任意殺戮也。

※　※　※　※　※　※　※　※　※　※

在邊患為甚時代，將相之不和，史載事例甚多，朝廷派兵平亂，遠征塞外，長途跋涉，疲弊不堪，兼以「步馬之勢，又甚懸殊」，是以每次戰役，漢軍傷亡必重，其終能克敵致勝者，多由於敵我人口懸殊，我人力物力之補充，源源不絕，足以使頑敵喪膽，是以每屆凱旋之日，人皆曰：『一將功成萬骨枯！』實非虛語。

譬如胡人，係遊牧民族，其來也速，去亦疾，倘一戰而敗之，便班師還朝，則不旋踵，又來犯矣，出征將帥，基於戰略觀點，咸主大舉進軍，直搗黃龍，但如此，戰爭必然曠日持久，征役征糧，年復一年，於是民怨載道，而反戰言論，傳遍士林矣，唐詩有云：『醉臥沙場君莫笑，古來征戰幾人回？』又如：『可憐無定河邊骨，猶是深閨夢裡人！』描述征役時慘狀，以『牽衣頓足攔道哭，哭聲直上干雲霄。』兩句最為逼真，皆足以扣人心弦，引起共鳴。

每當反戰空氣瀰漫，兵員糧草不繼時，重臣遭責，朝廷難堪，於是「武將主戰，文臣主和」局勢，自然形成，但決定之權，操於君王之手，如君王主和，則文臣進諫，爭先恐後，武將便為衆矢之的，代罪羔羊，及至事過境遷，翻案言論，不絕如縷，正如李陵所言：『陵先將軍，功略蓋天地，義勇冠三軍，徒失責臣之意，剄身絶域之表！』於是君王「察民情，順民意」，斥當初進諫，悉為讒言，對「剄身絶域」者，追賜榮爵，厚卹其家人，如此，帝王永遠是皇恩浩蕩，而實際上是劊子手。

有時因征戰連年，統帥麾下數十萬人，而衛戍京城者悉為老弱殘兵，一旦君王疑懼征將懷貳心，唯有招之還朝，責以作戰不力，非貶卽誅，以袪心頭大患，其後權勢轉移，敢言者，論是非，評曲直，指為冤屈，如王室擬予平反，則前此進諫之人，頓成奸臣賊子，後世編劇更予醜化，指其私通番邦，責主求榮，接受賄賂，貪圖金銀財寶，實難以令人置信，試問：番邦有何珍奇，足使朝臣貪念，又有幾何金銀，能使朝臣動心，而冒滅門之險，膺萬世罵名？嗚呼，君主欲加之罪，何患無詞？

我國素以「舉賢」為一項優良傳統，但賢者每因不獲君王之寵而頹喪，甚或已官居高位，徒以未遂帝王之意而遭貶，但平心而論，其能獻身於治理國家造福百姓者并不多見，而敢於籌議削減君權者，則無其人，卽屆晚清之世，清廷之腐敗，帝制之沒落，早已暴露無遺，國之重臣，俱惶然不知所措，偶聞推翻滿清廢除帝制之説，莫不噤若寒蟬。又如康梁及六君子，為當時具有新知識之一代學人，猶欲推行君主立憲，以挽回頹勢，其實，縱令其謀略倖獲成功，又安能保證清廷政權穩定後，不重整君權，恢復專制？

殆至民國以還，此種落伍思想，瀰漫如故，文人學者，仍欲效法駱賓王，以草擬文情並茂之通電為能事，野心軍閥如袁世凱者，尚作皇帝夢，毛澤東自喻秦皇漢武，顯見其早萌恢復獨裁專制陰謀。凡此，皆中國之大不幸也。

縱觀二千餘年以來，國中之能洞悉國家民族積弱之癥結，敢於倡議推翻帝制建立共和者，當以國父為第一人也！

附錄

中華民國頌

青海的草原，一眼看不完，喜馬拉雅山，峰峰相連到天邊，古聖和先賢，在這裏建家園，風吹雨打中，聳立五千年，中華民國，中華民國，經得起考驗，只要黃河長江的水不斷，中華民國，中華民國，千秋萬世，直到永遠。